Kai Eicker-Wolf, Gunter Quaißer und Ulrich Thöne

Bildungschancen und Verteilungsgerechtigkeit

Bildungschancen und Verteilungsgerechtigkeit

Grundlagen für eine sachgerechte Bildungs-
und Finanzpolitik

Herausgegeben von

Kai Eicker-Wolf, Gunter Quaißer und Ulrich Thöne

Metropolis-Verlag
Marburg 2013

Bibliografische Information Der Deutschen Bibliothek
Die deutsche Bibliothek verzeichnet diese Publikation in der Deutschen Nationalbibliografie; detaillierte bibliografische Daten sind im Internet über <http://dnb.ddb.de> abrufbar.

Metropolis-Verlag für Ökonomie, Gesellschaft und Politik GmbH
http://www.metropolis-verlag.de
Copyright: Metropolis-Verlag, Marburg 2013
Alle Rechte vorbehalten
  ISBN 978-3-7316-1018-2

Inhalt

Vorwort 7

Bildungschancen und Verteilungsgerechtigkeit: Einleitung 9

Stephan Schulmeister
Mühsal der Wahr-Nehmung 15

Wilfried Altzinger
"Wealth begets Wealth" and "Skills beget Skills".
Erkundungen zur Chancengleichheit 61

Kai Eicker-Wolf und Achim Truger
Staatliche Handlungsfähigkeit und Zukunftsinvestitionen unter
der Schuldenbremse. Die deutsche Steuer- und Finanzpolitik
am Scheideweg 101

Cornelia Heintze
Grundlagen für internationale (Finanz-)Vergleiche
im Bildungssektor. Eine Bestandsaufnahme 137

Tobias Kaphegyi
Arbeitgeberforschung für „mehr Wachstum und Gerechtigkeit"?
Eine Analyse aktueller bildungspolitischer Interventionen
der deutschen Wirtschaftsverbände am Beispiel
des „Bildungsmonitors" 161

Henrik Piltz/Gunter Quaißer
Bildungsausgaben und (quantitative) Anforderungen an die
Bildungspolitik in Deutschland 193

Autorinnen und Autoren 221

Vorwort

Der Sammelband *Bildungschancen und Verteilungsgerechtigkeit* befasst sich mit der Situation der öffentlichen Haushalte, zentralen Fragen der Bildungsfinanzierung sowie der Einkommens- und Vermögensverteilung. Ohne Diskussionen in der *Arbeitsgruppe Bildungsfinanzierung* der *Gewerkschaft Erziehung und Wissenschaft* (GEW), der die Herausgeber angehören, wäre das Buch nicht zustande gekommen. Allen Mitgliedern der Arbeitsgruppe sei deshalb für Anregungen und Hinweise herzlich gedankt.

Ferner gilt unser Dank Hubert Hoffmann vom Metropolis-Verlag für die reibungslose Zusammenarbeit und Alex Feuerherdt für das Lektorat. Ganz herzlich bedanken möchten wir uns für die finanzielle Unterstützung des Buches bei der *Max-Traeger-Stiftung*, der wissenschaftlichen Stiftung der GEW.

Die Herausgeber

Bildungschancen und Verteilungsgerechtigkeit

Einleitung

Deutschland und die Europäische Union sehen in der Bildungspolitik ein, wenn nicht gar *das* zentrale gesellschaftspolitische Themenfeld. So formuliert die *Strategie Europa 2020*, die als Nachfolgerin der so genannten *Lissabon-Strategie* im Sommer 2010 verabschiedet worden ist, unter anderem auch anspruchsvolle bildungspolitische Ziele: Der Anteil der Schulabbrecher und Schulabbrecherinnen sei von 15 auf zehn Prozent zu reduzieren und die Zahl der Hochschulabsolventen und -absolventinnen im Alter zwischen 30 und 34 Jahren von 31 auf 40 Prozent zu steigern. Auch die Armutsbekämpfung gehört zur Zielsetzung der *Strategie Europa 2020*: Der Anteil der Bürger und Bürgerinnen unter der jeweiligen nationalen Armutsgrenze soll um ein Viertel reduziert werden, um so 20 Millionen Menschen über die Armutsgrenze zu heben. Erreicht werden sollen diese Ziele unter anderem durch Verbesserungen der Bildungssysteme. Angesichts der Euro-Krisenpolitik, die mit ihren Kürzungen bei den öffentlichen Ausgaben auch vor dem Bildungsbereich nicht haltmacht und die Armutsproblematik in Europa drastisch verschärft, erscheinen die genannten Ziele und die zu ihrer Erreichung empfohlene Politik als eine an Absurdität kaum zu überbietende Farce.

Kaum anders zu beurteilen ist die von Bundeskanzlerin Angela Merkel im Jahr 2008 ausgerufene „Bildungsrepublik": Der Ausbau des Bildungssektors, so Merkel, sei die zentrale politische Aufgabe für die nächsten Jahre. Nur eine ausreichende Bildung schaffe die Voraussetzung für Chancengleichheit respektive Chancengerechtigkeit: Wohlstand für alle – so die Kanzlerin in Anspielung auf ein bekanntes Zitat von

Ludwig Erhard – heiße heute und morgen Bildung für alle.[1] Auch hier muss man von einer Farce[2] sprechen: Im internationalen Vergleich belegt Deutschland nach wie vor eine der hinteren Positionen bei der Höhe der Bildungsausgaben. Die starke Diskriminierung im deutschen Bildungssystem ist dann auch folgerichtig: Kinder aus Akademikerhaushalten haben eine sechsmal höhere Chance, ein Studium zu beginnen, als Kinder aus Nichtakademikerhaushalten, und nur 20 Prozent der jüngeren Menschen erreichen einen höheren Bildungsabschluss als ihre Eltern – in anderen wichtigen Industrieländern sind es 37 Prozent.

Das vorliegende Buch behandelt die genannten Tatbestände, eingebettet in die Betrachtung der öffentlichen Haushalte und des Bildungssektors. Die Auswahl der einzelnen Themen beruht im Wesentlichen auf Diskussionen in der Arbeitsgruppe Bildungsfinanzierung der Gewerkschaft Erziehung und Wissenschaft (GEW). Einige der Autoren und Autorinnen waren in der Arbeitsgruppe für Vorträge zu Gast. Die Beiträge von Henrik Piltz und Gunter Quaißer, Cornelia Heintze sowie Tobias Kaphegyi beruhen auf Gutachten, die im Auftrag der Max-Träger-Stiftung gefördert worden sind.

Den Auftakt macht *Stefan Schulmeister*, der sich mit der Eurokrise auseinandersetzt. Schulmeister arbeitet heraus, dass die Schuldenkrise nicht durch den Fiskalpakt und die darin festgeschriebene Schuldenbremse behoben werden kann, sondern dass die Überwindung der Krise eine Belebung der Inlandsnachfrage durch einen *New Deal* zur Voraussetzung hat. Ein Element dieses New Deal ist eine deutliche Steigerung der Bildungsausgaben. Einem solchen Programm steht allerdings entgegen, dass die politisch Handelnden die Eurokrise als Staatsausgabenkrise wahrnehmen. Schulmeister weist nach, dass diese Wahrnehmung falsch und die Eurokrise eine Folge der internationalen Finanz- und Weltwirtschaftskrise sowie der sich immer weiter aufbauenden Ungleichgewichte im Außenhandel in der Eurozone ist. Für Letzteres ist Deutschland in erheblichem Umfang durch seine schwache Lohn- bzw. Lohnstückkosten-

---

[1] Vgl. „Merkel ruft ‚Bildungsrepublik' aus", Frankfurter Allgemeine Zeitung vom 12.06.2008.
[2] So auch wörtlich Johann Osel in seinem Kommentar „Arm bleibt arm, dumm bleibt dumm" in der Süddeutschen Zeitung vom 12.09.2012 anlässlich der neuesten Ergebnisse der jährlich erscheinenden OECD-Bildungsstudie.

entwicklung mitverantwortlich. Gerade vor diesem Hintergrund ist die Rolle der Bundesregierung, die als entschiedene Befürworterin einer Austeritätspolitik in den Euro-Krisenländern auftritt, kritisch zu sehen. Dabei hat sich die bisher praktizierte Krisenpolitik in Europa nicht als erfolgreich erwiesen, ganz im Gegenteil: Die prozyklisch wirkende Spar- und Kürzungspolitik führt die betroffenen Länder immer weiter in die Krise – selbst Kürzungen im Bildungsbereich sind für die so genannte Troika kein Tabu.

Im Rahmen des zweiten Beitrages beleuchtet *Wilfried Altzinger* die Entstehung, Verteilung und Übertragung von Sach- und Finanzvermögen sowie von Bildungsvermögen von einer Generation auf die nächste. Zunächst geht Altzinger auf die Entwicklung und den aktuellen Stand der Vermögensverteilung in Österreich und Deutschland sowie in einigen Vergleichsländern ein, um auf dieser Grundlage vor allem Fragen der Entstehung und Übertragung von Vermögen zu diskutieren. Im zweiten Teil seines Aufsatzes behandelt er den Erwerb, die Entwicklung und die Übertragung von Bildungsvermögen zwischen den Generationen. Für die Erzielung von Einkommen spielen alle Vermögensarten – also sowohl das Sach- als auch das Finanz- und schließlich das Bildungsvermögen – eine Rolle. Da jedoch der Zugang zu Sach- und Finanzvermögen sehr häufig durch Erbschaften und Schenkungen erfolgt, erhält die Frage des Zugangs zu Bildungsvermögen eine zentrale Bedeutung hinsichtlich der Herstellung von Chancengleichheit, insbesondere für die große Gruppe der Nicht-Erben und -Erbinnen. Beide Aspekte sind essenziell für die Beurteilung einer Gesellschaftsstruktur – und beschäftigen daher Philosophen und Philosophinnen sowie Ökonomen und Ökonominnen gleichermaßen seit Generationen.

Kai Eicker-Wolf und *Achim Truger* befassen sich insbesondere mit der Situation der öffentlichen Haushalte in Deutschland. Nach ihren Berechnungen weist Deutschland allen anders lautenden Behauptungen zum Trotz seit Ende der 1990er Jahre eine sehr zurückhaltende staatliche Ausgabenentwicklung auf – die deutsche Staatsquote fällt im internationalen Vergleich relativ klein aus. Die öffentliche Hand leidet in Deutschland an einer strukturellen Unterfinanzierung, die ihren Ausdruck in geringen öffentlichen Investitionen und unzureichenden Bildungsausgaben findet. Ursache für die mangelhafte Finanzausstattung des Staates sind massive Steuersenkungen, die seit der Jahrtausendwende vor allem reichen Haushalten und dem Unternehmenssektor zugute gekommen sind. Eicker-Wolf und Truger sehen die deutsche Steuer- und Finanzpolitik an einem Scheideweg: Wenn es in den kommenden Jahren gelinge, die strukturelle Unterfinanzierung durch sozial gerechte Steuer- und Abgabenerhöhungen zu beheben und die Schuldenbremse krisensicher zu gestalten, dann sei die Sicherung der staatlichen Handlungsfähigkeit und die Tätigung der zentralen Zukunftsinvestitionen durchaus möglich. Sollten die notwendigen steuerpolitischen Schritte jedoch unterlassen und bei der Umsetzung der Schuldenbremse makroökonomische Fehler begangen werden, dann bleibe nur die zweifelhafte Hoffnung auf einen sehr guten Konjunkturverlauf.

Das Thema des Beitrags von *Cornelia Heintze* sind die Grundlagen für Vergleiche im Bildungssektor. Heintze beschreibt die Weigerung der deutschen Politik, Ziele im Bildungsbereich bedarfsorientiert zu setzen und ihre Erreichung im Rahmen der international etablierten Rechensysteme anzustreben. Dahinter steckt nach ihrer Einschätzung die Absicht, Bildung öffentlich unterfinanziert zu lassen, um so den Privatisierungsdruck hoch zu halten, dies gleichzeitig jedoch durch die Darstellung vermeintlicher Erfolge bei der Steigerung nationaler Bildungsinvestitionen zu bemänteln. Das Nationale Bildungsbudget, so Heintze, eigne sich gut für eine derartige Politik: Es ist offen für eine Reihe von Ausgabenzurechnungen, die teilweise lediglich auf Schätzungen basieren und international nicht berücksichtigungsfähig sind.

Mit dem so genannten *Bildungsmonitor*, der seit dem Jahr 2004 jährlich erscheint und vom *Institut der deutschen Wirtschaft* im Auftrag des arbeitgeberfinanzierten Lobby-Think-Tanks *Neue Soziale Marktwirtschaft* erarbeitet wird, setzt sich *Tobias Kaphegyi* in seinem Aufsatz auseinander. Beim Bildungsmonitor handelt sich um einen in allen Medien breit rezipierten Forschungsbericht, der die Bildungssysteme der Bundesländer mittels eines Benchmarking-Verfahrens vergleicht. Das grundlegende Problem des Bildungsmonitors besteht nach Auffassung Kaphegyis darin, dass sich die Autoren und Autorinnen nicht an die Art des methodischen Aufbaus eines Benchmarkings halten. Dies führt dazu, dass die Indikatoren und Handlungsfelder im Bildungsmonitor aufgrund empirisch weitgehend unbestätigter Theorien und Vorstellungen einer angebotsorientierten Mainstream-Ökonomie zur Wachstumswirkung von Bildung ausgewählt und definiert werden. Bildung wird dabei auf den Inputfaktor Humankapitalbildung reduziert, dessen Verbesserung automatisch zu Verbesserungen beim Wirtschaftswachstum in den Bundesländern führen soll. Die Freizügigkeit von Studierenden und Beschäftigten wird dabei überhaupt nicht bedacht. Generell macht Kaphegyi beim Bildungsmonitor einen Mangel an kritisch-rationalem und wissenschaftlichem Vorgehen aus. So ist auch die Kernaussage, dass „gute Bildung" auch ohne Erhöhung der Bildungsausgaben möglich sei, von vornherein unlogisch konstruiert, da überhaupt keine Bedarfsberechnung für ein angemessen ausgestattetes Bildungssystem vorgenommen wird.

Henrik Piltz und *Gunter Quaißer* erläutern in ihrem Beitrag, welche Aufwendungen für ein zukunftsfähiges Bildungssystem notwendig wären. In der Bildungspolitik ist relativ unstrittig, dass die Bildung in Deutschland unterfinanziert ist. Während manche aber hoffen, dass die so genannte demografische Rendite – das heißt, die Bildungsausgaben werden angesichts sinkender Zahlen von Schülern und Schülerinnen nicht reduziert – zur Verbesserung der gegenwärtigen Situation ausreichen würde, fordern andere eine deutliche Erhöhung der öffentlichen Bildungsausgaben. Denn insbesondere im internationalen Vergleich zeigt sich die unterdurchschnittliche Ausstattung des deutschen Bildungswesens. Piltz und Quaißer legen präzise dar, welche Verbesserungen im Bildungssektor wie viel kosten würden – und schlüsseln dies nach Bildungsbereichen und Bundesländern auf. Ihr Fazit: Die jährlichen Ausgaben für die Bildung müssen signifikant steigen.

Für die Herausgeber

Ulrich Thöne

Mühsal der Wahr-Nehmung

Stephan Schulmeister

1   Symptomdiagnose versus systemische Analyse der Eurokrise

Im Zeitalter der schnellen Medien müssen Politiker und Experten danach trachten, einfache Botschaften „rüberzubringen". Die Diagnosen der Mainstream-Ökonomen sind dafür ideal geeignet, denn sie orientieren sich am Grundsatz: Wo ein Problem in Erscheinung tritt, da müssen auch seine Hauptursachen liegen.

So tritt die Arbeitslosigkeit am Arbeitsmarkt auf und ist dort angeblich durch die Senkung von Reallöhnen und Arbeitslosengeld sowie durch Deregulierungen des Arbeitsmarkts zu therapieren. Das Problem der Staatsverschuldung wiederum kommt im Finanzministerium zum Vorschein und soll durch Sparmaßnahmen zu lösen sein, insbesondere bei den Sozialleistungen, da diese die Anreize zu Selbstverantwortung und Eigenvorsorge vermeintlich schwächen und so die Marktkräfte lähmen. Die Eurokrise tritt in Südeuropa in Erscheinung und muss dort unbedingt durch strenges Fasten bekämpft werden.

Abgeleitet werden diese Diagnosen und Therapien aus der herrschenden, neoliberal-monetaristischen Wirtschaftstheorie. Diese hat ein Weltbild entworfen, das drei Funktionen erfüllt:

– Erstens genügt es den intellektuellen (Abstraktions-)Ansprüchen von akademischen Ökonomen und Ökonominnen, welche eine Wirtschaftswissenschaft nach dem Vorbild der „exakten" Naturwissenschaften erträumen.

– Zweitens entsprechen die Erklärungen des neoliberalen Weltbilds und die aus dieser „Navigationskarte" abgeleiteten Handlungsanweisungen für die Politik dem Erkenntnisinteresse der Vermögenden. Ihr Einkommen sei das Resultat von Leistung, höhere Beiträge für den Sozialstaat würden die Leistungsanreize der Einkommensstärksten lähmen, ökonomische Prozesse sollten durch „den Markt" gesteuert werden (wo „Geldstimmen" zählen) und nicht durch das „System Politik".

- Drittens sind die aus hochkomplexen Gleichgewichtstheorien abgeleiteten Schlussfolgerungen so trivial, dass sie gleichzeitig dem „gesunden Volksempfinden" zu entsprechen scheinen und sich daher für eine populistische bzw. „volksverdummende" Politik hervorragend eignen.

Den Politikern und Politikerinnen bietet die Symptomorientiertheit des neoliberalen Weltbilds die Möglichkeit, mit einfachen Botschaften sowohl im intellektuellen Mainstream mitzuschwimmen als auch die „einfachen Leute" in ihren Alltagserfahrungen und -regeln zu erreichen (sowie ihre einfachen Medien, welche die entsprechenden „Lebensweisheiten" reproduzieren): „Niemand kann auf Dauer über seine Verhältnisse leben" oder „Wer mehr ausgibt, als er einnimmt, muss sparen" (wie die „schwäbische Hausfrau"), „Der Schuldner ist schuld" oder „Wir können uns den Sozialstaat nicht mehr leisten" (weil zu teuer oder wegen der Globalisierung oder aufgrund der Entmündigung des freien Bürgers und der freien Bürgerin durch „soziale Hängematten").

Diese „Lebensweisheiten" schaffen Resonanz beim Einzelnen, weil sie die Wahrnehmungen und Handlungsmöglichkeiten aus individueller Perspektive auf das System als Ganzes übertragen. Genau diese (oft nur impliziten) Analogieschlüsse lassen diese Aussagen plausibel erscheinen und haben so verheerende Folgen, wenn sich die Praxis der Politik daran orientiert. Denn diese „Lebensweisheiten" stellen „Trugschlüsse der Verallgemeinerung" dar. Dazu einige Beispiele:

- Wenn in einer (schwäbischen) Familie der Mann arbeitslos wird und das Einkommen dieses einzelnen Privathaushalts sinkt, muss gespart werden (was für das gesamte Wirtschaftssystem belanglos ist). Wenn jedoch als Folge einer (Finanz-)Krise das (Netto-)Einkommen des Staatshaushalts sinkt, wird eine Kürzung der Staatsausgaben die Krise zwingend vertiefen, wenn nicht sichergestellt ist, dass andere Sektoren ihre Nachfrage in dem Ausmaß ausweiten, in dem der Staat spart. Grund: Der Analogieschluss vom Privathaushalt auf den Staatshaushalt ist falsch – über den öffentlichen Sektor fließen etwa 50 Prozent der Gesamtproduktion (= Gesamteinkommen), die „Kettenreaktionen" staatlichen Sparens im Gesamtsystem sind daher von größter Bedeutung.

- Wenn ein einzelner Haushalt aus Furcht vor einer Verschlechterung seiner Finanzlage besser für die Zukunft vorsorgen möchte und seine Ersparnisse um fünf Prozent seines Einkommens erhöht, so ist das für die Gesamtwirtschaft irrelevant. Wenn dies aber alle Privathaushalte gleichzeitig tun, so produzieren sie jene Krise, gegen die sie sich absichern wollen.

- Ein einzelner Haushalt kann nicht dauernd „über seine Verhältnisse" leben, alle gemeinsam jedoch schon, weil sie sich durch die Zusatznachfrage gegenseitig immer auch Zusatzeinkommen verschaffen. In den 1950er und 1960er Jahren planten die Privathaushalte jedes Jahr, im nächsten Jahr mehr auszugeben – also über ihre bisherigen Verhältnisse zu leben. Diese stetige Expansion der Gesamtnachfrage ist eine notwendige Bedingung für Wirtschaftswachstum.

- In der Prosperitätsphase der Nachkriegszeit (bis in die 1970er Jahre) konnten „wir" (wer ist das eigentlich?) uns immer mehr Sozialstaat leisten, gleichzeitig ging die Staatsverschuldung stetig zurück. Denn die Ausgaben für Soziales sind – wie alle Kosten – immer auch Einkommen und stärken so nicht nur die Gesamtnachfrage, sondern überdies auch das Gefühl der Sicherheit und damit das Vertrauen in die Zukunft.

In diesem Essay möchte ich versuchen, die Unterschiede in der Wahr-Nehmung der „großen Krise" aus neoliberal-symptomorientierter Perspektive und aus keynesianisch-systemischer Perspektive herauszuarbeiten. Dabei verstehe ich unter der Krise kein Ereignis, dem – entsprechend der Symptomsicht – jeweils ein „Sündenbock" zugeordnet wird (Bankenkrise, Griechenlandkrise, Eurokrise, Staatsschuldenkrise, Sozialstaatskrise usw.), sondern einen Prozess, in dem sich die finanzkapitalistische „Spielanordnung" einer Marktwirtschaft selbst zerstört.

Das freilich ist nichts Neues: Seit Beginn der Neuzeit und damit der Entwicklung und Ausbreitung des Kapitalismus haben sich jene Regime, in denen sich das Gewinnstreben immer mehr auf Finanzakkumulation konzentrierte, regelmäßig selbst zerstört (Arrighi 2010).

Abb. 1: Dynamik der „Asset prices"

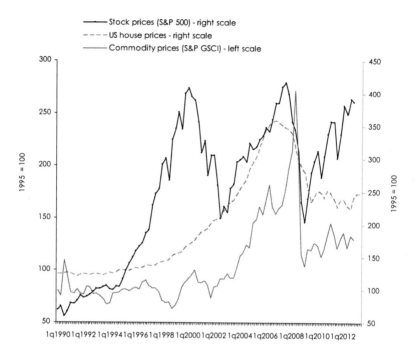

Quelle: Yahoo Finance (http://de.finance.yahoo.com/m8). - http://www.standardand poors. com/indices/sp-case-shiller-home-price-indices/en/us/?indexId=spusa-cashpidff-
-p-us----

2 Die „gängige„ Erklärung der Finanzmarktkrise 2008

Die „gängige„ Erklärung der aktuellen Finanzmarktkrise lässt sich so zusammenfassen (siehe dazu etwa IMF 2009, OECD 2009, Reinhart/ Rogoff 2009): Verantwortungslose Bankmanager in den USA hatten seit Jahren in gewaltigem Umfang Hypothekarkredite an nahezu mittellose „Häuslebauer" vergeben. Dabei ging man davon aus, dass der Boom der Immobilienpreise weitergehen und so den Wert des Pfandes stetig steigern würde (Abb. 1).

„Sicherheitshalber" behielten die Banken diese Kredite nicht, sondern bündelten sie zu (hybriden) Wertpapieren, die weltweit verkauft wurden

("Mortgage backed securities", MBS). Gefördert wurde dieses Spiel durch die vom (damaligen) US-Notenbankchef Greenspan zwischen 2002 und 2004 extrem niedrig gehaltenen Zinsen (Abb. 2). Überdies wurden die „Möchtegern-Hausbesitzer" durch spezielle Kreditkonditionen „geködert" (so genannte Teaser): In den ersten zwei bis drei Jahren waren fast keine Zinszahlungen zu leisten, danach sollte der Zins auf ein markant über dem Marktzins liegendes Niveau springen.

Abb. 2: Leitzinssätze im Euroraum und den USA

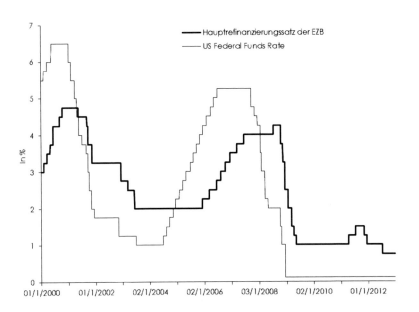

Quelle: Yahoo Finance (http://de.finance.yahoo.com/m8). - http://www.standardand poors.com/indices/sp-case-shiller-home-price-indices/en/us/?indexId=spusa-cashpidff--p-us----

Der so „inszenierte" Bauboom trug wesentlich zum kräftigen Konjunkturaufschwung in den USA bei. Dies veranlasste die Notenbank, die Leitzinsen ab 2004 stetig zu erhöhen (Abb. 2), der Boom der Immobilienpreise schwächte sich ab, 2007 begannen sie zu sinken (Abb. 1).

Gleichzeitig setzte für immer mehr „Häuslebauer" die Hochzinsphase ihres Kredits ein. Folge: Millionen Hausbesitzer und Hausbesitzerinnen wurden zahlungsunfähig und zwangsgeräumt, die Wertpapiere (MBS) wurden großenteils wertlos, ihre Inhaber (Banken, Versicherungen, Hedge Fonds) erlitten enorme Bewertungsverluste. Diese wurden mit der Ausbreitung der Insolvenzwelle immer größer.

Die Kreditkrise weitete sich zu einer Vertrauenskrise im globalen Finanzsystem aus, da niemand wusste, wer wie viele „Ramschpapiere" hielt. Die Notenbanken sprangen ein und halfen mit Liquiditätsspritzen in gigantischem Ausmaß. Dennoch wurde die Bonität von immer mehr (Groß-)Banken in Mitleidenschaft gezogen, im September 2008 verschärfte sich die Krise dramatisch, insbesondere nach der Pleite von Lehman Brothers. Andere Finanzinstitute konnten in der Folge nur durch (Teil-)Verstaatlichung erhalten werden.

Gleichzeitig wurde es für Unternehmen immer schwerer, einen Bankkredit zu bekommen. Auf diese Weise erfasste die Finanzmarktkrise auch die Realwirtschaft, die schwere Rezession im Jahr 2009 wurde daher unausweichlich.[1]

Diese „Erklärung" zählt einige Ereignisse zusammen, beruht also nicht auf einer Analyse, sondern stellt eine Symptomdiagnose dar. Dieser entspricht die Symptomkur: Faule Kredite „entsorgen", Liquidität bereitstellen, den Banken Eigenkapital zuführen, an diese appellieren, einander wieder Vertrauen zu schenken und mehr Kredite zu vergeben.

3 Das „Heranwachsen" des Potenzials für die große Krise

Tatsächlich ist die große Krise der Wirtschaft in den Industrieländern das „Endprodukt" eines Systemwechsels, der Anfang der 1970er Jahre begonnen hat. Bis dahin war die Nachkriegsentwicklung durch realkapitalistische Rahmenbedingungen geprägt worden, insbesondere in (West-)Europa: Feste Wechselkurse, stabile Rohstoffpreise und unter der Wachstumsrate liegende Zinssätze lenkten die kapitalistische „Kernenergie" systematisch auf Aktivitäten in der Realwirtschaft – das Unternehmertum wurde besser gestellt als die „Finanzalchemie".

---

[1] Die „gängige" Sicht begreift die Krise essenziell als „banking crisis". Um Hinweise auf ihre Auswirkungen zu erhalten, wird sie daher in den Kontext vergangener Bankenkrisen gestellt (siehe dazu Reinhart/Rogoff 2009).

Diese „Spielanordnung" – ich nenne sie „Realkapitalismus" im Gegensatz zum „Finanzkapitalismus" der vergangenen Jahrzehnte – wurde durch andere, einander ergänzende Rahmenbedingungen geprägt: einen wirtschaftspolitisch aktiven Staat (von der Konjunktur- und Beschäftigungspolitik bis zur Sozial- und Wachstumspolitik), die Stärkung von sozialer Sicherheit (und damit des „State of confidence") und des gesellschaftlichen Zusammenhalts durch Ausbau des Sozialstaats sowie durch die enge Kooperation zwischen Unternehmern und Gewerkschaften („Rheinischer Kapitalismus"). Das theoretische Fundament der realkapitalistischen „Spielanordnung" in der europäischen Ausprägung der sozialen Marktwirtschaft bildete die keynesianische Wirtschaftstheorie in ihrer simplifizierten Form, der „neo-klassischen Synthese". Die politische Basis war ein stillschweigendes Interessebündnis zwischen Realkapital und Arbeit, gegen die Interessen des – quantitativ noch wenig bedeutenden – Finanzkapitals.

Der Erfolg des realkapitalistischen Regimes bereitete in den 1960er Jahren den Boden für die neoliberal-monetaristische Gegenrevolution: Anhaltende Vollbeschäftigung und der Ausbau des Sozialstaats stärkten die Gewerkschaften, nicht zuletzt durch eine Intensivierung der Streiktätigkeiten wurden Mitbestimmungsmodelle und eine massive Umverteilung zugunsten der Löhne durchgesetzt (Abb. 4). Die Intellektuellen in den Medien und an den Universitäten drifteten nach links (ab), dieser Zeitgeist blies in Ländern wie Deutschland oder Österreich die Sozialdemokratie an die Macht.

All diese Entwicklungen förderten die Gegenoffensive der neoliberalen Ökonomen und Ökonominnen. Sie forderten die Aufgabe der Vollbeschäftigungspolitik, eine Disziplinierung der Gewerkschaften und den Rückbau des Sozialstaats. Mit diesen Forderungen wären sie auf politischer Ebene in Europa kaum erfolgreich geworden. „Geschichtsmächtig" wurde ein anderes Bündel von Forderungen, die vordergründig weniger ideologisch als „wissenschaftlich" erschienen: die Deregulierung der Finanzmärkte, also insbesondere die Aufgabe des Systems fester Wechselkurse, und die Abkehr von einer geldpolitischen Stabilisierung des Zinsniveaus unter der gesamtwirtschaftlichen Wachstumsrate.

Die Umsetzung dieser Forderungen waren die wichtigsten Schritte im Transformationsprozess von einer realkapitalistischen zu einer finanzkapitalistischen „Spielanordnung". Dadurch verschlechterte sich die gesamtwirtschaftliche Performance langfristig so sehr, dass die Umsetzung der ideologischen Forderungen, insbesondere die Schwächung von Sozialstaat und Gewerkschaften, als „Sachzwänge" erschienen. Diese „Therapien" verschlimmerten die „Krankheiten" immer mehr, trotz einer drastischen Ausweitung der prekären Beschäftigung stieg die Arbeitslosigkeit, trotz intensiver Sparbemühungen nahm die Staatsverschuldung weiter zu.

Die Finanzmarktkrise von 2008, die nachfolgende Eurokrise und ihre Wahrnehmung als Staatsschuldenkrise stellen keine eigenständigen Ereignisse dar, sondern sind Teil eines langfristigen Prozesses der Verschlechterung der ökonomischen und sozialen Performance unter finanzkapitalistischen Rahmenbedingungen. Ein System, das sich am Grundsatz „Lassen wir unser Geld arbeiten" orientiert, zerstört sich selbst. Denn Geld arbeitet nicht.

Während der Realkapitalismus an seinem Erfolg scheitert, scheitert der Finanzkapitalismus an seinem Misserfolg.

Abb. 3: Dollarkurs und Erdölpreis

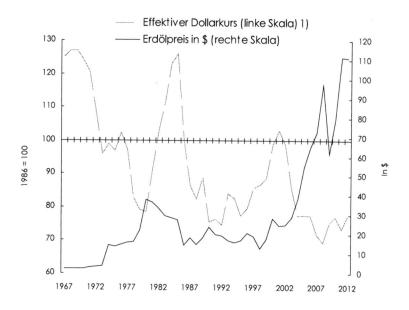

1) Gegenüber DM, Franc, Pfund, Yen. Quelle: OECD, IMF, Oxford Econometrics.

4. Der langfristige Pfad zur Finanzmarktkrise 2008

Die wichtigsten Etappen des Transformationsprozesses von Real- zum Finanzkapitalismus und die damit einhergehende Verschlechterung in der Wirtschaftsentwicklung lassen sich wie folgt zusammenfassen (siehe dazu auch Guttmann 2008):

- Die Aufgabe des Systems fester Wechselkurse (1971), die beiden massiven Entwertungen des Dollars (1971/73 sowie 1977/79) und die dadurch mitverursachten „Ölpreisschocks" (Erdöl notiert wie alle Rohstoffe in Dollar) waren die wichtigsten Gründe für die beiden ersten Rezessionen 1974/75 und 1980/82 (Abb. 3 und 4).

- Während die Unsicherheit hinsichtlich der Profitabilität von Realinvestitionen (und realwirtschaftlicher Aktivitäten im Allgemeinen) stieg, nahmen gleichzeitig die Spekulationschancen auf den Devisen- und Rohstoffterminmärkten zu.

- Als Folge der „Ölpreisschocks" und damit indirekt der Aufgabe fester Wechselkurse beschleunigte sich die Inflation, Ende der 1970er Jahre begannen die wichtigsten Notenbanken, eine extreme Hochzinspolitik zu praktizieren. Seither liegt der Realzins in Europa nahezu permanent über der Wachstumsrate, vor 1980 war er immer niedriger gewesen (Abb. 4).

- Der Übergang zu einem positiven Zins-Wachstums-Differential verschob das unternehmerische Gewinnstreben weiter von der Realkapitalbildung zu Finanzinvestitionen (Abb. 13). Die Finanzmärkte begannen in den 1980er Jahren zu boomen, insbesondere die Aktienmärkte.

- Diese Entwicklung wurde durch die Umstellung der Pensionssysteme auf Kapitaldeckung nachhaltig gefördert – zuerst in den USA, dann in immer mehr anderen Ländern. Zusätzlich erleichterte die Schaffung unzähliger Finanzderivate die Spekulation enorm (diese Instrumente gibt es erst seit den 1980er Jahren – Derivate hatten sich früher immer nur auf Rohstoffe bezogen).

- Die für unternehmerische Tätigkeiten wichtigsten Preise wie Zinssätze, Wechselkurse, Rohstoffpreise und Aktienkurse wurden destabilisiert, sie schwankten in einer Abfolge von „Bull markets" und „Bear markets" um ihre fundamentalen Gleichgewichtswerte (Abb. 3, 5, 6 und 7). Gleichzeitig boomten die Finanztransaktionen, insbesondere mit Derivaten (Abb. 8).

- Bei zunehmender Unsicherheit realwirtschaftlicher Transaktionen und steigenden Gewinnchancen (kurzfristiger) Finanzspekulation verlagerten (Industrie-)Unternehmen ihre Vermögensbildung weiter von der Real- zur Finanzakkumulation (Abb. 13).
- Dadurch musste das Wirtschaftswachstum nachhaltig sinken, Arbeitslosigkeit und Staatsverschuldung nahmen zu (Abb. 4). Die Sparpolitik der 1990er Jahre dämpfte das Wachstum weiter, insbesondere durch die Schwächung des Sozialstaats. Denn diese dämpfte nicht nur die Massenkaufkraft, sondern verschärfte auch die Ungleichheit in der Verteilung von Einkommen und unterminierte das Vertrauen in den sozialen Zusammenhalt.
- Die Reduktion der Pensionsleistungen des Sozialstaats stärkte die Nachfrage nach einer kapitalgedeckten Altersvorsorge auch in Europa und damit die Mentalität des „Lassen wir unser Geld arbeiten". Die Banken zeigten ihren Kunden und Kundinnen, wie das Geld durch allerlei Finanzinvestitionen auch für die „kleinen Leuten" arbeiten könne, statt auf Sparbüchern zu ruhen.
- In den 1990er Jahren ist daher der Renditeanspruch enorm gestiegen: Die Realwirtschaft wuchs in Europa kaum noch, aber das Finanzkapital sollte zumindest zehn Prozent abwerfen.

Lange Zeit schien es, als könne das Geld wirklich arbeiten: So waren auf den Aktienmärkten der 1990er Jahre Durchschnittsrenditen von etwa 20 Prozent zu holen; immer mehr Unternehmen, Pensionsfonds, Hedge Fonds und Private ließen ihr Geld am Aktienmarkt „arbeiten", die Kurse stiegen enorm. Die Diskrepanz zwischen Börsenwert und tatsächlichem Wert der Unternehmen vergrößerte sich stetig. Das (Pyramiden-)Spiel „Der Unternehmen neue Kleider" musste enden, und zwar wie immer abrupt (Aktiencrash 2000/2003, Abb. 5).

Zwischen 2003 und 2007 gelang noch ein Aktienboom, in Europa durch die weitere Verunsicherung über die Systeme der sozialen Sicherheit gefördert (Expansion der Pensionsfonds). In den USA begann der Immobilienboom eine noch größere Rolle zu spielen, Geld arbeitete nun in Form einer Höherbewertung von Häusern. Die „Geldvermehrer" nützten dies zur Schaffung von neuem Finanzkapital in Form von Kredi-

Abb. 4: Entwicklungstendenzen in Westeuropa

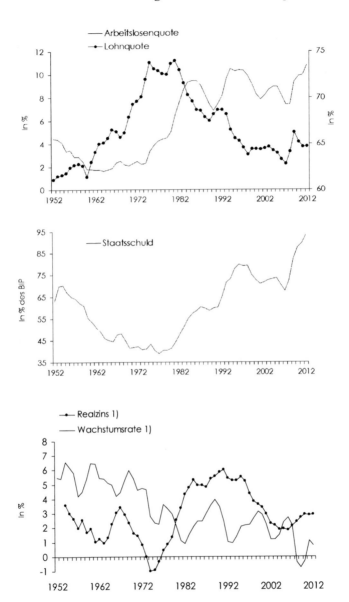

1) Gleitender 3-Jahresdurchschnitt, Quelle: OECD, Eurostat, WIFO.

ten an nahezu Mittellose; die steigenden Häuserpreise würden die Rückzahlung schon übernehmen. Als diese sich jedoch verweigerten und fielen, wurden die zu „Wert"-Papieren gebündelten Hypothekarkredite wertlos (Sommer 2007).

Daraufhin stürzten sich die „Geldvermehrer" auf Rohstoffderivate, die Preise von Rohöl, Weizen, Mais, Reis und sonstigen Rohstoffen explodierten geradezu (Abb. 3 und 7). Mit dem Verfall der Rohstoffpreise seit Mitte 2008 wurden drei „Bärenmärkte" synchronisiert: Die Preise der drei wichtigsten Vermögensarten fielen gleichzeitig – jene von Aktien, Immobilien und Rohstoffen.

Eine wichtige Ursache für die manisch-depressiven Schwankungen spekulativer Preise besteht nämlich in folgendem Verhaltensmuster: In der Frühphase von „Bullenmärkten" steigen die Profis ein, je länger diese Phase anhält, desto mehr steigt bei den professionellen Händlern die „Absprungbereitschaft". Aufrechterhalten wird die Höherbewertung von Aktien oder Rohstoffen durch den Zufluss von „frischem Blut", also durch den (verspäteten) Einstieg der Amateure. Versiegt der Zustrom der Amateurgelder, dann kippt der „Bullenmarkt" in einen „Bärenmarkt".

Im Sommer 2008 setzte sich der Prozess der Entwertung des Aktien- und Immobilienvermögens fort und wurde zusätzlich durch die Entwertung des Rohstoffvermögens verstärkt. Auf allen drei Märkten beschleunigte Spekulation auf fallende Preise diesen Prozess und brachte den Anwendern von „Trend-following trading systems" hohe Gewinne (dazu gehören insbesondere die „Finanzalchemiebanken" wie Goldman Sachs oder Deutsche Bank, aber auch viele Hedge Fonds). Dieser dreifache Entwertungsprozess bedeutete die „Schubumkehr" der dreifachen Vermögensaufwertung durch die vorangegangenen Booms von Immobilienpreisen, Aktienkursen und Rohstoffpreisen – er wurde zum „dynamischen Epizentrum" der Krise.

Diese dreifache Vermögensentwertung macht den systemischen Charakter der Krise deutlich: Die Abfolge von „Bullen- und Bärenmärkten" sind ein charakteristisches Merkmal der Preisdynamik auf „Asset markets". Kommt es zu einer Koinzidenz von mehreren „Bärenmärkten" so sind die realwirtschaftlichen Folgen dramatisch – das letzte Mal in der Wirtschaftsgeschichte waren Aktienkurse, Rohstoffpreise und Immobilienpreise in den Jahren 1929 bis 1933 gleichzeitig gefallen.

Abb. 5: Aktienkurse in Deutschland, Großbritannien und den USA

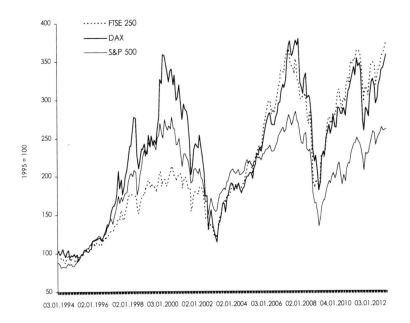

Quelle: Yahoo Finance.

5 Von der Finanzmarktkrise zur Eurokrise

Nach dem Zusammenbruch der Lehman-Bank im September 2008 beschleunigte sich die Talfahrt von Aktienkursen und Rohstoffpreisen dramatisch. Diese Entwicklung aktivierte in den USA das Langzeitgedächtnis: Man erinnerte sich an den Börsenkrach 1929 und an die Fehler der Politik im Zuge des Wirtschaftseinbruchs, insbesondere an die Folgen der Bankenzusammenbrüche und der Sparpolitik. (In Europa brauchte die Politik viel länger, um das Gefahrenpotenzial der Krise wahrzunehmen – die deutsche Kanzlerin beispielsweise lehnte noch im November 2008 ein Konjunkturpaket ab.)

Deshalb waren Präsident Bush und sein Finanzminister Paulson bereit, von wichtigen Prinzipien ihrer (neoliberalen) Politik abzuweichen (als ehemaliger Chef von Goldman Sachs dürfte Paulson die Gefährdung des Finanzsystems in seiner Gesamtheit rascher und besser begriffen haben als seine konservativen Politikerkollegen und -kolleginnen in Europa): Der größte US-Versicherungskonzern American International Group (AIG) wurde verstaatlicht.[2] Wenig später wurde auch der größte US-Automobilkonzern (General Motors) zum größten Teil verstaatlicht. Die US-Notenbank stellte dem Finanzsystem – auch europäischen Banken – Liquidität in unbeschränkter Höhe zu Verfügung. Schließlich wurden in den USA noch im Herbst 2008 Maßnahmen zur Konjunkturstützung beschlossen.

Auch in Europa wurden – wenn auch mit Verzögerung – Bankenrettungs- und Konjunkturpakete beschlossen. Dadurch konnte der dramatische Wirtschaftseinbruch gebremst und schließlich Mitte 2009 gestoppt werden, allerdings um den Preis einer enormen Ausweitung der Haushaltsdefizite. Dazu kam noch die Verschlechterung der öffentlichen Finanzen als Folge der „automatischen Stabilisatoren": Der Wirtschaftseinbruch ließ die Ausgaben für Arbeitslose sowie für Kurzarbeiter und Kurzarbeiterinnen in die Höhe schnellen und die Steuereinnahmen sinken. Das Zusammenwirken dieser Entwicklungen verursachte einen massiven Anstieg der Staatsschuldenquote in allen Industrieländern (Abb. 11).

So wichtig diese Symptomtherapien waren („Wenn es brennt, muss man löschen"), so sehr zeigen sie gleichzeitig, dass der systemische Charakter der Krise nicht einmal ansatzweise begriffen wurde. Dies ermöglichte es den „Finanzalchemisten", die Zunahme der Staatsverschuldung innerhalb des Euroraums zur Entwicklung eines neuen „Spiels" zu nutzen, nämlich zur Spekulation gegen Eurostaaten.

Insgesamt waren mehrere Entwicklungen bzw. Faktoren dafür maßgeblich, dass der durch die Finanzmarktkrise verursachte Anstieg der Staatsverschuldung den Boden für die Eurokrise bereitete:

- Nach der Einführung des Euro hat sich die internationale Wettbewerbsfähigkeit innerhalb der Währungsunion markant verschoben. Dafür maßgeblich waren die unterschiedliche Lohnpolitik und die – davon nicht unabhängigen – Unterschiede in den Wachstumsstrategien zwischen den südeuropäischen Mitgliedsländern einerseits und

---

[2] Dadurch wurde auch die Forderung von Goldman Sachs gegen die AIG in Höhe von etwa 20 Milliarden US-Dollar gerettet; Goldman hatte – echte oder fiktive – Forderungen gegenüber Lehman Brothers durch „Credit default swaps" mit der AIG abgesichert.

den nördlichen Mitgliedsländern wie insbesondere Deutschland andererseits.

Abb. 6: Schwankungen des Wechselkurses US-Dollar je Euro

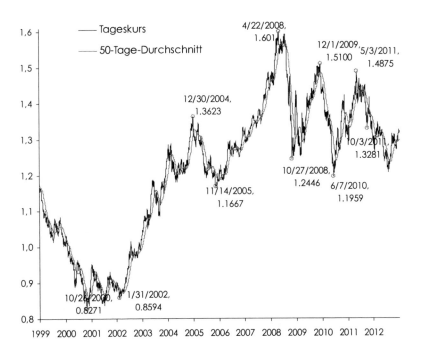

Quelle: Federal Reserve System, WIFO.

- Als Folge dieser Entwicklung wurden die südeuropäischen Länder von der Finanzkrise stärker in Mitleidenschaft gezogen als die „Nordländer": Letztere profitierten von der anhaltenden Wachstumsdynamik der realkapitalistisch orientierten Schwellenländer wie China, Indien oder Brasilien, Erstere konnten hingegen den Einbruch der Binnennachfrage nicht durch zusätzliche Exporte ausgleichen.
- In einer Währungsunion haben die Mitgliedsländer keine Möglichkeit mehr, das Zinsniveau den Erfordernissen ihrer Volkswirtschaft anzupassen. Die kurzfristigen Zinsen und damit auch jene der Bankkredite

werden durch die (Europäische) Zentralbank vorgegeben, die langfristigen Zinsen werden am Kapitalmarkt bestimmt.

- Die prekäre Lage der südeuropäischen Länder veranlasste Finanzinvestoren, immer höhere Risikoprämien für die Staatsanleihen dieser Länder zu fordern, und motivierte „Finanzalchemisten", mit Hilfe von „Credit default swaps" auf den Bankrott dieser Staaten zu spekulieren. Dadurch stiegen die Zinsen für Staatsanleihen südeuropäischer Länder (und Irlands) so stark, dass Anfang Mai 2010 der Euro-Rettungsschirm (European Financial Stability Facility, EFSF) gegründet werden musste.

In Folgenden sollen diese Komponenten der Entstehungsgeschichte der Eurokrise näher untersucht werden.

5.1 Markante Verschiebungen in der preislichen und technologischen Wettbewerbsfähigkeit

Die Konversionskurse, mit denen die einzelnen Euroländer 1999 in die Währungsunion eintraten, wichen nicht unerheblich von jenem Gleichgewichtsniveau ab, bei dem kein Land einen preislichen Wettbewerbsvorteil bzw. -nachteil im Außenhandel hat (Kaufkraftparität von Tradables). So waren international gehandelte Güter und Dienstleistungen noch 2002 in Griechenland, Portugal und Spanien billiger als im Durchschnitt der zwölf Euroländer, in Deutschland und Frankreich aber teurer (Schulmeister 2005, Tab. 10). In den darauffolgenden Jahren wurde dieser „Startvorteil" der südeuropäischen Länder rasch verspielt, ihre Lohnstückkosten und damit das Preisniveau ihrer Güter und Dienstleistungen stiegen viel stärker als in den „Kernländern" des Euroraums. Am stärksten fielen die Verluste an Wettbewerbsfähigkeit gegenüber Deutschland aus, das eine Politik extremer Lohnzurückhaltung praktizierte.

Die unterschiedliche Lohnpolitik vertiefte die Unterschiede in der Nachfragedynamik innerhalb des Euroraums: In Deutschland stagnierte die Binnennachfrage, insbesondere der private Konsum und der Wohnbau, während die Exporte kräftig expandierten. In den übrigen Euroländern nahmen umgekehrt die Binnennachfrage viel stärker und die Exporte viel schwächer zu als in Deutschland. Diese Diskrepanz wurde in Spanien und Irland durch den Immobilienboom verstärkt.

Überdies förderte die Konzentration auf ein exportinduziertes Wirtschaftswachstum in den „Nordländern" auch die technologische Wettbewerbsfähigkeit dieser Länder, also die stetige Verbesserung der Qualität der bestehenden Produktpalette, und damit den technischen Fortschritt ganz allgemein. Im Vergleich dazu stützt ein überdurchschnittliches Wachstum der Binnennachfrage in erster Linie die Produktion in traditionellen Sektoren wie der Bauwirtschaft.

Abb. 7: Schwankungen der Rohstoffpreise

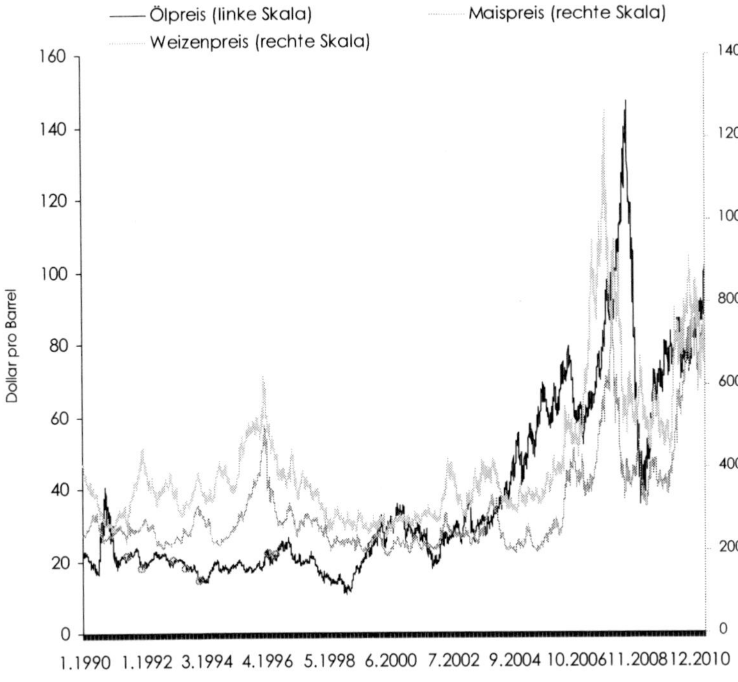

Quelle: CBOT, Nymex.

Ein weiterer Effekt verstärkte die Unterschiede in der Nachfragedynamik: Als Folge der Lohnzurückhaltung blieb die Inflation in Deutschland permanent niedriger als in den übrigen Euroländern. Da nicht nur die kurzfristigen, sondern auch die langfristigen Eurozinsen in allen Mitgliedsländern der Währungsunion annähernd gleich hoch waren, lag das Realzinsniveau in Deutschland höher als in den meisten anderen Euroländern, insbesondere in Irland, Portugal, Spanien und Griechenland.

Dieses Zinsdifferenzial hatte zwei Folgen: Erstens nahm das Investitionsvolumen in Deutschland und den übrigen „Nordländern" in den ersten zehn Jahren der Währungsunion viel langsamer zu als in Südeuropa, zweitens konzentrierte es sich stärker auf hochproduktive Investitionen, was wiederum die technologische Konkurrenzfähigkeit dieser Länder verbesserte.

5.2 Anstieg der Staatsverschuldung als Folge von Verschiebungen der sektoralen Finanzierungssalden

Bei steigenden Finanzierungsüberschüssen der privaten Haushalte sowie der Unternehmen und des Finanzsektors verharrte das Staatsdefizit in Deutschland bis 2005 bei drei bis vier Prozent des Bruttoinlandsprodukts (BIP), und zwar trotz eines steigenden Finanzierungsdefizits des Auslands (im Wesentlichen entspricht dies dem Überschuss in der deutschen Leistungsbilanz; Abb. 12). Die Summe aller Finanzierungssalden ist ja Null, und die Kausalität verlief vom geänderten Investitions- bzw. Sparverhalten der Unternehmen und Haushalte zum erlittenen Defizit des Staates. Erst der weitere Anstieg der Leistungsbilanzüberschüsse Deutschlands ermöglichte „saldenmechanisch" einen ausgeglichenen Staatshaushalt in den Jahren 2007 und 2008. Unmittelbar vor dem Ausbruch der Finanzmarktkrise konnte Deutschland sein Budgetdefizit somit dank hoher Zuwächse bei der Auslandsnachfrage verbessern.

Nicht zuletzt als Folge höherer Lohnanstiege expandierte der private Konsum in den südeuropäischen Euroländern stärker als in Deutschland, die Überschüsse der privaten Haushalte waren dementsprechend in diesen Ländern niedriger als in Deutschland und gingen ab 2002 relativ zum BIP zurück. Die Unternehmen investierten permanent mehr als ihre einbehaltenen Gewinne, ihr Defizit weitete sich ab 2004 stark aus. Trotz steigender Überschüsse des Auslands (die Leistungsbilanz dieser Ländergruppe wurde zunehmend defizitär) konnte der Staat daher sein Defizit zwischen 2004 und 2007 merklich reduzieren.

Die Finanzmarktkrise verursachte eine markante Entwertung des Aktien- und Immobilienvermögens der Haushalte und Unternehmen, die

Abb. 8: Handelsvolumen auf den globalen Finanzmärkten

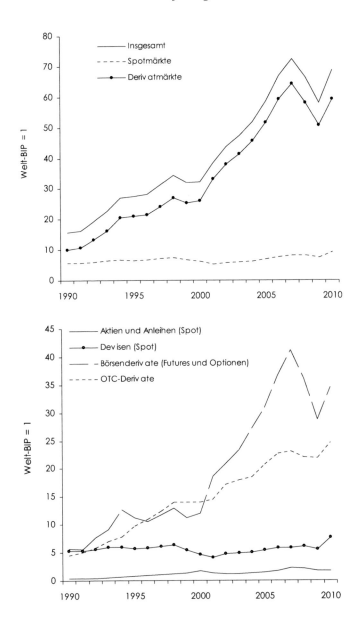

Quelle: BIS, WFE, WIFO.

darauf mit einer Reduktion der Konsum- und Investitionsnachfrage reagierten. Diese fiel in jenen Ländern, in denen die Binnennachfrage bis zur Krise kräftig expandiert hatte, besonders stark aus. In den südeuropäischen Ländern ging das Defizit der Unternehmen im Jahr 2009 stark zurück, der Überschuss der Haushalte stieg, der Staat erlitt so eine drastische Budgetverschlechterung.

Hierzulande sank die schon davor nur stagnierende Binnennachfrage weniger als in den übrigen Euroländern, gleichzeitig erzielte Deutschland weiterhin hohe – wenn auch sinkende – Überschüsse in seiner Leistungsbilanz (die für die deutschen Exporte besonders wichtigen Absatzmärkte in China, Indien oder Brasilien wurden von der Finanzmarktkrise nicht so stark beeinträchtigt wie jene in den Industrieländern).

Insgesamt bewirkten diese Reaktionen von Haushalten, Unternehmen und dem (jeweiligen) Ausland auf die Finanzmarktkrise, dass sich das Staatsdefizit in Deutschland zwischen 2007 und 2009 weniger stark verschlechterte als in den übrigen Euroländern (detaillierte Analysen des Anwachsens der Ungleichgewichte im Euroraum finden sich in Ederer 2010, Horn et al. 2010, Niechoj et al. 2011).

Am stärksten stiegen die Budgetdefizite in den vom Zusammenbruch des Immobilienbooms am meisten betroffenen Ländern (Irland und Spanien). Das höchste Haushaltsdefizit aller Euro-Länder wies 2009 allerdings Griechenland aus, da in diesem Land das Defizit schon vor der Krise am weitaus größten gewesen war.

5.3 Steigende Zinsdifferenzen im Euroraum

Mit der Finanzmarktkrise endete die fast zehnjährige Phase weitgehend einheitlicher Zinsen für Staatsanleihen im Euroraum, die Unterschiede nach Ländern nahmen immer mehr zu. Dieser Prozess wurde durch die Wechselwirkung zwischen den Transaktionen mit Staatsanleihen und mit „Credit default swaps" (CDS) verstärkt. Mit diesem Derivat lassen sich Finanzinvestoren die Bedienung von Staatsanleihen von einem Dritten versichern (gegen Bezahlung einer Prämie), sie können damit aber auch auf einen Staatsbankrott spekulieren, indem sie eine solche Versicherung abschließen, ohne entsprechende Staatsanleihen zu besitzen („naked CDS").

Verschlechtert sich die Bonität eines Staates und steigen daher Risikoprämien, Anleihezinsen und CDS-Prämien, so nimmt der Wert schon bestehender, zu niedrigeren Prämien abgeschlossener CDS-Kontrakte sprunghaft zu. Wer frühzeitig auf eine Verschlechterung der Bonität eines Staats spekuliert, kann so hohe Gewinne erzielen. Gleichzeitig verstärkt die zusätzliche Nachfrage nach CDS-Kontrakten den Anstieg der Prämien und Zinsen und damit das Bankrottrisiko. Die Herabstufungen der Bonität eines Staates durch Ratingagenturen ist Teil dieses Prozesses (siehe dazu Tichy 2011, Url 2011).

Der Markt für CDS bezogen auf Staatsanleihen begann erst nach der Finanzmarktkrise zu boomen (bis dahin waren die Anleihezinsen aller Eurostaaten annähernd gleich hoch). Auslöser war das Eingeständnis der griechischen Regierung im Herbst 2009, das wahre Ausmaß der Staatsverschuldung verschleiert zu haben. Bis Anfang Mai 2010 stiegen die CDS-Prämien von 150 auf 875 Basispunkte, die Zinsen für zehnjährige Staatsanleihen von 4,5 auf 12,2 Prozent. Zu solch hohen Zinsen konnte der Staatshaushalt nicht nachhaltig finanziert werden, also wurde im Mai 2010 der Rettungsschirm EFSF gegründet.

In der Folge erfasste der Prozess steigender CDS-Prämien und Anleihezinsen Irland und Portugal, auch diese beiden Länder mussten unter den Rettungsschirm. Im Sommer verschärfte sich die Lage deshalb dramatisch, weil nunmehr auch die Zinsen spanischer und italienischer Staatsanleihen in langfristig unfinanzierbare Höhen stiegen. Die Staatshaushalte dieser Länder sind nämlich viel zu groß, als dass sie über den EFSF finanziert werden könnten.

Alle vom Zinsanstieg erfassten Länder reagierten darauf mit verstärkten Sparbemühungen, um „die Märkte" zu beruhigen und so einen Rückgang der Zinsen zu erreichen. Am radikalsten fiel das Sparpaket Griechenlands aus. Dadurch wurde der Schrumpfungsprozess des BIP beschleunigt, die Budgetkonsolidierung blieb daher weit hinter den Zielen zurück, und die Zinsen stiegen dramatisch. Auch in Portugal, Spanien und Italien hat die restriktive Fiskalpolitik samt der Ankündigung weiterer Sparpakete die Wirtschaft in eine Abwärtsspirale geführt (Abb. 10 skizziert diesen Prozess am Beispiel von Spanien).

Abb. 9: Zinssätze für zehnjährige Staatsanleihen

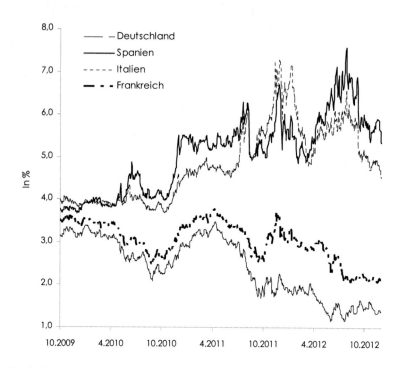

Quelle: Reuters

Je stärker die Zinsen in den „Problemländern" des Euroraums stiegen, desto mehr sanken sie in den von „den Märkten" als (relativ) stabil eingeschätzten Ländern wie den Niederlanden, Finnland, Frankreich und insbesondere Deutschland (Abb. 9).

Bis zum Herbst 2009 hatte es fast elf Jahre lang keine nennenswerten Differenzen zwischen den Anleihezinsen der Euroländer gegeben. Die dramatische Spreizung der Zinsniveaus hat seither die Unterschiede in der wirtschaftlichen Entwicklung innerhalb der Währungsunion vertieft: Jene Länder, die sich nach dem Konjunktureinbruch des Jahres 2009 rasch erholten, werden zusätzlich durch niedrige Zinsen begünstigt. In den südeuropäischen Ländern haben hingegen der Zinsanstieg und die dadurch mitverursachte Sparpolitik eine Konjunkturerholung im Keim erstickt.

6 Von der Eurokrise zur Staatsschuldenkrise und ihrer Bekämpfung
Die zunehmende Diskrepanz in der Wirtschaftsentwicklung zwischen den südeuropäischen Ländern und den „Nordländern", insbesondere Deutschland, bedroht auch die soziale und politische Kohärenz des europäischen Projekts. In Südeuropa erzwingen hohe Zinsen einen verschärften Sparkurs, dieser lässt die Wirtschaft schrumpfen und die Arbeitslosigkeit steigen. Die Budgetziele werden deshalb verfehlt, was eine weitere Verschärfung des Sparkurses nach sich zieht. In Deutschland ermöglichen hohe Exportzuwächse in die realkapitalistisch organisierten Schwellenländer eine Konjunkturerholung, Arbeitslosigkeit und Haushaltsdefizit sinken, die Politik erhöht in Teilbereichen sogar die Sozialausgaben (etwa für die häusliche Kinderbetreuung), was wiederum die Konsumnachfrage stützt.

Die zunehmende Spaltung Europas in ökonomischer und sozialer Hinsicht wird in den Krisenländern und in Deutschland völlig unterschiedlich erklärt. In Südeuropa macht eine wachsende Mehrheit der Bevölkerung dafür die Austeritätspolitik verantwortlich, welche von keinem EU-Land so vehement eingefordert wird wie von Deutschland. Deutsche Politiker und Politikerinnen hingegen sehen den Grund für die Misere in einem mangelnden Reformwillen in Südeuropa und schreiben den Erfolg Deutschlands seiner Reformpolitik vor etwa zehn Jahren zu.

Diese unterschiedlichen Interpretationen vertiefen die politische Kluft in Europa: In Südeuropa bekommen jene (populistischen) Politiker und Politikerinnen immer mehr Zulauf, welche die deutsche Politik als Hauptursache der Krise bezeichnen und an die Folgen deutschen Hegemonialstrebens in der Geschichte Europas erinnern. In Deutschland wird diese Sicht von Politikern und Politikerinnen nahezu aller Parteien vehement zurückgewiesen.

Eine Mäßigung dieser Konflikte erfordert eine nüchterne Bestandsaufnahme der wichtigsten Ursachen für den Anstieg der Staatsverschuldung und der daraus abzuleitenden Therapien. Rekapituliert man die wichtigsten Entwicklungen seit Ausbruch der Finanzmarktkrise, so ergibt sich folgendes Bild.

Die Wirtschaft des Euroraums hat sich vom Einbruch im Jahr 2009 im Gefolge der Finanzmarktkrise nicht nachhaltig erholen können. Bereits 2011 schwächte sich das BIP-Wachstum wieder ab, ausgelöst durch den drastischen Anstieg der Zinsen für Staatsanleihen in Griechenland, Irland

Abb. 10: Entwicklung von Produktion, Arbeitslosigkeit und Staatsfinanzen in Spanien

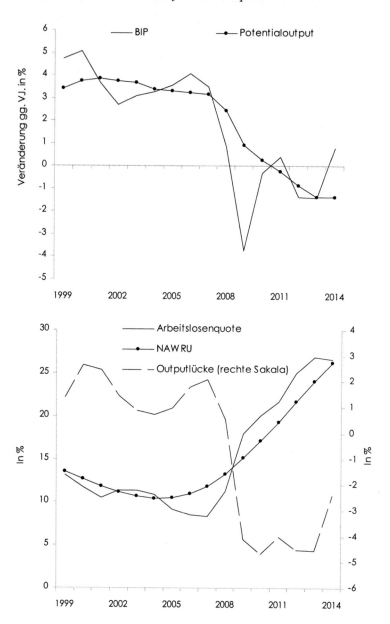

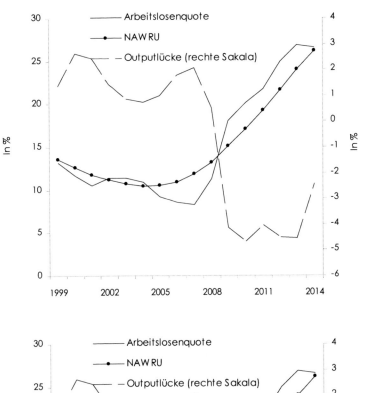
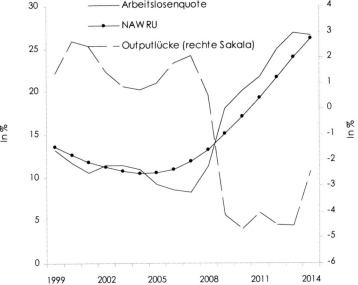

Quelle: Eurostat.

und Portugal. Weder die Gründung und Ausweitung des Euro-Rettungsschirms noch die Anleihekäufe der EZB konnten verhindern, dass 2011 auch Spanien und Italien vom Anstieg der Zinsen erfasst wurden. Die betroffenen Staaten reagierten mit einer Verschärfung ihres Sparkurses. Gleichzeitig schwenkte die Fiskalpolitik auch in allen anderen EU-Staaten auf einen restriktiven Kurs ein. Die synchrone Sparpolitik dämpfte die Nachfrage von Unternehmern und Haushalten im Euroraum so sehr, dass das BIP insgesamt – trotz steigender Exporte – bereits 2012 wieder schrumpfte (-0,3 Prozent). Damit lag die Gesamtproduktion im Euroraum vier Jahre nach dem Ausbruch der Finanzmarktkrise um 1,5 Prozent unter dem Niveau von 2008. Gleichzeitig stiegen die Arbeitslosenquote (von 7,7 auf 11,4 Prozent) und die Staatsschuldenquote (von 67,8 auf 91,3 Prozent).

Am stärksten nahmen die Staatsschuldenquoten seit 2008 in jenen Euroländern zu, die von der Finanzmarktkrise am stärksten betroffen waren und die danach die radikalsten Sparprogramme umsetzten (Griechenland, Irland, Portugal, Spanien).

Diese Entwicklungen lassen die Sparpolitik als Hauptstrategie zur Bekämpfung der öffentlichen Verschuldung fragwürdig erscheinen. Dennoch hält die Politik in der EU daran fest. Denn die größten (noch verbliebenen) Gemeinsamkeiten der Eliten sind das neoliberale Weltbild und die daraus abgeleiteten Handlungsanweisungen (die „Navigationskarte" konservativer wie sozialdemokratischer Parteien). Je mehr sich die Lage der Staatsfinanzen in den Krisenländern der Währungsunion verschlechterte, desto mehr wurden die Regeln fiskalpolitischer Restriktion verschärft: Im Frühjahr 2011 wurde der „Euro-Plus-Pakt" beschlossen, im Herbst 2011 folgte das „Sixpack", das die Regeln des Stabilitäts- und Wachstumspakts verschärfte, und im März 2012 wurde schließlich der Fiskalpakt von 25 Regierungschefs beschlossen (Einführung einer „Schuldenbremse" nach deutschem Vorbild, lediglich Großbritannien und Tschechien verweigerten die Zustimmung).

7 Der Fiskalpakt und seine Folgen

Seit Januar 2013 ist der Fiskalpakt in Kraft. Seine Anwendung wird die Wirtschaftsentwicklung dämpfen und eine nachhaltige Stabilisierung der Staatsfinanzen unmöglich machen. Dies ergibt sich nicht aus dem – richtigen – Ziel, die Staatsverschuldung einzudämmen, sondern aus dem Weg, wie dieses Ziel erreicht werden soll. Dieser Weg wird durch zwei Regeln festgelegt:

– Jeder Vertragsstaat darf nur mehr ein strukturelles (konjunkturbereinigtes) Defizit von maximal 0,5 Prozent des BIP aufweisen (Defizitregel).

– Jedes Jahr muss die Staatsschuld um ein Zwanzigstel der Differenz zwischen der aktuellen Schuldenquote und dem Zielwert von 60 Prozent reduziert werden (Schuldenregel).

Stellt die EU-Kommission eine nachhaltige Verletzung dieser Regeln fest, wird der Staat automatisch sanktioniert.

Während die Schuldenregel erst drei Jahre, nachdem ein Staat sein Defizit unter drei Prozent gebracht hat und damit nicht mehr der „Excessive deficit procedure" unterworfen ist (derzeit sind dies nur acht der 27 EU-Staaten), zu greifen beginnt, gilt die neue Defizitregel permanent, abgesehen von „außergewöhnlichen Umständen" wie einem „schweren Konjunktureinbruch". Allerdings darf die Abweichung nur „vorübergehend" sein und die „mittelfristige Tragfähigkeit der öffentlichen Finanzen" nicht gefährden.

Wie die Anwendung der beiden Fiskalpaktregeln die mittelfristige Wirtschaftsentwicklung beeinflussen wird, hängt wesentlich vom Verfahren der Europäischen Kommission zur Schätzung des strukturellen Defizits ab.

Der strukturelle Budgetsaldo ergibt sich mithin aus dem tatsächlichen Saldo nach Abzug der Konjunkturkomponente, also jenes Teils des Saldos, der durch die Abweichung des realisierten BIP vom Potenzialoutput (PO) verursacht ist.[3] Diese Differenz (in Prozent des PO) stellt die Outputlücke dar. Die Konjunkturkomponente wird von der Europäischen Kommission (EK) auf etwa 50 Prozent der jeweiligen Outputlücke geschätzt (siehe Larch/Turrini 2009: 8).

Liegt etwa die Outputlücke bei zehn Prozent (das tatsächliche BIP ist um zehn Prozent niedriger, als es dem Vollbeschäftigungsniveau entspricht), so beträgt die Konjunkturkomponente des Budgetsaldos ungefähr fünf Prozent. Bei einem Gesamtdefizit von beispielsweise sechs

---

[3] Zusätzlich werden auch Einmaleffekte in Abzug gebracht. Diese können hier außer Acht gelassen werden.

Prozent des BIP ergibt sich ein struktureller Saldo von minus einem Prozent. Nach der Defizitregel des Fiskalpakts müsste das betreffende Land sein Defizit um zumindest 0,5 Prozentpunkte des BIP verringern.

Der PO wird von der Europäischen Kommission unter der Annahme geschätzt, dass eine Cobb-Douglas-Produktionsfunktion den Zusammenhang zwischen dem Einsatz von Kapital und Arbeit sowie der Produktivität der beiden Faktoren näherungsweise abbildet.[4] Dabei wird die verfügbare Arbeitsmenge (in Stunden) auf der Basis des von Friedman (1968) entwickelten Konzepts einer „natürlichen" (oder gleichgewichtigen bzw. strukturellen) Arbeitslosenquote geschätzt. Wenn im Zuge eines Wirtschaftseinbruchs, ausgelöst etwa durch einen Ölpreisschock oder eine Finanzmarktkrise, die Arbeitslosigkeit steigt, danach aber nicht wieder auf das ursprüngliche Niveau zurückgeht, dann hat der Preismechanismus am Arbeitsmarkt offenbar nicht hinreichend gut funktioniert – weil beispielsweise die Löhne zu wenig gesunken sind oder sonstige Rigiditäten den Ausgleich von Angebot und Nachfrage verhinderten. Daher muss die strukturelle Arbeitslosenquote gestiegen sein.

Diese Arbeitslosenquote ist gleichzeitig jene, bei der die Inflationsrate stabil bleibt, sei es die Gesamtinflation (Non-accelerating inflation rate of unemployment, NAIRU) oder die Lohninflation (Non-accelerating wage rate of unemployment, NAWRU). Die Europäische Kommission schätzt die strukturelle Arbeitslosenquote in Form der NAWRU als jene Arbeitslosenquote, die nötig ist, damit sich der Lohnanstieg nicht erhöht. Entsprechend der Logik, dass jede sich verfestigende Arbeitslosigkeit strukturell bedingt ist, wird die NAWRU als Trend der tatsächlichen Arbeitslosenquote mit Hilfe des Kalman-Filters geschätzt (D'Auria et al. 2010).

Abb. 10 zeigt die tatsächliche Entwicklung von Produktion und Arbeitslosigkeit in Spanien und die Schätzwerte von NAWRU, Potenzialoutput, Outputlücke und konjunkturbereinigtem Budgetsaldo (alle Daten stammen aus der jüngsten Kommissionsprognose vom Winter 2013). An

---

[4] Diese Produktionsfunktion wird in der Literatur und bei der Entwicklung ökonometrischer Modelle häufig verwendet, weil sie mathematisch sehr einfach ist. Sie impliziert in ökonomischer Hinsicht unter anderem: Der Einsatz von Kapital und Arbeit ist substituierbar; wenn etwa die Lohnkosten relativ zu den Kapitalkosten um zehn Prozent sinken, so wird der gleiche Output mit um zehn Prozent höherem Arbeits- und entsprechend niedrigerem Kapitaleinsatz erzeugt werden (eine Lohnsenkung wird daher die Nachfrage nach Arbeit erhöhen).

diesem Beispiel lassen sich das Schätzverfahren der Europäischen Kommission und die wirtschaftspolitischen Konsequenzen seiner Ergebnisse verdeutlichen.

Nach einer Phase hohen und stabilen Wirtschaftswachstums zwischen 1999 und 2007, in der sich der Budgetsaldo in einen Überschuss dreht und die Staatsschuldenquote auf 40 Prozent des BIP sinkt, stürzen die internationale Finanzmarktkrise und das Platzen der spanischen Immobilienblase die Wirtschaft in eine schwere Krise: Die Arbeitslosenquote steigt zwischen 2007 und 2009 von 8,3 Prozent auf 18,0 Prozent an; dies lässt auch die NAWRU auf 15,1 Prozent steigen. Es werden daher nur mehr etwa 85 Prozent der Arbeitskräfte („Labour force") als für die Produktion verfügbar angesehen (15 Prozent sind strukturell arbeitslos). Damit sinkt das Wachstum des Potenzialoutputs – trotz einer Arbeitslosigkeit von fast 20 Prozent schätzt die Europäische Kommission die Outputlücke für 2009 auf lediglich 4,2 Prozent. Dies bedeutet, dass nur etwa zwei BIP-Prozentpunkte des tatsächlichen, vom Staat als Folge der Finanz- und Immobilienkrise „erlittenen" Defizits in Höhe von 11,2 Prozent des BIP als konjunkturbedingt angesehen bzw. akzeptiert werden (Abb. 10).

Der rapide Anstieg des als strukturell interpretierten Defizits erzwingt massive Kürzungen des öffentlichen Konsums und der staatlichen Transferzahlungen (sie stagnieren, obwohl die Zahl der Arbeitslosen auf mehr als das Doppelte gestiegen ist). Dies lässt die Wirtschaft 2012 neuerlich in eine Rezession schlittern, die Arbeitslosigkeit steigt weiter und damit auch die NAWRU, sodass die Outputlücke bei 4,5 Prozent des BIP verharrt (obwohl 25 Prozent der Arbeitskräfte keine Beschäftigung finden, könnte die spanische Wirtschaft nach dem Schätzverfahren der Europäischen Kommission lediglich um knapp fünf Prozent mehr produzieren, als sie tatsächlich produziert – 21,5 Prozent der Arbeitskräfte werden als strukturell arbeitslos angesehen und stehen der Produktion nicht mehr zur Verfügung).

Der starke Rückgang der Reallöhne hat auf die Entwicklung der NAWRU keinen dämpfenden Einfluss, da diese der tatsächlichen Arbeitslosenquote folgt (die Möglichkeit, dass ein Rückgang der Löhne den privaten Konsum und das BIP dämpft und so die Arbeitslosigkeit steigen lässt, ist durch das NAWRU-Schätzverfahren ausgeschlossen).

Abb. 11: Entwicklung der Staatsschuldenquoten

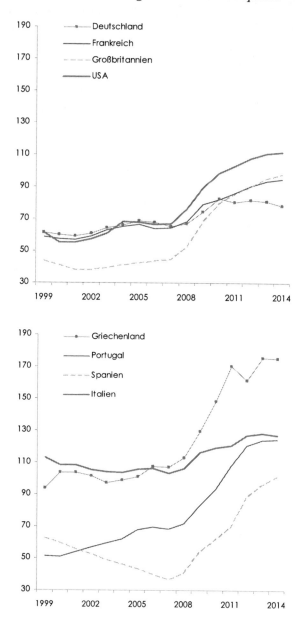

Quelle: AMECO (Eurostat).

Da der größte Teil der tatsächlichen Arbeitslosigkeit als strukturell bedingt interpretiert wird, wird auch der größte Teil des Budgetdefizits als strukturell angesehen: Der Anstieg der NAWRU lässt den Potenzialoutput schrumpfen, und damit erscheint das Budgetdefizit als überwiegend strukturell bedingt (Abb. 10). Daher werden zusätzliche Konsolidierungsmaßnahmen erforderlich, die zwar das Haushaltsdefizit reduzieren, aber um den Preis einer weiter steigenden Arbeitslosigkeit.

Steigende Arbeitslosigkeit und eine schrumpfende Wirtschaft lassen die Staatsschuldenquote Spaniens dramatisch steigen (paradoxerweise in hohem Maß als Folge der nach dem Wirtschaftseinbruch ergriffenen Konsolidierungsmaßnahmen): Nach Schätzung der Europäischen Kommission steigt die Staatsschuld von 53,9 Prozent (2009) bis 2014 auf 101,0 Prozent, im gleichen Zeitraum kann das strukturelle bzw. konjunkturbereinigte Defizit nicht einmal halbiert werden, es sinkt von 9,4 Prozent auf 5,3 Prozent (Abb. 10).

Wenn die Staatsschuldenquote Spaniens bis zum Erreichen eines strukturellen Defizits von 0,5 Prozent des BIP auf etwa 120 Prozent des BIP steigt, bedeutet dies, dass danach entsprechend der Schuldenregel jährlich im Ausmaß von drei BIP-Prozentpunkten konsolidiert werden muss, um nach etwa 20 Jahren das Ziel einer Staatsschuldenquote von 60 Prozent des BIP zu erreichen.

Derzeit weisen 24 der 27 EU-Länder ein konjunkturbereinigtes Defizit von mehr als 0,5 Prozent des BIP auf, im Durchschnitt aller Euro-Länder lag es 2012 bei 2,4 Prozent des BIP, im EU-Durchschnitt bei 2,6 Prozent. Wenn alle diese Länder gleichzeitig ihre Konsolidierungsmaßnahmen intensivieren, werden sich die negativen Rückkoppelungseffekte wechselseitig verstärken. Da überdies die Gesamtproduktion in den meisten EU-Ländern stagniert oder schrumpft und die Arbeitslosigkeit das höchste Niveau der Nachkriegszeit erreicht hat, könnte das Wachstum nachhaltig gedämpft werden.[5]

---

[5] Eine Simulation mit dem Oxford-Modell zeigt, dass eine strikte Umsetzung der Regeln des Fiskalpakts die wirtschaftliche Dynamik mittelfristig markant schwächt, insbesondere im Vergleich zur Strategie, mithilfe von Eurobonds die Zinsen für Staatsanleihen der Euroländer bei zwei Prozent zu stabilisieren (IMK/OFCE/WIFO 2012).

Abb. 12: Finanzierungssalden in Deutschland

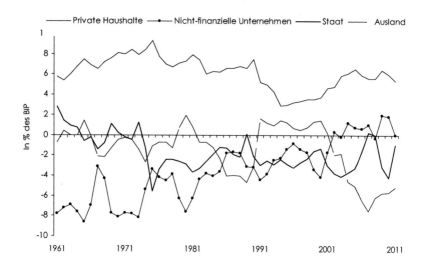

Quelle: Deutsche Bundesbank (die Werte für die nicht-finanziellen Kapitalgesellschaften und den Staat für 1995 wurden um den Sondereffekt der Auflösung der Treuhandanstalt und für 2000 um den Sondereffekt der UMTS-Lizenzen bereinigt).

Diese Gefahr sollte deshalb nicht außer Acht gelassen werden, weil die fiskalpolitischen Regeln der EU – von den Maastricht-Kriterien bis zum Fiskalpakt – ebenso wie das Verfahren der Europäischen Kommission zur Schätzung struktureller Defizite davon ausgehen, dass Konsolidierungsmaßnahmen keinen dämpfenden Effekt auf die Gesamtwirtschaft haben.[6] Im Gegensatz dazu betont der Internationale Währungsfonds die Bedeutung negativer Multiplikatoreffekte und stellt fest, dass deren Höhe früher unterschätzt worden sei. Tatsächlich läge der Fiskalmultiplikator nicht bei 0,5 (wie zumeist angenommen), sondern zwischen 0,9 und 1,7 (eine Konsolidierungsmaßnahme im Ausmaß von einer Milliarde dämpft

---

[6] Siehe etwa die umfassende Darstellung der Defizit- und Schuldenregeln und der Optionen zu ihrer Verbesserung bzw. Verschärfung in European Commission (2011). Die Möglichkeit, dass Konsolidierungsmaßnahmen das BIP dämpfen und so ihr Ziel – zumindest teilweise – verfehlen, wird an keiner Stelle in Erwägung gezogen.

das BIP in einem Ausmaß zwischen 0,9 Milliarden und 1,7 Milliarden; vgl. International Monetary Fund 2012, Box 1.1, S. 41 ff.).

Die fundamentale Ursache für die Vernachlässigung der Rückkoppelungseffekte einer restriktiven Fiskalpolitik (wie auch sinkender Reallöhne) besteht darin, dass die fiskalpolitischen Regeln der EU aus der monetaristischen Wirtschaftstheorie abgeleitet werden. Diese Theorie nimmt an, dass der Staat eine unbeschränkte Kontrolle über seinen Finanzierungssaldo hat, Letzterer also nicht auch das Resultat makroökonomischer Kettenreaktionen ist, ausgelöst auch durch Maßnahmen der Fiskalpolitik selbst. Zwar kann es auch nach monetaristischer Sicht zu Schocks kommen, die den Budgetsaldo verschlechtern. Wenn aber der Staat danach seine Ausgaben senkt, wird die Privatwirtschaft wieder expandieren („Crowding in") und der Budgetsaldo wieder ausgeglichen sein.

8 Staatsfinanzen und gesamtwirtschaftliche Entwicklung

Im Kontext der monetaristischen Theorie haben die Probleme der Staatsverschuldung und der Arbeitslosigkeit ganz unterschiedliche Ursachen und sind daher voneinander unabhängig: Ein längerfristiger Anstieg der öffentlichen Verschuldung ist in dieser Logik in erster Linie durch zu hohe Staatsausgaben verursacht, steigende Arbeitslosigkeit hingegen durch zu hohe Lohnkosten und durch Regulierungen, welche die Marktkräfte daran hindern, Angebot und Nachfrage in Übereinstimmung zu bringen.

Die empirische Evidenz lässt diese Sichtweise als fragwürdig erscheinen. Denn der Finanzierungssaldo des Staates verändert sich in Interaktion mit den Salden der anderen Sektoren (die Summe aller Salden beträgt Null). Wenn etwa der Unternehmenssektor seine Kreditaufnahme (Defizit) stark reduziert (wegen sinkender Investitionsnachfrage) oder der Haushaltssektor das Sparen (Überschuss) ausweitet (wegen sinkender Konsumnachfrage), so wird der Staat eine Verschlechterung seines Finanzierungssaldos „erleiden" (sofern nicht das jeweilige Ausland seinen Saldo verschlechtert, das betreffende Land also eine Verbesserung seiner Leistungsbilanz erreicht).

Abb. 12 verdeutlicht diese Zusammenhänge am Beispiel der Entwicklung in Deutschland seit 1960 (der Finanzsektor weist als Intermediär keine ausgeprägten Überschüsse bzw. Defizite auf und wird in der Abbildung nicht gesondert ausgewiesen): Zwischen 1966 und 1967 sowie zwischen 1973 und 1975 ging das Finanzierungsdefizit des Unternehmenssektors zurück, gleichzeitig verschlechterte sich der Staatssaldo, 1973 bis 1975 viel stärker als 1966/67 (im ersten Fall hat sich gleichzeitig der Saldo des Auslands verschlechtert, die deutsche Leistungsbilanz also verbessert, im zweiten Fall hat sich die gegenteilige Entwicklung ergeben).

Damit ist noch nichts über die Kausalzusammenhänge ausgesagt, doch scheint die Annahme, dass die Rezession 1967 bzw. der Ölpreisschock 1973 und der nachfolgende Wirtschaftseinbruch diese Saldenverschiebungen verursacht haben, viel plausibler als eine Interpretation, wonach eine Ausweitung des Budgetdefizits die Unternehmer zu einer Einschränkung ihrer Kreditaufnahme veranlasste.

Auch zwischen 1980 und 1985 (nach dem zweiten Ölpreisschock und der anschließenden Rezession) sowie zwischen 2000 und 2004 reduzierte der deutsche Unternehmenssektor seine Kreditnachfrage stark. Darauf stieg das Budgetdefizit zunächst, ab 1982 bzw. 2003 verbesserte es sich jedoch, da die deutsche Wirtschaft ihre Überschüsse gegenüber dem Ausland enorm ausweiten konnte, insbesondere nach 2003. Dafür war auch die Politik der Lohnzurückhaltung in Deutschland zwecks Forcierung der Exportnachfrage maßgeblich, während gleichzeitig die Länder in Südeuropa auf eine Expansion ihrer Binnennachfrage setzten.

Diese Asymmetrie ließ die Leistungsbilanzungleichgewichte im Euroraum markant steigen und konfrontierte die südeuropäischen Länder nach 2007 mit einem zweifachen Defizitproblem: Das Budgetdefizit war als Folge der Finanzmarktkrise und des Wirtschaftseinbruchs 2009 sprunghaft gestiegen, gleichzeitig wiesen die südeuropäischen Länder hohe Leistungsbilanzdefizite auf (zum Anwachsen der Ungleichgewichte im Euroraum siehe Ederer 2010 und 2011, Horn et al. 2010, Niechoj et al. 2011). Gleichzeitig ging die Kreditaufnahme des Unternehmenssektors dramatisch zurück (Schulmeister 2012a). Unter diesen Bedingungen dämpften die Konsolidierungsbemühungen das Wirtschaftswachstum stärker als das Budgetdefizit, die Staatsschuldenquoten stiegen daher immer mehr (Abb. 11).

Im Hinblick auf die langfristigen Verschiebungen der Finanzierungssalden lassen sich zwei Phasen unterscheiden. Bis zum ersten Ölpreisschock 1973 entsprach das Defizit der Unternehmen in etwa den Überschüssen der Haushalte (mit Ausnahme der Rezession 1967; Abb. 12): Bei festen Wechselkursen, stabilen Rohstoffpreisen und deutlich unter der Wachstumsrate liegenden Zinssätzen (Abb. 4) konzentrierte sich das Gewinnstreben auf die Realwirtschaft, die Unternehmen übernahmen daher das Sparen der Haushalte in Form von Investitionskrediten und verwandelten es so in Realkapital und (damit) Arbeitsplätze (Abb. 13). Sinkende Arbeitslosigkeit und danach Vollbeschäftigung bei stabilem Wirtschaftswachstum ließen auch die Staatsschuldenquote – trotz des Ausbaus des Sozialstaats – stetig zurückgehen (Abb. 4).

Nach der Aufgabe des Systems fester Wechselkurse 1971 veränderten sich die Rahmenbedingungen in mehreren Etappen grundlegend. Auf die beiden Dollarabwertungen 1971/73 und 1976/79 folgten zwei Ölpreisschocks (Abb. 3). Diese zogen nicht nur zwei Rezessionen nach sich, sondern erhöhten auch die Inflation nachhaltig. Darauf reagierten die Notenbanken mit einer drastischen Hochzinspolitik: Seit 1980 lag der Zinssatz in Europa über der Wachstumsrate, davor hatte er zwei Jahrzehnte lang darunter gelegen. Die enormen Schwankungen von Wechselkursen, Rohstoffpreisen, Aktienkursen und Zinssätzen (Abb. 1 bis 7) dämpften unternehmerische Aktivitäten in der Realwirtschaft und erhöhten die Anreize für Finanzinvestition und -spekulation. Letztere wurde durch die Schaffung der Finanzderivate seit den 1980er Jahren gefördert (Abb. 8).

Zusätzlich gedämpft wurde die „dynamische Budgetbeschränkung": Liegt der Zinssatz über der Wachstumsrate, so darf ein Schuldnersektor (Unternehmen, Staat) nur weniger Kredite aufnehmen, als er an Zinsen für bestehende Schulden zu zahlen hat (er muss einen Primärüberschuss erwirtschaften), andernfalls würden seine Schulden stärker steigen als das BIP. Daher reduzierten die Unternehmen ab Anfang der 1980er Jahre ihre Kreditaufnahmen und Realinvestitionen nachhaltig und erreichten so einen Primärüberschuss.

Die privaten Haushalte erwirtschaften im Regelfall Primärüberschüsse (sie sparen mehr, als ihre Zinserträge ausmachen). Da die Summe aller Primärbilanzen Null beträgt, kann der Staat nur dann einen Primärüberschuss erzielen, wenn der vierte Sektor, das Ausland, hohe Primärdefizite aufrechterhält. Dies kann wiederum nur einzelnen Ländern durch hohe Leistungsbilanzüberschüsse gelingen, wie etwa Deutschland. Da die europäischen Volkswirtschaften in ihrer Gesamtheit gegenüber dem Rest der Welt eine annähernd ausgeglichene Leistungsbilanz aufweisen, ist ihre Staatsschuldenquote seit der „Drehung" des Zins-Wachstums-Differenzials vom negativen in den positiven Bereich langfristig gestiegen (Abb. 4; diese Zusammenhänge werden in Schulmeister 1995 näher untersucht).

Abb. 13: Langfristige Entwicklung der Kapitalbildung

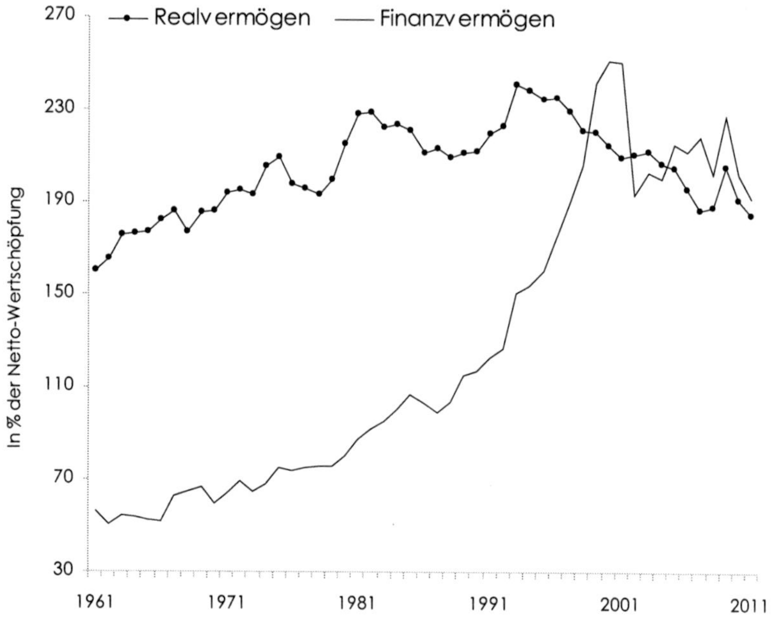

Quelle: Deutsche Bundesbank, destatis, WIFO.

All diese Änderungen der Rahmenbedingungen verlagerten das Gewinnstreben der Unternehmen langfristig von Real- zu Finanzinvestitionen (Abb. 13). Dementsprechend hat der deutsche Unternehmenssektor sein Finanzierungsdefizit seit den frühen 1970er Jahren langfristig reduziert; seit 2004 ist er sogar ein Überschusssektor geworden (Abb. 12).

In systemischer Sicht kann eine nachhaltige Konsolidierung der Staatsfinanzen in der gesamten EU nur dann gelingen, wenn die privaten Haushalte ihre Überschüsse reduzieren (dies lässt sich mit ausgabenseitigen Maßnahmen kaum erreichen) und/oder wenn die Unternehmen wieder ein ausgeprägtes Finanzierungsdefizit aufrechterhalten. Dies erfordert Änderungen in den Anreizbedingungen, welche die Bildung von Real- und Humankapital fördern sowie Finanzinvestitionen und -spekulationen einschränken.

Der Rückgang der Kreditaufnahme der Unternehmen zur Finanzierung von Realinvestitionen und die Zunahme ihrer Finanzinvestitionen zeigt sich markant an der langfristigen Entwicklung ihres Real- bzw. Finanzvermögens in Deutschland (Abb. 13): Bis in die frühen 1970er Jahre konzentrierte sich die Vermögensbildung auf das Realkapital. Der erste Ölpreisschock 1973 dämpfte sie nur temporär, nach dem zweiten Ölpreisschock, der hartnäckigen Rezession 1980/82 und der Wende zu einem positiven Zins-Wachstums-Differenzial sank das Realvermögen der Unternehmen relativ zu ihrer Netto-Wertschöpfung, gleichzeitig boomte ihr Finanzvermögen. Nach einer kurzen Erholungsphase der Realakkumulation um 1990 (auch gefördert durch die deutsche Wiedervereinigung) ist sie seither fast permanent gesunken.

Durch diese Entwicklung wurde der Prozess der „Job creation" nachhaltig gedämpft. Denn produktive Arbeitsplätze benötigen eine – nach Brachen unterschiedlich große – Ausstattung mit Realkapital (lediglich „Working-poor-Jobs" sind mit sehr wenig bis gar keinem Realkapital ausgestattet).

In systemischer Sicht hat daher die Entwicklung der Staatsverschuldung und der Beschäftigung eine gemeinsame Determinante (siehe dazu Schulmeister 1998): die Attraktivität von Realakkumulation relativ zur Finanzakkumulation. Lenken die Anreizbedingungen das Gewinnstreben auf realwirtschaftliche Aktivitäten, so verwandelt der Unternehmenssektor das Sparen der Haushalte in Realkapital und Arbeitsplätze. Der Staat hat einen annähernd ausgeglichenen Finanzierungssaldo, bei einem negativen Zins-Wachstums-Differenzial sinkt die Staatsschuldenquote, und gleichzeitig geht auch die Arbeitslosigkeit zurück (wie den 1950er und 1960er Jahren; Abb. 14).

Verlagert sich das Gewinnstreben durch eine Änderung der Rahmenbedingungen zur Finanzakkumulation, so sinken Realinvestitionen und Wirtschaftswachstum; Arbeitslosigkeit und Staatsverschuldung steigen wie seit den 1970er Jahren (Abb. 14). In dieser Betrachtungsweise ergibt der Versuch, das Problem der Staatsverschuldung unabhängig vom Problem der Arbeitslosigkeit zu bekämpfen, wenig Sinn. Solange der systemische Charakter beider Probleme und damit die Anreizbedingungen für Real- bzw. Finanzinvestitionen nicht berücksichtigt werden, erhöht eine primär auf die Budgetkonsolidierung ausgerichtete Politik die Arbeitslosigkeit in einem so hohen Ausmaß, dass die Konsolidierungsziele immer wieder verfehlt werden. Dies zeigt nicht nur die Erfahrung mit der Sparpolitik in den südeuropäischen Ländern seit 2009, sondern auch der enge langfristige Zusammenhang zwischen Arbeitslosigkeit und Staatsverschuldung seit den 1950er Jahren (Abb. 14).

Abb. 14: Entwicklung von Arbeitslosigkeit und Staatsverschuldung in Westeuropa

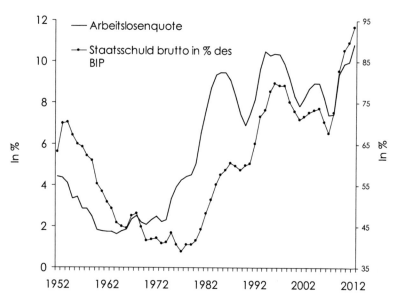

Quelle: OECD, Eurostat, WIFO.

9 Ein „New Deal" für Europa

In dieser Situation braucht es systemische Therapien, welche die „Spielanlage" verändern. Da eine neue Navigationskarte erst durch die mehrjährige Aufarbeitung jener Krise entsteht, in welche die alte Navigationskarte geführt hatte (erst 20 Jahre nach Beginn der Weltwirtschaftskrise wurde die keynesianisch-realkapitalistische „Prosperitätskarte" umgesetzt), braucht Europa jetzt eine Politik problemorientierter Einzelschritte, die in eine neue Richtung führen. Ein Beispiel für ein solches Navigieren ohne (theoretisch fundierte) Karte ist der „New Deal" von Roosevelt. Allerdings sollte ein neues Programm für Europa schon vor dem Tiefpunkt einer Depression in Angriff genommen werden (und sie so verhindern), also jetzt.

Ich habe deshalb im Jahr 2010 die Schritte in eine Depression beschrieben, samt den wichtigsten Elementen eines „New Deal für Europa".[7] Leitlinien sind die Verlagerung des Gewinnstrebens von der Real- zur Finanzwirtschaft und damit die Konsolidierung der Staatsfinanzen durch Expansion sowie die Stärkung des europäischen und sozialen Zusammenhalts.

9.1 Verlagerung des Gewinnstrebens zur Realwirtschaft

Die wichtigste Voraussetzung dafür ist folgende: Die zwischen der Real- und Finanzwirtschaft vermittelnden „Fundamentalpreise" – im Raum der Wechselkurs, in der Zeit der Zinssatz – müssen durch das System Politik stabilisiert werden, und zwar entsprechend den Gleichgewichtswerten der (neoliberalen!) Wirtschaftstheorie (Zinssatz = Wachstumsrate, Wechselkurs = Kaufkraftparität). Ähnliches gilt für die Preise erschöpfbarer Ressourcen, insbesondere von Erdöl, zumal sein Verbrauch auch noch die Hauptursache des Klimawandels ist.

---

[7] 2010 herrschte unter den Eliten in Europa die Meinung vor, die Finanzkrise sei überwunden und Griechenland ein Spezialfall, schließlich brummte der Konjunkturmotor wieder. Meine Gegenposition lautete: „Die schwierigste Phase der großen Krise liegt nicht hinter uns, sondern vor uns. Ein neuerlicher Rückgang der Aktienkurse bei gleichzeitig hoher Arbeitslosigkeit, leeren Staatskassen und zunehmendem Zweifel an der realen Deckung der Staatschulden wird ohne kluge Gegensteuerung dazu führen, dass alle Sektoren versuchen, ihre Lage durch Sparen abzusichern: Unternehmer, Haushalte, Ausland und Staat. Das ist der Stoff, aus dem ökonomische Depressionen gemacht sind. In einer solchen Situation muss der Staat der Realwirtschaft nachhaltige Impulse geben, gleichzeitig aber auch seine Finanzlage stabilisieren." Daher gab ich dem Büchlein den Titel: „Mitten in der großen Krise – ein ‚New Deal' für Europa" (Schulmeister 2010).

Generell gilt: Finanzmärkte produzieren systematisch eine Abfolge von „Bullen"- und „Bärenmärkten", leiden also langfristig an manisch-depressivem Irresein, kurzfristig zusätzlich an schwerem Parkinson (Kursschübe, die von den schnellen Tradern genutzt werden). Solche Märkte können nicht als „Richter" zur Disziplinierung der Politik verwendet werden, sie müssen vielmehr durch eine Finanztransaktionssteuer sediert oder ganz geschlossen werden.

Welche Maßnahmen könnten den Implosionsprozess bremsen und als Komponenten eines „New Deal für Europa" rasch umgesetzt werden?

Erstens: *Umwandlung des Rettungsfonds (EFSF/ESM) in einen „Europäischen Währungsfonds" (EWF).*
Dieser Fonds stellt den Euroländern als gemeinsame „Finanzierungsagentur" Mittel durch die Ausgabe von Eurobonds zur Verfügung. EZB und EWF legen gemeinsam deren Zinsniveau fest, das etwas unter der erwarteten (nominellen) Wachstumsrate liegt (derzeit maximal zwei Prozent, damit hätte auch Deutschland keine höheren Zinsen zu bezahlen). Der langfristige Zins wird also nach einem ähnlichen Verfahren festgelegt wie der (kurzfristige) EZB-Leitzins (das gleiche Ziel erreichen die USA und Großbritannien durch das „Quantitative easing" ihrer Notenbanken).

Die Kreditvergabe an die einzelnen Euroländer wird an strikte Bedingungen geknüpft, die freilich auch expansive Maßnahmen umfassen können bzw. sollen („Konditionalität"). Die Gefahr einer neuerlichen Schuldenpolitik besteht daher nicht. Schließlich fördern auch die Kredite des IWF nicht den Schlendrian, sondern sie disziplinieren. Weltweit gäbe nur mehr zwei Arten von Staatsanleihen mit großem Volumen: US-Bonds und Eurobonds. Da Letztere überdies von allen 17 Mitgliedsländern garantiert werden, wird es an Nachfrage nicht mangeln.[8])

Zweitens: *Öffentlich kundgemachte Vereinbarung zwischen den wichtigsten Notenbanken, die Wechselkurse innerhalb enger Bandbreiten zu stabilisieren.*
Dies hat in Europa zwischen 1986 und 1992 gut funktioniert (erst als die Bundesbank aufgrund des „Wiedervereinigungsbooms" die Leitzinsen in

---

[8] Eine detaillierte Darstellung, wie die Politik in der EU das Zinsniveau der europäischen Gemeinwesen (diese sind eben keine gewinnorientierten Unternehmen) unter Kontrolle bringen kann, findet sich in Schulmeister 2012b).

die Höhe trieb und nicht mehr zu ausreichender Intervention am Devisenmarkt bereit war, brach das System zusammen). Der Devisenmarkt ist dezentral organisiert, gegen deklarierte Wechselkursziele der Notenbanken kommt ein einzelner Händler nicht an. Verteidigen Notenbanken einen bestimmten Wechselkurs glaubwürdig, sind auch Herdeneffekte wenig wahrscheinlich – dies zeigt die erfolgreiche Stabilisierung des Kurses zwischen dem Schweizer Franken und dem Euro allein durch die Ankündigung der Schweizer Nationalbank, den Wechselkurs durch Intervention zu verteidigen.

Drittens: *Festlegung des Pfades für die langfristige Entwicklung des Preises für Erdöl (und sonstige fossile Brennstoffe) durch Einführung einer EU-weiten Umwelt- und Energiesteuer, welche die Differenz zum jeweiligen Weltmarktpreis abschöpft.*
Laut ökonomischer Theorie müsste nämlich der Preis von Erdöl langfristig systematisch stärker steigen als das Preisniveau insgesamt, und zwar aus zwei Gründen: erstens, weil Erdöl eine erschöpfbare Ressource ist, und zweitens, weil Erdöl der Hauptverursacher der globalen Umweltbelastung ist, insbesondere des Klimawandels.

Nach 35 Jahren freier Ölpreisbildung ergibt sich jedoch ein eindeutiger Befund: Der Marktpreis für Erdöl entwickelt sich in keiner Weise entsprechend seinem fundamentalen Gleichgewichtspfad. Vielmehr verursachen Spekulationen, insbesondere von Finanzinvestoren (Investmentbanken wie Goldman Sachs oder die Deutsche Bank bis hin zu diversen Hedge Fonds), geradezu groteske Schwankungen.

Diese Schwankungen erhöhen die Unsicherheit für realwirtschaftliche Transaktionen und machen langfristig sinnvolle und notwendige Investitionen nahezu unmöglich: Maßnahmen zur Energieeinsparung, die bei einem Ölpreis von 120 US-Dollar hochrentabel sind, werden durch einen Preisverfall auf 50 US-Dollar zu einem gewaltigen Flop.

Da der Finanzmarkt sich als völlig unfähig erwiesen hat, den Ölpreis auch nur annähernd auf jenem Pfad steigen zu lassen, welcher der Gleichgewichtstheorie entspricht, bedarf es einer anderen Lösung – nicht zuletzt auch wegen der gravierenden Folgen des Klimawandels. In diesem Fall und in ähnlich gelagerten Fällen – also dort, wo der Marktmechanismus etwa wegen externer Effekte wie Umweltkosten nicht funktionieren kann – sollte zur radikalsten Form der Regulierung gegriffen werden, nämlich zu einem Verzicht auf Marktpreisbildung.

Im Hinblick auf den Ölpreis sollte dabei das folgende Vorgehen gewählt werden: Für den Geltungsbereich der EU legt die Kommission einen Preispfad fest, der den Verbrauch von Erdöl wegen seiner Umweltschädlichkeit und wegen der Erschöpfbarkeit dieser Ressource nachhaltig drosselt. Grundlage für die Festlegung des Preispfads bilden Schätzungen, wie hoch die Kosten von CO_2-Emmissionen steigen müssen, damit der Anstieg des globalen Temperaturniveaus auf zwei Grad beschränkt wird. Laut einer Studie der EU-Kommission läge man „auf der sicheren Seite", wenn der Verbrauch einer Tonne CO_2 um 370 Euro teurer würde (Europäische Kommission 2011). Bei einem Ölpreis von 100 US-Dollar würde dies einen Preisanstieg auf 248 US-Dollar je Barrel bedeuten. Soll dieses Ziel bis 2020 erreicht werden, so müsste sich Erdöl bis dahin jährlich um zwölf Prozent verteuern.

Die Differenz zwischen dem Weltmarktpreis und dem in der EU geltenden Ölpreis würde durch eine (flexible) Differenzensteuer abgeschöpft. Wegen der Dämpfung der Nachfrage nach Erdöl in der EU als Folge der stetigen Verteuerung würde auch die Entwicklung des Weltmarktpreises gedämpft. Die in der Vergangenheit oft enormen Zusatzgewinne („Renten") der Erdölexporteure und der Ölgesellschaften würden nachhaltig gesenkt, gleichzeitig würde die EU bzw. würden die Mitgliedsländer erhebliche Steuereinnahmen erzielen.

Der wichtigste Effekt bestünde im „Schub" an Investitionen in die Verbesserung der Energieeffizienz, von thermischer Gebäudesanierung bis zu Innovationen in Verkehrssystemen. Deren erwartete und nunmehr berechenbare Profitabilität würde sprunghaft steigen, ihre wichtigste Quelle sind ja die dadurch in der Zukunft vermiedenen Energiekosten. Bisher sind solche Investitionen in unzureichendem Ausmaß getätigt worden, nicht zuletzt wegen der Unsicherheit in Bezug auf die längerfristige Entwicklung der Energiepreise (sie fällt deshalb besonders ins Gewicht, weil die Amortisationsperioden von Investitionen in die Energieeffizienz besonders lang sind).

Viertens: *Verbot bzw. Einschränkung jener Finanzakrobatik, die erwiesenermaßen den Implosionsprozess beschleunigt hat* (z.B. der exzessive Aufbau von „short positions", insbesondere durch „naked CDS").

Fünftens: *Dämpfung der schnellen Spekulation durch Einführung einer generellen Finanztransaktionssteuer (FTS) in der EU, im Euroraum oder auch nur in einzelnen Euroländern.* Der von der EU-Kommission im September 2011 vorgestellte und im Februar 2013 modifizierte Entwurf sieht vor, dass die Steuer in jenem Land anfällt, von dem die Transaktionsorder ausgegangen ist. Wenn also nur die 17 „Befürworter-Länder" (darunter Deutschland, Frankreich, Italien, Belgien und Österreich) mit der Einführung der FTS beginnen, so würden Transaktionen in Großbritannien, deren Order aus Deutschland stammen, zu Steuererträgen in Deutschland führen. Auf diese Weise könnte die Verlagerung von Transaktionen in steuerfreie Länder in Grenzen gehalten werden.

Sechstens: *Gründung einer europäischen Ratingagentur als öffentliche und unabhängige Institution* (ähnlich einem Rechnungshof oder einem Gericht). Die Leistungen einer solchen Agentur sind öffentliche Güter, ihre Erstellung durch private Unternehmen muss zwangsläufig zu Interessenkonflikten führen.

9.2 Eine expansive Gesamtstrategie als Alternative

Dem neoliberalen „There is no alternative" soll ein „New Deal" als konkretes Alternativkonzept entgegengesetzt werden. Dafür müsste das Normative (wieder) ins Zentrum der Politik gestellt werden: In welcher Gesellschaft wollen wir leben? Auf welchen Wegen könnten wir dahin gelangen, und was sollen die ersten Schritte sein?

Um den Übergang zu realkapitalistischen Rahmenbedingungen zu fördern, stellt der „New Deal" Aktivitäten in der Realwirtschaft besser als die Aktivitäten der „Finanzalchemie". Gleichzeitig konzentriert sich die Gesamtstrategie auf jene Aufgaben, welche im neoliberalen Zeitalter systematisch vernachlässigt wurden. Ihre Bewältigung würde die reale Wertschöpfung enorm steigern und gleichzeitig die Bedingungen für ein „gutes Leben" nachhaltig verbessern:

– Umweltschutz, insbesondere Kampf gegen den Klimawandel;
– Verbesserung der Infrastruktur durch öffentliche Investitionen;
– umfassende Investitionen ins Bildungssystem, vom Vorschulbereich bis zu den Hochschulen;
– Verbesserung und Verbilligung der Wohnmöglichkeiten für junge Menschen;

- bessere Entfaltungschancen für junge Menschen am Arbeitsmarkt, insbesondere durch schrittweise Rückführung der Formen atypischer Beschäftigung;
- Verbesserung der Lebenschancen von Menschen unabhängig vom sozioökonomischen Hintergrund, insbesondere durch bessere Integration von Personen mit Migrationshintergrund;
- Milderung der Ungleichheit in der Einkommens- und Vermögensverteilung und damit Stärkung des sozialen Zusammenhalts.

All diese Aufgaben haben ein gemeinsames Hauptziel: jene sozialen und ökologischen Bedingungen zu verbessern, welche als „öffentliche Güter" durch den Markt nicht (hinreichend) gewährleistet werden.

10 Finanzierung des „New Deal"

Mitten in einer schweren Krise muss eine makroökonomisch effiziente Fiskalpolitik das Einkommen vom Haushaltssektor auf eine solche Weise zum Staat umverteilen, dass das private Sparen sinkt, nicht aber der Konsum. Gleichzeitig gilt es, kurzfristig-spekulative Aktivitäten auf den Finanzmärkten einzuschränken und langfristig-realwirtschaftliche Aktivitäten der Unternehmen zu fördern. Daraus folgt: Die Maßnahmen des „New Deal" sind durch Beiträge hoher und höchster Einkommen und Vermögen sowie durch eine höhere Besteuerung von Finanztransaktionen und Finanzvermögen zu finanzieren. Dazu einige Optionen:

- Einführung einer generellen Finanztransaktionssteuer;
- Erhöhung der Besteuerung von Finanzkapitalerträgen an der Quelle auf 35 Prozent;
- Abgabe auf die in Wertpapierdepots liegenden Finanzvermögen in Höhe von einem Prozent;
- (temporäre) Erhöhung des Spitzensteuersatzes für Jahreseinkommen über 100.000 Euro;
- Einführung bzw. Erhöhung einer allgemeinen Vermögenssteuer sowie der Erbschaftssteuer für Netto-Vermögen über 300.000 Euro.

Allen diesen Maßnahmen ist gemeinsam, dass sie auf einfache Weise die Einnahmen „unseres Vereins" erheblich erhöhen und ihm damit die Möglichkeit geben, die Hauptprobleme Arbeitslosigkeit, Staatsverschuldung, Armut und Klimawandel gemeinsam und nachhaltig zu bekämpfen.

Literatur

D'Auria, F., Denis, C., Havik, K., Mc Morrow, K., Planas, C., Raciborski, R., Röger, W., Rossi, A. (2010): The production function methodology for calculating potential growth rates and output gaps, European Economy, Economic Papers 401, July 2010.

Arrighi, G. (2010): The Long Twentieth Century – Money, Powers and the Origins of our Times, 2nd edition, Verso.

Ederer, S. (2010): Ungleichgewichte im Euroraum, WIFO-Monatsberichte 7/2010.

Ederer, S. (2011): Europäische Währungsunion in der Krise, WIFO-Monatsberichte 12/2011.

European Commission (2011): Public Finances in EMU – 2011, European Economy 3/2011.

Friedman, M. (1968): The Role of Monetary Policy, The American Economic Review, Vol. 58 (1), pp. 1-17.

Horn, G., Joebges, H., Zwiener, R. (2009): Von der Finanzkrise zur Weltwirtschaftskrise (II) – Globale Ungleichgewichte: Ursache der Krise und Auswegstrategien für Deutschland, IMK Report 40, August 2009.

IMF (2009): World Economic Outlook, Washington D.C..

IMK, OFCE, WIFO (2012): Fiskalpakt belastet Euroraum. Gemeinsame Diagnose des Makro-Konsortiums von IMK (Düsseldorf), OFCE (Paris) und WIFO (Wien), WIFO-Monographie 4/2012.

International Monetary Fund (2012): World Economic Outlook, October 2012.

Larch, M., Turrini, A. (2009): The cyclically-adjusted budget balance in EU fiscal policy making: A love at first sight turned into a mature relationship, European Economy, Economic Papers 374, March 2009.

OECD (2009): Economic Outlook, Interim Report, March 2009. http://www.oecd.org/dataoecd/18/1/42443150.pdf

Niechoj, T., Stein, U., Stephan, S., Zwiener, R. (2009): Deutsche Arbeitskosten: Eine Quelle der Instabilität im Euroraum, IMK Report Nr. 68, Dezember 2011.

Reinhart, C. M, Rogoff, K. S. (2009): This time is different, Princeton University Press, 2009.

Schulmeister, S. (1995): Zinssatz, Wachstumsrate und Staatsverschuldung, WIFO-Monatsberichte 3/1995.

Schulmeister, S. (1998): Die Beschäftigungsdynamik in den USA im Vergleich zu Deutschland und Japan, WIFO-Studie, Wien.

Schulmeister S. (2005): Purchasing Power Parities, Exchange Rates and International Price Competitiveness, WIFO-Studie mit Unterstützung des Jubiläumsfonds der Österreichischen Nationalbank, Wien.

Schulmeister, S. (2010): Mitten in der großen Krise. Ein „New Deal" für Europa, Wien.

Schulmeister, S. (2012A): Krise der Europäischen Währungsunion dämpft weltweite Wachstumsdynamik, WIFO-Monatsberichte 1/2012.

Schulmeister, S.(2012B): „The European Monetary Fund – A systemic problem needs a systemic solution", Revue de l'OFCE, Débats et politiques, 127, 2012.

Tichy, G., Did Rating Did Rating Agencies Boost the Financial Crisis?, Intereconomics, 5/2011

Url, T., Ratingagenturen: Verursacher, Verstärker oder im Sog der Staatsschuldenkrise?, WIFO-Monatsberichte 12/2011.

"In a society which ... left everything including education to private market forces, rich fathers could educate their sons much more readily than could poor fathers. The inheritance of good education would be just like the inheritance of tangible wealth from rich parents."

James Edward Meade (1964): Efficiency, Equality and the Ownership of Property

"Wealth begets Wealth" and "Skills beget Skills"

Erkundungen zur Chancengleichheit

Wilfried Altzinger

1 Einleitung

Die ökonomische und politische Diskussion zu Fragen der Einkommens- und Vermögensverteilung hat in den vergangenen Jahren an Bedeutung gewonnen. Die zunehmende Ungleichheit in der Einkommensverteilung seit Beginn der 1980er Jahre wurde in mehreren Studien der OECD dokumentiert (OECD 2008, 2011a, 2011b). Dabei wird insbesondere die große Bedeutung der Entwicklung der Höchsteinkommen unterstrichen, welche die Entwicklung in den letzten drei Jahrzehnten prägte (Atkinson u.a. 2011). Seit kurzem liegen außer Zahlen zur Entwicklung der Einkommen auch zunehmend bessere Daten sowie umfangreichere Studien zur Verteilung der Sach- und Finanzvermögen vor, insbesondere eine von der Europäischen Zentralbank (ECB 2013a) initiierte große Untersuchung für 15 Euro-Staaten für das Jahr 2011. Ziel dieser Untersuchungen ist es, nähere Einblicke in die vielfältigen Zusammenhänge zwischen Real- und Finanzwirtschaft zu bekommen und somit ein besseres Verständnis von Ursachen und Folgen der Finanzkrise 2008 zu gewinnen. Dabei zeigt sich, dass die Konzentration der Vermögen wesentlich stärker ausgeprägt ist als jene der Einkommen und dass auch hier die Konzentration über die vergangenen drei Jahrzehnte stark zugenommen hat.

Da Vermögenskonzentration mit ökonomischer und politischer Machtkonzentration verbunden ist, können sich langfristig auch zentrale Legitimierungsfragen für eine parlamentarische Demokratie stellen. In den USA wird diese politische Frage aufgrund der weiter fortgeschrittenen Einkommens- und Vermögenskonzentration inzwischen weitaus intensiver diskutiert als in den europäischen Demokratien. Nobelpreisträger Joseph Stiglitz, welcher im Vorjahr mit „The Price of Inequality: How Today's Divided Society Endangers Our Future" ein Standardwerk zu dieser Thematik verfasst hat, kommt in einem Online-Beitrag „Of the 1%, by the 1%, for the 1%" zu folgender Feststellung:

> "When you look at the sheer volume of wealth controlled by the top 1 percent in this country, it's tempting to see our growing inequality as a quintessentially American achievement – we started way behind the pack, but now we're doing inequality on a world-class level. And it looks as if we'll be building on this achievement for years to come, because what made it possible is self-reinforcing. Wealth begets power, which begets more wealth. ... America's inequality distorts our society in every conceivable way." (Stiglitz 2011)

Diese Warnung ist sicherlich nicht unangebracht. Doch darf nicht vergessen werden, dass es eine Reihe von möglichen Gegenmaßnahmen gibt, um negative gesellschaftliche Auswirkungen einer steigenden Vermögenskonzentration in Grenzen zu halten. Auch Stiglitz selbst schließt sein Buch mit einem Kapitel über mögliche Maßnahmen zur Eindämmung dieser Entwicklung.

Außer dem so genannten Sach- und Finanzkapital gibt es jedoch noch eine weitere Vermögensform, die für die Entwicklungschancen der einzelnen Individuen von zentraler Bedeutung ist: das so genannte Bildungsvermögen (vgl. Abb. 1). Unter Bildungsvermögen wird hier sowohl unmittelbar verwertbare Bildung im Sinne von besuchten Schuljahren, absolvierten Lehrgängen, Studienabschlüssen etc. als auch soziales Bildungsvermögen verstanden. Wesentlich ist, dass Bildungsvermögen mit dem Einkommen in der Regel stark positiv korreliert und somit zentral für den Erwerbsverlauf von Individuen ist. Auch in diesem Bereich hat in jüngster Zeit eine intensive Diskussion stattgefunden, die durch eine Vielzahl von Studien empirisch gut untermauert ist (OECD 2010, 2012).

Abb. 1: Zwei zentrale Aspekte der Chancengleichheit: Die Entstehung, Entwicklung und Übertragung von Sach-, Finanz- und Bildungsvermögen

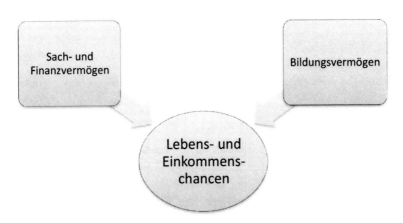

Im Rahmen des vorliegenden Beitrags wird die Entstehung, Verteilung und Übertragung dieser beiden Vermögensarten von einer Generation auf die nächste dokumentiert. Beide Arten von Vermögen sind für die ökonomische und demokratiepolitische Entwicklung einer Gesellschaft von vorrangiger Bedeutung. Für jede demokratisch strukturierte Gesellschaft stellt sich die Frage nach der Chancengleichheit der einzelnen Individuen. Dabei werden diese beiden Bereiche vor allem im ökonomischen Sinn, aber auch vor dem Hintergrund von Gerechtigkeitsüberlegungen diskutiert.

Der vorliegende Beitrag zeigt zunächst die Entwicklung sowie den aktuellen Stand der Vermögensverteilung für Österreich und Deutschland sowie für einige Vergleichsländer auf und diskutiert sodann vor allem die Fragen der Vermögensentstehung sowie deren Übertragung (Abschnitt 2). Im zweiten Teil des Beitrags (Abschnitt 3) wird jener Bereich diskutiert, dem für die Erzielung von Einkommen große Bedeutung zukommt:

der Erwerb, die Entwicklung sowie die Übertragung von Bildungsvermögen zwischen den Generationen. Zur Erzielung von Einkommen werden sowohl Sach- als auch Finanz- sowie Bildungsvermögen benötigt. Da jedoch der Zugang zu Sach- und Finanzvermögen sehr stark durch Erbschaften und Schenkungen erfolgt, erhält die Frage des Zugangs zu Bildungsvermögen eine zentrale Bedeutung hinsichtlich der Herstellung von Chancengleichheit, insbesondere für die große Gruppe der Nicht-Erben. Beide Aspekte sind essenziell für die Beurteilung einer Gesellschaftsstruktur – und beschäftigen daher Philosophen und Philosophinnen sowie Ökonomen und Ökonominnen gleichermaßen seit Generationen.

2 Die Entwicklung der Einkommens- und Vermögenskonzentration

2.1. Die Entwicklung in der Einkommenskonzentration wird bestimmt durch das Top-1-Prozent

Die meisten empirischen Studien verwenden als Maßzahl für die Konzentration nicht den Gini-Koeffizienten, der Werte zwischen 0 (völlige Gleichverteilung) und 1 (einer bzw. eine besitzt alles) annehmen kann, sondern den Einkommensanteil der Top-10-Prozent bzw. Top-5-Prozent und Top-1-Prozent.

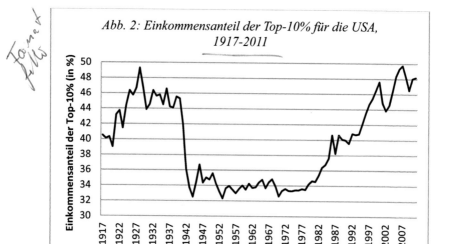

Abb. 2: Einkommensanteil der Top-10% für die USA, 1917-2011

Quelle: Saez (2013).

Atkinson u.a. (2011) zeigen, dass die Entwicklung des Anteils der Top-10-Prozent der Einkommensbezieher und -bezieherinnen am Gesamteinkommen insbesondere in den angelsächsischen Ländern über die vergangenen 100 Jahre einen U-förmigen Verlauf aufweist. Die am besten analysierten Daten liegen dabei für die USA vor (vgl. Abb. 2). Während der Anteil der obersten zehn Prozent am Gesamteinkommen in den 1920er Jahren generell sehr hoch war und 1928, unmittelbar vor der Weltwirtschaftskrise, einen Spitzenwert von 49 Prozent erreichte, reduzierte er sich ab Kriegsbeginn innerhalb von nur vier Jahren (1940-1944) von 45 Prozent auf 32 Prozent. In den darauf folgenden knapp 40 Jahren (1945-1981) blieb der Anteil dieser Einkommensgruppe relativ konstant bei 34 Prozent. Diese bemerkenswert langfristige Periode einer relativ egalitären Einkommensverteilung wird vor allem auf die Herausbildung wohlfahrtsstaatlicher Elemente der Nachkriegsära sowie auf die Einführung einer progressiven Einkommensteuer zurückgeführt, durch welche die Akkumulationsmöglichkeiten – und somit auch die Möglichkeiten zur Erzielung von Vermögenseinkommen – deutlich reduziert wurden (Atkinson u.a. 2011: 66). Seit Beginn der 1980er Jahre ist der Einkommensanteil des obersten Dezils jedoch dramatisch gestiegen. 2007, unmittelbar vor Ausbruch der Finanzkrise, erreichte er einen Spitzenwert von 50 Prozent. Für die USA zeigt sich, dass beiden großen Wirtschaftskrisen (1928 und 2008) eine enorme Konzentration der Einkommen vorausgegangen ist. Wie Abb. 2 zeigt, war der krisenbedingte Rückgang der Einkommenskonzentration nach 2008 in den USA nur temporär. Bereits 2010 und 2011 ist diese wieder deutlich gestiegen (Saez 2013).

Betrachtet man weiterhin die Entwicklung der Einkommensanteile innerhalb des Top-Dezils (Abb. 3), dann zeigt sich die enorme Bedeutung des obersten Randes der Einkommensverteilung. Der Anteil des Top-1-Prozent lag 1928 bei 24,0 Prozent, fiel in den Kriegsjahren auf knapp elf Prozent und blieb in diesem Bereich bis 1982. In den letzten drei Jahrzehnten verdoppelte sich deren Anteil jedoch wieder auf 23,5 Prozent. Und auch hier zeigt sich, dass der Einbruch nach der Finanzkrise 2008 nur von kurzer Dauer war.

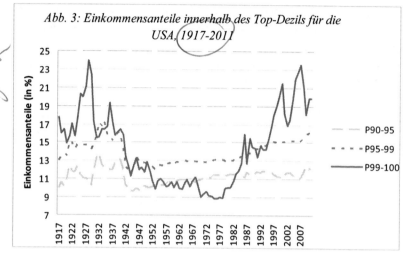

Abb. 3: Einkommensanteile innerhalb des Top-Dezils für die USA, 1917-2011

Quelle: Saez (2013).

Diese Entwicklung einer sehr ungleichen Einkommensentwicklung zwischen den unteren und oberen Einkommensklassen in den vergangenen 30 Jahren ist zwar in den USA besonders ausgeprägt, doch keineswegs auf dieses Land beschränkt. Für die angelsächsischen Länder trifft dies insgesamt zu, für die kontinentaleuropäischen Länder ist der Befund gemischt. Während die Länderstudien in Atkinson und Piketty (2007, 2010) keine extreme Auseinanderentwicklung der Einkommen sehen, zeigen jüngere Studien sowohl für Deutschland (Bach u.a. 2009) als auch für Österreich (Altzinger 2009; Glocker u.a. 2012) sehr wohl große Unterschiede in der Lohnentwicklung. Sowohl in der ökonomischen Literatur (Atkinson u.a. 2011; Leigh 2008, 2009) als auch in der Politik hat die außerordentliche Einkommensentwicklung des Top-1-Prozent inzwischen große Aufmerksamkeit erlangt. Dass diese enorme Konzentration in der Einkommensverteilung auch mit einer Zunahme der Einflussmöglichkeiten in der Wirtschaft(spolitik) einhergeht, ist sehr wahrscheinlich.

2.2. Vermögensentwicklung und Vermögenskonzentration

In den vergangenen Jahren wurde auch der Verteilung der Vermögen zunehmend mehr Bedeutung beigemessen. Während diese Analyse sehr stark durch die mangelnde Verfügbarkeit von geeigneten Daten beeinträchtigt wurde, so haben sich in dieser Hinsicht – insbesondere durch die jüngste Erhebung der EZB (ECB 2013a, 2013b, 2013c) – beträchtliche Verbesserungen ergeben. Die bisherigen Analysen waren stark beschränkt auf die USA sowie auf einige wenige Länder, die im Rahmen der *Luxembourg Wealth Study* (Sierminska u.a. 2006) Daten zur Verfügung gestellt haben. Eine gute Zusammenfassung der langfristigen Entwicklung der Vermögenskonzentration bietet Davis (2009), der aktuelle empirische Befund wird in mehreren Studien der OECD dokumentiert (OECD 2011a, 2011b).

Der Besitz von Vermögen hat in mehrfacher Hinsicht ökonomische wie auch politische Funktionen (vgl. Abb. 4). Vermögensbesitzer und -besitzerinnen können ihn einerseits selbst nutzen (Immobilien, Firmen-Pkws etc.) und dadurch Ausgaben sparen, sie können von diesem Vermögen aber auch ökonomisch profitieren, indem sie aus ihrem Sach- und Finanzvermögen Erträge und Einkommen erzielen (Mieten, Dividenden, Gewinne, Zinsen etc.). Mittels dieser Erträge kann weiteres Vermögen aufgebaut werden. Darüber hinaus kann Vermögen auch verschenkt oder vererbt werden und somit den Nachkommen eine entsprechende Startbasis für deren weiteren Erwerbs- und Einkommensverlauf geboten werden. Insbesondere große Vermögen verleihen darüber hinaus ihren Besitzern und Besitzerinnen nicht nur wirtschaftliche, sondern auch politische Macht.

Davis (2009: 128) diskutiert in seinem Beitrag die Macht, die von ökonomischem Kapital ausgeht. Dabei erwähnt er u.a. die enorm hohen Kosten von wirtschaftlichen Rechtsprozessen, welche sich nur große Konzerne leisten können, die zunehmende Bedeutung der finanziellen Unterstützung von politischen Parteien, die enormen Möglichkeiten, welche sich durch privates Sponsoring über Stiftungen ergeben (Bill Gates, Warren Buffett etc.) sowie die außerordentlichen Mittel und Wege, die durch Lobbying eine direkte Mitsprache bei wirtschaftspolitischen Entscheidungen ermöglichen (vgl. dazu Kammer für Arbeiter und Angestellte für Wien 2011). Stiglitz fasst diese vielfältigen Einflussmöglichkeiten folgendermaßen zusammen:

"High levels of economic inequality lead to imbalances in political power as those at the top use their economic weight to shape our politics in ways that give them more economic power." (Stiglitz 2012b)

Abb. 4: Die vielfältigen Funktionen von Vermögen (vgl. dazu Fessler u.a. 2012a)

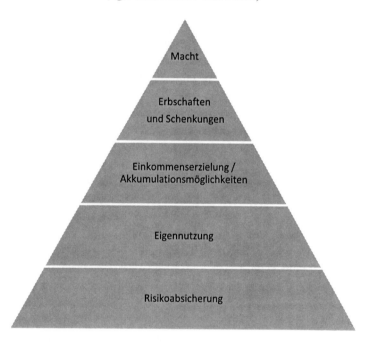

Davies (2009) dokumentiert die Entwicklung der Vermögenskonzentration der vergangenen 100 Jahre für vier Länder (USA, Großbritannien, Schweden und Frankreich). Dabei zeigt sich für alle vier Länder seit Beginn des 20. Jahrhunderts bis Anfang der 1980er Jahre ein beträchtlicher Rückgang der Vermögenskonzentration. So reduzierten sich die Anteile des Top-1-Prozent von 60 bis 70 Prozent zu Beginn des 20. Jahrhunderts auf rund 20 Prozent Anfang der 1980er Jahre. Der Grund für diese Entwicklung liegt in der Zunahme von langlebigen Konsumgütern, im Anstieg der Zahl an Eigentumswohnungen sowie im Wachstum von (kleinen) Ersparnissen einer zunehmend reicher werdenden Mittelschicht in diesen vier prosperierenden Volkswirtschaften. Während der Durchschnittsbürger bzw. die Durchschnittsbürgerin im 19. Jahrhundert so gut wie kein Vermögen besaß, verbesserten sich aufgrund der zunehmenden Einkommen im 20. Jahrhundert auch die Möglichkeiten zur Ersparnis- und Vermögensbildung. Diese Entwicklung änderte sich jedoch seit dem Ende der 1970er bzw. dem Anfang der 1980er Jahre dramatisch (Bonesmo Fredriksen 2012, Atkinson 2006, Roine/Waldenström 2009).

Aktuelle Daten zur Vermögensverteilung in sieben OECD-Staaten (Kanada, Finnland, Deutschland, Italien, Japan, Schweden, Großbritannien und USA) zeigen, dass die Top-10-Prozent Vermögensanteile zwischen 40 und 70 Prozent halten (Bonesmo Fredriksen 2012). Die dazugehörenden Gini-Koeffizienten betragen zwischen 0,60 und 0,89 und sind somit wesentlich höher als die Gini-Koeffizienten für die Einkommensverteilung dieser Länder. Der für alle sieben Staaten konstatierte starke Anstieg der Vermögenskonzentration in den letzten drei Jahrzehnten wird in dieser OECD-Studie auf drei Faktoren zurückgeführt:

- die großen Zuwächse der Finanzvermögen aufgrund der Deregulierung der Finanzmärkte,
- die Abnahme der Spitzensteuersätze auf Top-Einkommen und Vermögen,
- die zunehmende Bedeutung von Erbschaften und Schenkungen sowie deren steuerliche Entlastungen.

Piketty und Saez (2012: 28) zeigen dazu, dass die Spitzensteuersätze auf Erbschaften in den USA und Großbritannien in der Zeit von 1940 bis 1980 zwischen 70 und 80 Prozent betrugen und nun wieder auf 40 Prozent gefallen sind. Die Entwicklungen für Frankreich und Deutschland sind ähnlich.

Außer einem Anstieg der Vermögenskonzentration ist generell auch ein starker Anstieg der Vermögensmasse festzustellen. So betrug im Jahre 2008 die Relation zwischen dem privaten Nettovermögen und dem Bruttoinlandsprodukt (BIP) in den sieben größten OECD-Ländern zwischen 330 Prozent und 550 Prozent und somit ein Vielfaches der jährlich erzeugten Güter- und Dienstleistungsmenge (Bach 2012). Für Deutschland hat sich diese Relation in den vergangenen zwei Jahrzehnten verdoppelt! Somit wurde der enorme Aufbau von privatem Vermögen in dieser Zeit auch von einem signifikanten Anstieg in der Vermögenskonzentration begleitet. Der private Vermögensaufbau erfolgte in den vergangen Jahrzehnten ungleich schneller als der Aufbau von öffentlichem Vermögen. Erst diese Diskrepanz zwischen privater und öffentlicher Vermögensentwicklung sowie die gleichzeitige Zunahme bei der Konzentration des privaten Vermögens ließen die direkten Möglichkeiten eines Einflusses des Privatvermögens auf die Politik entsprechend wachsen.

Abb. 5: Gründe von Vermögen und Vermögensaufbau

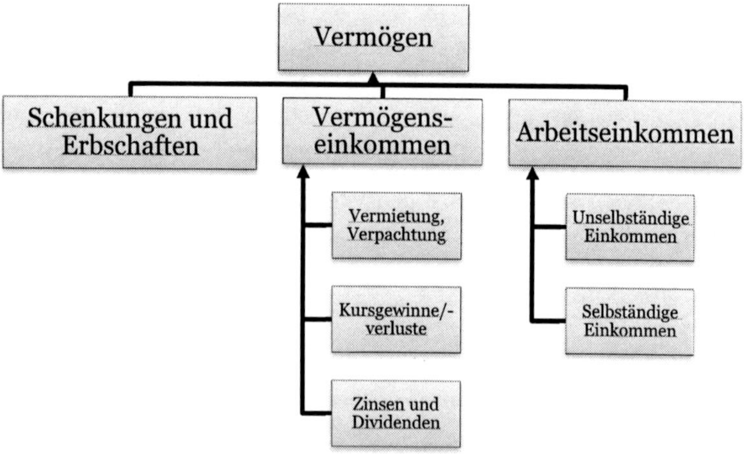

```
                        Vermögen
       ┌───────────────────┼───────────────────┐
Schenkungen und      Vermögens-          Arbeitseinkommen
  Erbschaften        einkommen
                          │                     │
                    Vermietung,           Unselbständige
                    Verpachtung             Einkommen

                    Kursgewinne-/          Selbständige
                      verluste              Einkommen

                     Zinsen und
                     Dividenden
```

Abb. 5 bietet einen Überblick über die verschiedenen Möglichkeiten der Vermögensentstehung und des Vermögensaufbaus. Prinzipiell kann Vermögen auf drei Wegen entstehen: zum Ersten durch Ersparnisse aus Arbeits- und Kapitaleinkommen, zum Zweiten durch Übertragung, sprich: durch Erbschaften und Schenkungen. Da Sparmöglichkeiten immer stark abhängig von der Höhe der Einkommen sind, ist es naheliegend, dass Kapitaleinkommen in der Regel mehr Sparmöglichkeiten bieten als Arbeitseinkommen und dass hohe Arbeitseinkommen mehr Sparmöglichkeiten eröffnen als niedrige. Während die Bezieher und Bezieherinnen niedriger

Einkommen den überwiegenden Teil ihrer Einkommen für Konsumgüter ausgeben (müssen), können die Bezieher und Bezieherinnen höherer Einkommen mehr sparen. Dementsprechend unterscheiden sich Spar- und Konsumquoten nach Einkommensdezilen deutlich. In den unteren Einkommen beträgt die Konsumquote knapp 100 Prozent, während sie in den oberen Einkommensklassen auf bis zu 60 Prozent sinkt. Der Rest wird gespart oder veranlagt. Nur dadurch kann Vermögen aufgebaut werden. Ein hypothetisches Beispiel zeigt jedoch, dass dem Vermögensaufbau aus Arbeitseinkommen Grenzen gesetzt sind: Beträgt etwa das mittlere Nettojahreseinkommen in Österreich 18.529 Euro (Stand: 2011) und unterstellt man dabei eine konstante Sparquote von fünf Prozent, so könnten pro Jahr 926 Euro angespart werden. Unter der Annahme eines konstanten Jahreseinkommens[1], eines Erwerbslebens von 40 Jahren sowie einer jährlichen Realverzinsung von zwei Prozent würde dieser unselbstständig Beschäftigte am Ende seines Erwerbslebens auf seinem Sparbuch einen Betrag von 55.959 Euro vorfinden. Unterstellt man in einem weiteren hypothetischen Beispiel ein konstantes durchschnittliches Netto-Jahreseinkommen von 30.000 Euro und eine durchschnittliche Sparquote von 15 Prozent, so würde sich am Ende dieses 40-jährigen Erwerbslebens ein Sparvolumen von immerhin 362.414 Euro vorfinden. Somit ist klar, dass der Vermögensaufbau stark vom laufenden Einkommen abhängt und dem durchschnittlichen Einkommensbezieher bzw. der durchschnittlichen Einkommensbezieherin in dieser Hinsicht enge Grenzen gesetzt sind.

Nun können einzelne Personen aber nicht nur aufgrund von Erwerbstätigkeit, sondern auch aufgrund ihres Sach- und Finanzvermögens Erträge erzielen und aus diesen Einkommen wiederum Finanz- oder Realinvestitionen vornehmen – dies ist die dritte Möglichketi der Vermögensbildung. Je nach der Verteilung der Immobilien, Finanzvermögen und/ oder Betriebsvermögen auf Haushalte bzw. Individuen können diese wiederum entsprechende Erträge erwirtschaften und somit weiterhin Vermögen akkumulieren. Somit ist die Möglichkeit eines Vermögensaufbaus

---

[1] Da es sich bei dem Betrag von 18.259 Euro um ein *altersunabhängiges* Durchschnittseinkommen handelt, soll angenommen werden, dass sich die niedrigeren Jahreseinkommen in jüngeren Jahren mit den höheren Jahreseinkommen in späteren Lebensjahren ausgleichen. Sodann können die 18.259 Euro als Approximation für das durchschnittliche Jahreseinkommen über den gesamten Lebenszyklus angenommen werden.

zentral von der „Erstausstattung" mit Vermögen abhängig – und diese erfolgt in der Regel nicht über Lottogewinne, sondern über Erbschaften und Schenkungen. Da Erbschaftsvolumina für gewöhnlich extrem ungleich über die Gesamtgesellschaft verteilt sind, starten die einzelnen Individuen somit auch mit sehr unterschiedlichen Möglichkeiten zum weiteren Vermögensaufbau. Es ist daher nicht überraschend, dass auch liberale Ökonomen wie John Stuart Mill bereits vor über 150 Jahren für eine hohe und progressive Besteuerung von Erbschaften eingetreten sind:

> "... but there is no injustice in taxing persons who have not acquired what they have by their own exertions, but have had it bestowed them in free gift; and there are no reasons of justice or policy against taxing enormously large inheritances more highly than smaller inheritances."
> (John Stuart Mill 1852)

2.3. Die wesentlichsten Ergebnisse der HFCS-Erhebung für Österreich und Deutschland[2]

Der Household Finance and Consumption Survey (HFCS) ist eine von der EZB in den Jahren 2009/2011 durchgeführte Erhebung in 15 Euro-Ländern, die das Netto-Gesamtvermögen (Sachvermögen und Finanzvermögen abzüglich Verschuldung) von Haushalten mittels modernster Methoden erhoben hat. Im vorliegenden Kapitel werden die wichtigsten Ergebnisse für die Euro-Länder kurz dargestellt. Für Deutschland und Österreich erfolgt die Analyse detaillierter.

Die Ergebnisse zeigen, dass das akkumulierte private Nettovermögen in Österreich 1.034 Milliarden Euro ausmacht und somit dem 3,3-fachen Wert des österreichischen BIP von 2011 entspricht. Für Deutschland beträgt diese Relation mit einem Nettovermögen von knapp 9.000 Milliarden Euro das 3,5-Fache. In beiden Ländern ist dieses Vermögen ähnlich hoch konzentriert. Und in beiden Ländern beträgt die Vermögenskonzentration ein Vielfaches der Einkommenskonzentration.

Diese Studie der Europäischen Zentralbank (ECB 2013a, 2013b, 2013c) zur finanziellen Situation und zum Konsum der privaten Haus-

---

[2] Datengrundlage für die folgenden Ausführungen und Berechnungen sind Fessler u.a. (2012a) und Andreasch u.a. (2012) für Österreich sowie Deutsche Bundesbank (2013a, 2013b) für Deutschland sowie ECB (2013a, 2013b und 2013c) für die Eurozone.

halte führte zu vielen Irritationen. Sind Österreich und Deutschland wirklich die ärmsten Länder? Wenn ja, warum? Da sich mittels einer fundierten Analyse dieser Daten vielfältige wirtschafts- und steuerpolitische Maßnahmen prüfen lassen, war die große Erregung nicht verwunderlich. Daher sollen im Folgenden kurz die wichtigsten Punkte der allgemeinen Ver(w)irrungen zusammengefasst werden.

Die größten Zweifel an der Studie gingen dahin, dass Deutschland mit seinem Medianwert für das Nettovermögen (51.400 Euro) an letzter Stelle aller 15 Euro-Länder landete und Österreich (76.400) knapp vor der Slowakei und Portugal auf Rang 11. Beim Mittelwert kam Österreich immerhin auf Rang 7 und Deutschland auf Rang 9 (vgl. Tab. 1). Diese Ergebnisse lösten – zu Recht – intensive Diskussionen aus, die allerdings häufig mit wenig Bezug auf die Studie selbst geführt wurden. Dabei bietet die Studie bereits in der Einleitung wichtige Erklärungen für dieses doch überraschende Ergebnis.

Erstens wird in dieser Studie ausschließlich das Vermögen von privaten Haushalten erfasst und nicht das gesamte Vermögen in einem Land. Nicht erfasst werden zudem das Vermögen des in- und ausländischen Unternehmenssektors sowie das öffentliche Vermögen (wie Schulen, Krankenhäuser und die gesamte öffentliche Infrastruktur). Erst wenn man diese Vermögensgrößen addieren würde, bekäme man einen realistischen Überblick über den Reichtum der gesamten Volkswirtschaft (ECB 2013A, 4 und 87). Die Höhe des gesamtwirtschaftlichen Vermögens würde dann auch sehr viel eher mit der Rangordnung des in Tab. 1 ausgewiesenen BIP pro Kopf korrespondieren.

Zweitens wird in der Studie explizit betont, dass die private Vermögensbildung geringer ausfallen muss, wenn es einen ausgebauten Sozialstaat mit Pensions-, Kranken-, Unfall- und Arbeitslosenversicherung sowie einen unentgeltlichen Zugang zu Bildung gibt (ECB 2013a: 44). Dies wird zu einem geringeren Vorsorge- und Vorsichtssparen der privaten Haushalte führen. Gleichzeitig werden aber die Sozialversicherungen laufend aus Abgaben von den Bruttoeinkommen der Erwerbstätigen gespeist, wodurch sich deren Nettoeinkommen reduzieren, welche – neben Erbschaften – wiederum die Grundlage für Vermögensbildung sind. Aber wie bereits oben gezeigt, ist mit einem geringen Nettoeinkommen auch nur eine eingeschränkte Vermögensbildung möglich.

Tab. 1: Nettovermögen und Verteilung nach Länder

Land	Median[1] in Euro	Mittelwert[1] in Euro	BIP/Kopf[3] in Euro	Mittelwert/ Median[1]	0-60%[2]	91-100%[2]	Gini[2]
Insgesamt	109.200	230.800	-	2,11	12,0%	50,4%	0,68
Österreich	76.400	265.000	32.027	3,47	6,7%	61,7%	0,76
Deutschland	51.400	195.200	29.938	3,80	6,6%	59,2%	0,76
Zypern	266.900	670.900	17.579	2,51	11,2%	57,8%	0,70
Frankreich	115.800	233.400	28.539	2,02	11,7%	50,0%	0,68
Portugal	75.200	152.900	14.985	2,03	14,0%	52,7%	0,67
Finnland	85.800	161.500	29.846	1,88	11,9%	45,0%	0,66
Luxemburg	397.800	710.100	65.555	1,79	14,9%	51,4%	0,66
Niederlande	103.600	170.200	33.300	1,64	12,5%	40,1%	0,65
Italien	173.500	275.200	23.515	1,59	17,4%	44,8%	0,61
Belgien	206.200	338.600	33.099	1,64	17,2%	44,1%	0,61
Malta	215.900	366.000	13.012	1,70	19,1%	46,9%	0,60
Spanien	182.700	291.400	22.722	1,59	19,9%	43,5%	0,58
Griechenland	101.900	147.800	16.265	1,45	20,2%	38,8%	0,56
Slowenien	100.700	148.700	12.054	1,48	21,7%	36,1%	0,53
Slowakei	61.200	79.700	11.734	1,30	28,9%	32,9%	0,45

Quellen:
1. The Eurosystem Household Finance and Consumption Survey – Results from the first wave (Tab.4.1.; S. 76); http://www.ecb.int/pub/pdf/other/ecbsp2en.pdf?e0a6ce97f81a843dda1df058a630d56d
2. The Eurosystem Household Finance and Consumption Survey - Statistical tables (Table A4 Net wealth: means); eigene Berechnungen
http://www.ecb.int/pub/pdf/other/the_eurosystem_household_finance_and_consumption_survey__statistical_tablesen.pdf?f5d2d7d71a27efde52ed4f25cea1df5a
3. International Monetary Fund, World Economic Outlook Database, October 2012, http://www.imf.org/external/pubs/ft/weo/2012/02/weodata/index.aspx

Drittens vermerkt die EZB-Studie ausdrücklich, dass ein direkter Ländervergleich mit „vielen Problemen" behaftet ist. Die beträchtlichen Unterschiede sowohl zwischen den Median- als auch zwischen den Mittelwerten im Vergleich der 15 Länder sind „das Ergebnis eines komplexen Wechselspiels von vielen Faktoren" (ECB 2013a: 6). Dazu gehören unter anderem die Haushaltsstruktur (mehrere Personen umfassende Haushalte – insbesondere in den südeuropäischen Ländern – besitzen in der Regel ein höheres Gesamtvermögen), die Eigentümerquote (da das Wohnungseigentum einen mit 50,6 Prozent sehr großen Teil des Gesamtvermögens ausmacht, ergeben sich auch große Unterschiede im Gesamtvermögen zwischen Wohnungseigentümern und -eigentümerinnen sowie Haushalten, die in Mietwohnungen leben) sowie der Zeitpunkt der Erhebung (so wurden die Daten für Spanien 2008 und 2009 erhoben, also in Jahren, in denen die Verkehrswerte der Immobilien mitten in der Immobilienblase noch sehr hoch waren). Somit ist es nicht richtig, auf der Basis der EZB-Daten zu behaupten, dass Länder wie Österreich und Deutschland arm sind. Zumindest die genannten drei Aspekte müssten bei einem Ländervergleich berücksichtigt werden.

Des Weiteren ist auch die Verteilung der verschiedenen Vermögenstitel innerhalb der einzelnen Länder von Interesse. Eine seriöse Analyse dieser Verteilung ist allerdings nur unter Berücksichtigung der oben angeführten Aspekte möglich. Die in Tab. 1 ausgewiesene Relation von Mittelwert und Median ist ein in der Statistik übliches Verteilungsmaß. Je höher die relative Differenz zwischen den beiden, desto ungleicher die Verteilung. Österreich und Deutschland weisen nach diesem Indikator die ungleichste Verteilung auf. Dies ist jedoch auch dadurch bedingt, dass aufgrund der niedrigen Eigentümerquote (44,2 Prozent für Deutschland und 47,7 Prozent für Österreich gegenüber 60,1 Prozent im Durchschnitt) in diesen beiden Ländern der Medianhaushalt ein Nicht-Wohnungseigentümer ist (ECB 2013a: 84). Das begründet die in diesen beiden Ländern extrem niedrigen Medianwerte, wohingegen die Mittelwerte wesentlich näher am Eurozonen-Durchschnitt liegen. Diese Mittelwerte sind auch deshalb relativ hoch, weil beide Länder ein großes Vermögen bei „selbstständigen Unternehmern" aufweisen und für Deutschland zudem ein großes Vermögen bei „weiterem Immobilieneigentum" festzustellen ist. Gerade diese Vermögenskategorien sind aber äußerst ungleich verteilt. Mittels der vorliegenden Daten lassen sich auch die Vermögensanteile der obersten zehn Prozent und der untersten 60 Prozent sowie Gini-Koeffizienten berechnen (vgl. Tab. 1). Auch hier zeigt sich für alle drei Indikatoren, dass Österreich und Deutschland mit einem Anteil der Top-10-Prozent von 61,7 Prozent bzw. 59,2 Prozent die höchsten Vermögenskonzentrationen aufweisen. Die ärmsten 60 Prozent der Haushalte besitzen demgegenüber ein Gesamtvermögen von lediglich 6,7 Prozent bzw. 6,6 Prozent. Die hohe Vermögenskonzentration am oberen Rand der Verteilung ist daher nur das Spiegelbild der Verteilung in der unteren Hälfte, die de facto kein Vermögen besitzt. Aber auch, wenn man die Werte aller 15 Euro-Länder aggregiert, zeigt sich bei einem Vermögensanteil des obersten Dezils von 50,1 Prozent ein Ausmaß an Ungleichheit, das Anlass für detaillierte Analysen und weiterführenden Diskussionen geben muss. Zu dieser enorm hohen Konzentration der Vermögen muss noch angemerkt werden, dass es sich bei den HFCS-Daten um eine Unterschätzung der Vermögenskonzentration handelt, da es nahezu ausgeschlossen ist, dass sich Milliardäre und Milliardärinnen an dieser Erhebung beteiligen. Darauf wird in der Dokumentation der EZB auch explizit hingewiesen (ECB 2013a: 21). Dieser Fakt ergibt sich dadurch, dass diese sehr kleine Personengruppe aufgrund der geringen Fallzahl (sowie aufgrund der Nichtteilnahme oder/und Antwortverweigerung) nicht in die Stichprobe kommt. Nimmt man für Österreich z.B. nur die zehn reichsten Familien aufgrund einer „Reichenliste 2012" (Trend 2013), so macht deren Gesamtvermögen 67 Milliarden EURO aus. Jenes der Top-50 beträgt 105 Milliarden Euro und macht somit mehr als zehn Prozent des gesamten Vermögens aller österreichischen Haushalte aus. Das Vermögen jenes Haushaltes, der auf dieser Reichenliste auf Platz 100 firmiert, beträgt nach diesen Schätzungen noch immer 100 bis 250 Millionen Euro. Die Haushalte der wirklich Vermögenden sind somit in der HFCS-Erhebung der EZB mit Sicherheit nicht enthalten. Zusätzlich wurde in der Erhebung der österreichischen Nationalbank auch kein Stiftungsvermögen erfasst, das vorsichtig geschätzt einen Umfang von rund 70 Milliarden Euro hat und auf weniger als 3.000 Haushalte verteilt ist. Unter Einbeziehung dieser Daten ergäbe sich eine noch wesentlich stärkere Vermögenskonzentration. Auf diese Unterschätzung wird auch explizit in der Publikation der Österreichischen Nationalbank verwiesen.[3]

Tab. 2 zeigt die Struktur des Gesamtvermögens in Österreich. Da die Gesamtverschuldung mit 5,8 Prozent des Bruttovermögens relativ gering ist, unterscheiden sich Brutto- und Nettovermögen nicht fundamental. Gemessen am Bruttovermögen weist das Sachkapital mit 81 Prozent den größten Anteil auf. Wiederum gemessen am Gesamtvermögen entfällt mit 53 Prozent der weitaus größte Anteil des Sachkapitals auf den Immo-

---

[3] „Die HFCS-Erhebung in Österreich unterschätzt die Vermögensungleichheit in Österreich. Das Problem einer unzureichenden statistischen Erfassung der besonders Vermögenden besteht fort. Insbesondere zu Stiftungsvermögen, Unternehmensbeteiligungen und bestimmten Komponenten des Finanzvermögens fehlen statistische Informationen, die eine vollständige Erfassung der Vermögensverteilung erst ermöglichen würden," (Andreasch u a 2012: 262) In Österreich weist der vermögendste Haushalt einen geringen zweistelligen Millionenbetrag aus.

bilienbesitz. Die Unternehmensbeteiligungen machen den dritten großen Posten mit 24 Prozent aus, gefolgt von den Finanzvermögen mit 19 Prozent. Um einen Richtwert in Bezug auf die Verteilung der einzelnen Vermögenskomponenten zu erhalten, werden in dieser Tabelle die Relationen von Mittelwert und Median berechnet. Für die gesamten Nettovermögen beträgt dieser Wert 3,5, womit die enorme Ungleichheit der Vermögensverteilung klar zum Ausdruck kommt. Zum Vergleich: Im Jahr 2011 belief sich diese Relation für die Jahresbruttoeinkommen der unselbstständig Beschäftigten in Österreich auf 1,18.

Die so genannten Partizipationsraten zeigen den Anteil der Haushalte, die ein entsprechendes Vermögen besitzen. Während 75 Prozent der Haushalte ein Kraftfahrzeug und 99 Prozent ein Girokonto besitzen, betragen die Anteile für den Eigenheimbesitz in Österreich lediglich 48 Prozent. Nur 13 Prozent besitzen weiteres Immobilienvermögen, weniger als zehn Prozent halten Unternehmensanteile, und durchweg bei bzw. unter zehn Prozent liegt die Partizipationsrate bei riskanten Finanztiteln (Fonds, Aktien, Anleihen, sonstiges Finanzvermögen). Die Partizipationsrate ist somit ein weiterer Indikator hinsichtlich des ungleichen Besitzes von Vermögen. Die in Tab. 2 ausgewiesene Mittelwert-Median-Relation spiegelt die Ungleichheit der Verteilung unter den Besitzern und Besitzerinnen von Vermögen wider (so genannte konditionale Werte). Während bei den „exklusiven" Vermögenstiteln wie Unternehmensbeteiligungen und risikoreichen Finanzveranlagungen eine hohe Ungleichheit zu erwarten war und hier eindrucksvoll bestätigt wird, so ist die ungleiche Verteilung bei den Girokonten doch überraschend. Der Grund dürfte darin liegen, dass es eine äußerst hohe Anzahl von Konten mit extrem geringen Einlagen gibt, wodurch auch der Medianwert mit 707 Euro ausgesprochen niedrig ist und somit die Mittelwert-Median-Relation sehr hoch ausfällt.

Die Daten für Österreich zeigen insgesamt, dass die Vermögen äußerst ungleich verteilt sind und die Konzentration insbesondere in jenen Vermögenskategorien überdurchschnittlich hoch ist, bei denen es sich um exquisites Vermögen wie Unternehmensbeteiligungen und riskante Finanzanlagen handelt.

Tab. 2: Struktur und Verteilung des Bruttogesamtvermögens für Österreich

	Gesamtvermögen		Partizipationsrate (in %)	Median (in Euro)	Mittelwert (in Euro)	Mittelwert-Median-Ratio
	in Mrd. Euro	in % des Bruttovermögens				
Nettovermögen	1.034	94,2%		76.000	265.000	3,5
Sachvermögen	886,8	80,9%				
Kraftfahrzeuge	37,0	3,4%	74,9	8.000	13.088	1,6
Hauptwohnsitz	464,1	42,3%	47,7	200.000	258.072	1,3
Andere Wertgegenstände	11,4	1,0%	23,6	3.909	12.835	3,3
Weiteres Immobilienvermögen	115,1	10,5%	13,4	94.028	227.929	2,4
Unternehmensbeteiligungen	259,2	23,6%	9,4	180.603	731.425	4,0
Finanzvermögen	210,0	19,1%				
Girokonten	11,8	1,1%	99	707	3.171	4,5
Sparkonten	98,7	9,0%	87,1	11.657	30.062	2,6
Bausparverträge	10,9	1,0%	54,7	3.414	5.291	1,5
Lebensversicherungen	38,6	3,5%	38	11.137	26.922	2,4
Geld, das andere schulden	6,1	0,6%	10,3	2.620	15.754	6,0
Fonds	20,9	1,9%	10	11.248	55.414	4,9
Aktien	5,4	0,5%	5,3	7.086	26.864	3,8
Anleihen	13,6	1,2%	3,5	13.832	102.860	7,4
Anderes Finanzvermögen	4,0	0,4%	2,3	4.722	45.846	9,7
Verschuldung	-63,2	-5,8%				
Besicherte Verschuldung	-52,9	-4,8%	18,4	37.546	76.288	2,0
Hauptwohnsitz	-45,5	-4,2%	16,6	37.332	72.745	1,9
Andere Immobilien	-7,3	-0,7%	2,4	36.397	80.204	2,2
Unbesicherte Verschuldung	-10,2	-0,9%	21,4	3.016	12.687	4,2
Konten überzogen	-1,2	-0,1%	13,6	1.208	2.349	1,9
Unbesicherte Kredite	-9,0	-0,8%	11,1	8.000	21.475	2,7
Rückstand auf Kreditkarten	-0,1	0,0%	1,5	540	966	1,8

Quelle: Fessler u.a. (2012a, 47; Tab.2); eigene Berechnungen

Tab. 3: Struktur und Verteilung des Bruttogesamtvermögens für Deutschland

Haushalte, welche …% - …% des Nettovermögens besitzen	Brutto-vermögen	Realvermögen (brutto)	Fahrzeuge und wertvolle Gegenstände	Selbst-genutztes Wohneigentum	Sonstige Immobilien	Betriebs-vermögen
0-20%	0,9%	0,9%	2,22%	0,94%	1,17%	0,07%
20-40%	1,7%	1,0%	8,89%	0,81%	0,39%	0,19%
40-60%	7,5%	6,0%	17,12%	7,79%	3,27%	0,64%
60-80%	18,0%	17,3%	22,47%	25,94%	8,71%	2,44%
80-90%	16,8%	16,4%	16,30%	23,86%	10,53%	4,39%
90-100%	55,1%	58,4%	33,01%	40,67%	75,94%	92,27%
Vermögen (in Mrd. Euro)	8.999	7.089	384	3.674	1.847	1.344
Vermögen pro HH (in1000 Euro)	222.543	175.296	9.503	90.857	45.674	33.244
Vermögensverteilung	100,0%	78,8%	4,3%	40,8%	20,5%	14,9%

Haushalte, welche …% - …% des Nettovermögens besitzen	Finanz-vermögen (brutto)	Bauspar-verträge (inkl. Riester/Rürup)	Girokonten	Sparkonten	kapital-bildende Lebens-versicherungen (inkl. Riester/Rürup)	Fondsanteile (inkl. Riester/Rürup)	Aktien-vermögen
0-20%	1,0%	1,60%	3,47%	0,74%	1,10%	0,57%	0,1%
20-40%	4,2%	6,45%	10,52%	5,23%	3,57%	1,55%	0,7%
40-60%	13,2%	18,34%	17,22%	15,13%	14,09%	13,12%	5,3%
60-80%	20,5%	24,81%	21,48%	24,46%	23,88%	16,98%	10,7%
80-90%	18,3%	20,76%	15,96%	22,99%	18,12%	14,26%	15,1%
90-100%	42,9%	28,05%	31,34%	31,44%	39,24%	53,52%	68,0%
Vermögen (in Mrd. Euro)	1.909	112	139	713	427	214	124
Vermögen pro HH (in1000 Euro)	47.212	2.781	3.426	17.629	10.554	5.292	3.076
Vermögensverteilung	21,2%	1,2%	1,5%	7,9%	4,7%	2,4%	1,4%

Lesehilfe: Die ärmsten 20% der Haushalte (geordnet nach dem Nettovermögen) besitzen 0,9% des Bruttovermögens, die reichsten 10% der Haushalte besitzen 55,1% des Bruttovermögens.

Quellen: Deutsche Bundesbank (2013a); eigene Berechnungen.

In Tab. 3 sind Umfang und Verteilung des Bruttovermögens in Deutschland dargestellt.[4] Wie bereits erwähnt, ist die Verteilung des Bruttovermögens in Deutschland ähnlich ungleich wie in Österreich. Die wichtigsten Vermögensarten sind auch in der Bundesrepublik das Wohnungseigentum (41 Prozent), sonstige Immobilien (21 Prozent), das Betriebsvermögen (15 Prozent) und das Finanzvermögen (21 Prozent). Und auch hier gilt derselbe Befund wie für Österreich: Je exquisiter die Vermögensanlage, desto höher die Konzentration. Die Kategorien sonstige

---

[4] Da weder für Österreich noch für Deutschland auf Rohdaten zugegriffen werden konnte, konnten für die beiden Länder keine identischen Tabellen erstellt werden.

Immobilien, Fonds, Lebensversicherungen und Aktien sowie insbesondere das Betriebsvermögen weisen extrem hohe Konzentrationen auf. Auch hier gilt, dass die Partizipationsraten bei diesen Vermögensarten sehr gering sind. Zudem unterscheiden sie sich entsprechend den Vermögensklassen drastisch (vgl. Deutsche Bundesbank 2013a). So beträgt die Partizipationsrate beim Betriebsvermögen für die ärmeren drei Vermögensquintile zwischen vier und sieben Prozent, während im obersten Dezil 31 Prozent aller Haushallte ein Betriebsvermögen besitzen. Dabei beträgt das durchschnittliche Betriebsvermögen in den unteren drei Quintilen weniger als 10.000 Euro, während es im obersten Dezil mit durchschnittlich 900.000 Euro ein Vielfaches ausmacht (Deutsche Bundesbank 2013a; Tab. 2_6). Kein Vermögensposten weist eine höhere Ungleichheit in der Verteilung auf als das Betriebsvermögen. Dies gilt für Deutschland und Österreich gleichermaßen.

Verteilungspolitisch von Interesse ist außerdem der Zusammenhang von Einkommens- und Vermögensverteilung, wofür diese Untersuchung eine fundierte Datengrundlage bietet. Dabei gilt sowohl für Österreich als auch für Deutschland, dass diese beiden Größen positiv korreliert sind (vgl. Fessler u.a. 2012a: 54f. sowie Deutsche Bundesbank 2013a: Tabelle 1_A_3). Für Österreich zeigt sich, dass mehr als 90 Prozent aller Haushalte, welche im 5. Vermögensquintil liegen, auch bei den Einkommen im obersten Quintil platziert sind. Für Deutschland zeigt sich folgendes Bild: Während das Bruttovermögen im 1. Quintil der Bruttoeinkommen 47.020 Euro beträgt, beläuft es sich im 5. Quintil mit 783.720 Euro bereits auf das 17-Fache (Deutsche Bundesbank 2013a: 8). Diese Daten zeigen für beide Länder klar, dass zwischen hohen (bzw. niedrigen) Einkommen und hohen (bzw. niedrigen) Vermögen ein stark positiver Zusammenhang besteht. Zusätzlich besteht auch zwischen dem Vermögen und der Ausbildung ein positive Korrelation (ECB 2013a: 75). Somit schließen sich die positiven wie die negativen Rückkoppelungseffekte. Oder, um James Meade noch einmal zu zitieren:

> „… self-reinforcing influences which help to sustain the good fortune of the fortunate and the bad fortune of the unfortunate." (Meade 1976: 155)

Ein letzter, aber wichtiger Aspekt, der unter verteilungspolitischen Aspekten von großem Interesse ist, betrifft das Ausmaß und die Verteilung von Erbschaften. Dafür findet sich allerdings nur in der österreichischen Publikation eine empirische Evidenz (Fessler u.a. 2012a: 58ff.)[5]. Und auch bei der Präsentation der Gesamtdaten durch die EZB am 9. April 2013 wurde diese brisante Thematik mit keinem Wort erwähnt.

Tab. 4 veranschaulicht die wesentlichsten Verteilungsaspekte von Erbschaften und Schenkungen. Zunächst sieht man, dass die Partizipationsrate von Erbschaften in den oberen Vermögensquintilen klar steigt. Während im ersten Quintil lediglich 9,6 Prozent aller Haushalte eine Erbschaft bezogen haben, beträgt dieser Anteil im obersten Quintil 65 Prozent. Zusätzlich zur größeren Wahrscheinlichkeit einer Erbschaft steigt aber auch das absolute Erbvolumen. Während im ersten Quintil der Median der Erbschaft lediglich 14.000 Euro ausmacht, beträgt er im fünften Quintil mit 236.000 Euro ein Vielfaches. Wie man in der letzten Spalte erkennen kann, nimmt der Anteil des Erbvolumens (gemessen mittels eines diskontierten Gegenwartswerts) am gesamten Bruttovermögen stetig ab. Das bedeutet, dass der Erbe bzw. die Erbin (aufgrund seines bzw. ihres Erbes und/oder aufgrund anderer Parameter) neben seinem bzw. ihrem Erbvolumen noch sehr viel zusätzliches Vermögen aufbauen, kaufen und erwerben konnte. Dies ist Erben und Erbinnen in den niedrigeren Vermögensquintilen nicht möglich. Dort war die Erbmasse so gering, dass diese Volumina nicht nur nicht zur weiteren Vermögensbildung verwendet werden konnten, sondern vielmehr aufgebraucht wurden bzw. werden mussten. Bei einem mittleren Erbvermögen von 14.000 Euro ist dies aber auch nicht überraschend. Geerbtes Vermögen erfüllt somit je nach Höhe der Erbschaft sehr unterschiedliche Funktionen. In den unteren Quintilen dient es vor allem als „Notgroschen", während es in den höheren Quintilen zur Vermehrung des Gesamtvermögens genutzt wird. Dort finden sich sowohl hohe Vermögen als auch hohe Einkommen. Es ist auch hier offensichtlich, dass sich positive wie negative Rückkopplungen gegenseitig verstärken.

---

[5] Hier werden nur die wichtigsten Ergebnisse für Österreich dargestellt; es ist jedoch wahrscheinlich, dass die gleichen Muster auch für Deutschland Gültigkeit besitzen. Dem interessierten Leser und der interessierten Leserin seien die diesbezüglichen Ausführungen in der Langfassung empfohlen (Fessler u.a. 2012a, 58ff.).

Tab. 4: Erbschaften und Schenkungen nach Nettovermögensquintile

Nettovermögens-quintile	Anteil der Erbenhaushalte	Gegenwartswert (Median)	Gegenwartswert in % des Bruttovermögens	Gegenwartswert in % des Brutto-jahreseinkommens
	in %	in Euro	in %	in %
1	9,6	14.072	317,2	76,3
2	16,1	14.598	83,4	62,2
3	38,6	51.890	60,6	187,0
4	47,9	114.599	53,6	269,4
5	64,7	236.516	35,7	388,8

Quelle: Fessler u.a. (2012a, 62)

Zusammenfassend lassen sich aufgrund dieser Ergebnisse drei wichtige Schlussfolgerungen ziehen. *Erstens:* Die Verteilung der Vermögen ist wesentlich ungleicher als die der Einkommen. In Deutschland und Österreich sind die Vermögen besonders hoch konzentriert. In der Bundesrepublik besitzt das oberste Dezil 59,2 Prozent des Netto-Gesamtvermögens, in Österreich 61,7 Prozent – und dies, obwohl in der EZB-Studie kein einziger Milliardär (bzw. keine einzige Milliardärin) erfasst ist und die Daten daher das wahre Bild der Verteilung unterschätzen. *Zweitens:* Vermögen, Einkommen und Bildung sind hoch korreliert. Große Vermögen und hohe Einkommen treffen sich genauso häufig wie niedrige Einkommen ohne Vermögen. Somit treten sich gegenseitig verstärkende Rückkopplungen auf. *Drittens:* Der Anteil des ererbten Vermögens beläuft sich auf knapp ein Drittel des Gesamtvermögens und ist damit sehr hoch, wodurch äußerst unterschiedliche Startchancen für den weiteren Vermögensaufbau und somit auch für den weiteren Einkommens- und Erwerbsverlauf von Individuen entstehen. Wird die Übertragung des Vermögens auch in Zukunft ohne oder mit nur einer geringen Erbschaftssteuer vorgenommen, so verstärken sich die Ungleichheiten weiter. Falls dieser Vermögenskonzentration über die Generationen hinweg nicht entgegengewirkt wird, bleibt die Verbesserung der Chancengleichheit nahezu ausschließlich der Bildungspolitik überlassen. Diesem Aspekt wollen wir uns im folgenden Kapitel widmen.

3 Erwerb und Vererbung von Bildungsvermögen

3.1 Allgemeine Überlegungen

Abb. 6 zeigt die Zusammenhänge von Bildung, Einkommen und Vermögen in einer vereinfachten Darstellung. Aktuelle und zukünftige Einkommen von Kindern werden zentral durch deren Bildungsniveau bestimmt. Dabei ist das individuelle Bildungsniveau das Ergebnis von privaten und öffentlichen Investitionen. Unter privaten Investitionen werden der zeitliche und der qualitative Aufwand der Eltern bei der Erziehung und Bildung ihrer Kinder verstanden. Viele Studien haben darauf hingewiesen, dass diese privaten Investitionen wiederum stark abhängig sind von Ausbildung, Einkommen und Vermögen der Eltern (OECD 2011c, 2012; Heckman 2011; Black/Devereux 2010). Wenn aufgrund finanzieller und sozialer Einschränkungen des Elternhaushalts ein Mangel an privaten Bildungsinvestitionen vorliegt, kann dieser durch entsprechende Angebote von öffentlichen Bildungseinrichtungen kompensiert werden. Somit könnte eine Verbesserung von Chancengleichheit erreicht werden. Zentral dabei ist, dass Bildungsvermögen nicht erst mit Beginn der schulischen Ausbildung aufgebaut wird, sondern kognitive, psychische, soziale und emotionale Entwicklungen eines jeden Lebewesens spätestens mit der Geburt, de facto jedoch bereits mit dem ersten Tag der Schwangerschaft beginnen.

Abb. 6: Der Erwerb von Bildungs- und Einkommenschancen

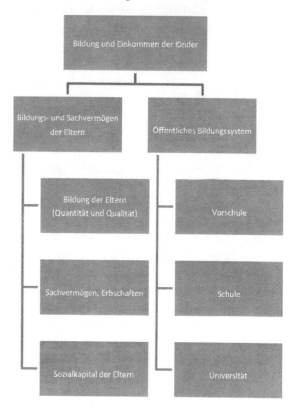

Die Entwicklung von Bildung im weiteren Sinne wird bereits in sehr frühen Lebensphasen bestimmt. Dabei weist dieser Prozess dynamische und selbstverstärkende Eigenschaften auf. Der US-amerikanische Ökonom James Heckman hat die ökonomische Forschung in diesem Bereich zu seiner Lebensaufgabe gemacht. Er fasst die Dynamik der menschlichen Entwicklung mit einem einzigen, kurzen Satz zusammen: „Skill begets skill" (Heckman 2012). Dabei zeigt er, dass die ersten Erfolge bzw. Misserfolge bei der Aneignung von Wissen den weiteren Aufbau von Wissen bestimmen und dabei sowohl positive als auch negative Verstärkungseffekte stattfinden. Dementsprechend werden die Lernkurven von Individuen wesentlich durch die ersten Lebensjahre bestimmt. Diese erste Lebensphase erhält somit für die weitere Entwicklung eines Menschen eine ganz zentrale Bedeutung. Rein ökonomistisch gesehen sind private wie öffentliche Bildungsinvestitionen in diesen ersten Lebensjahren jene mit der höchsten Verzinsung, da sich die aufgewendeten Kosten langfristig in einem mehrfach höheren Nutzen niederschlagen.[6] Einen Nutzen aus privaten wie öffentlichen Bildungsinvestitionen zieht sowohl das Individuum aufgrund langfristig höherer Einkommen als auch die Gesellschaft aufgrund höherer Steuereinnahmen sowie geringeren negativen externen Effekten in Form von besserer Gesundheit, niedriger Kriminalität, sozialem Frieden und vielem mehr. Wenngleich eine genaue Quantifizierung dieser Kosten und Nutzen nicht einfach ist, so ist die Grundaussage dieser Überlegungen dennoch eindeutig: Je früher Maßnahmen zur Bildung und Erziehung eines Individuums ergriffen werden, desto kostengünstiger und effizienter sind derartige Maßnahmen.

Außer den privaten wie öffentlichen Bildungsinvestitionen gibt es auch Effekte, die direkt über die familiäre Herkunft den weiteren Erwerbsverlauf von Individuen mitbestimmen. Dies ist neben der Vererbung von geistigen Fähigkeiten[7] vor allem die Vererbung bzw. Weitergabe von Vermögen, Wertvorstellungen, sozialen Normen sowie sozialen Netzwerken.[8] Die Wichtigkeit des Vermögens bei der Weitergabe von Bildung und sozialer Rangordnung wurde in jüngster Zeit in mehreren Studien dokumentiert (Björklund u.a. 2012; Pfeffer/Hällsten 2012).

Wie Abb. 6 andeutet, kann die Entwicklung von Individuen nicht nur in der Familie, sondern auch in öffentlichen Bildungseinrichtungen gefördert werden. Insbesondere die nordischen Länder bieten mit ihren gut ausgebauten Vorschul- und Schulsystemen dafür interessantes Anschau-

---

[6] Der bekannte dänische Familientherapeut und Pädagoge Jesper Juul (2012) kritisiert in seinem jüngsten Werk „Wem gehören unsere Kinder? Dem Staat, den Eltern oder sich selbst?" diesen rein ökonomistischen Ansatz fundamental – meiner Meinung nach völlig zu Recht. Selbstverständlich darf ein Individuum, ein Kind, nicht als reines Investitionsobjekt gesehen werden, wobei es dem „Investor" (ob Staat oder Familie) nur um einen höchstmöglichen Profit geht. Aber selbst wenn man den Begriff „Bildung" breit fasst und damit auch pädagogische und soziale Eigenschaften einbezieht, gilt doch dasselbe: Je früher einem Individuum Entwicklungsmöglichkeiten geboten werden, desto leichter wird es diese annehmen können – mit den dargestellten positiven (wie negativen) Rückkopplungs- und Selbstverstärkungsprozessen.

[7] Neuere Studien zeigen jedoch, dass diese Effekte relativ unbedeutend sind (Bowles/Gintis 2002; OECD 2008).

[8] Vgl. dazu Bourdieu (1983).

ungsmaterial (OECD 2012). Wenn durch diese Angebote sozial benachteilige Gruppen gefördert werden sollen, dann müssen derartige Einrichtungen weitgehend kostengünstig oder unentgeltlich zur Verfügung gestellt werden. Dabei ist die Wirksamkeit derartiger Einrichtungen abhängig von der sachlichen Ausstattung, der Qualifikation der Pädagogen und Pädagoginnen sowie dem entsprechenden pädagogischen Konzept. Selbstredend ist Qualität mit Kosten verbunden, wodurch ein fiskalisches Konfliktpotenzial gegeben ist. Umso dringender ist es jedoch, dass in diese Überlegungen die langfristigen Effekte und die damit verbundenen Kostenersparnisse einfließen.

3.1 Der empirische Befund zur Einkommens- und Bildungsmobilität

Die OECD (2008, 2010) hat in ihren Studien zur Einkommensmobilität (soziale Mobilität) zwei wichtige Aspekte deutlich gemacht: Ersten unterscheidet sich die Einkommensmobilität zwischen den einzelnen OECD-Staaten beträchtlich. Die geringste Mobilität weisen Länder wie die USA, Großbritannien und Italien auf. Demgegenüber ist die Mobilität in Australien, Kanada sowie in allen vier nordischen Ländern relativ hoch (OECD 2010: 185). Zweitens unterscheidet sich die Mobilität innerhalb der einzelnen Länder beträchtlich hinsichtlich der Einkommensklassen (vgl. Tab. 5). Unterteilt man die Einkommensempfänger sowohl bei den Vätern als auch bei den Söhnen in jeweils fünf Quintile, so sollte bei einer vollständigen Einkommensmobilität der Wert jeweils bei 0,20 liegen. Je höher der Wert (max. = 1), desto stärker ist die Immobilität. In Tab. 5 sind die entsprechenden Mobilitätswerte in sechs Ländern für alle fünf Einkommensquintile ausgewiesen. Dabei zeigt sich, dass selbst die (sozial mobilen) nordischen Länder an den Rändern der Verteilung, insbesondere am oberen Rand, eine erstaunlich geringe Mobilität aufweisen. Das bedeutet nichts anderes, als dass am oberen Rand der Einkommensverteilung die Herkunft (Einkommen des Vaters) eine wesentlich größere Rolle spielt als insgesamt. Björklund u.a. (2012) haben dies für Schweden im Detail untersucht und aufgrund der eindeutigen Ergebnisse ihrem Artikel den provokanten, aber passenden Titel „Capitalist dynasties in the land of equal opportunity?" gegeben.

Tab. 5: Einkommensmobilität nach Einkommensquintilen (Väter/Söhne)

	Dänemark	Finnland	Norwegen	Schweden	UK	USA
1. Quintil	0,25	0,28	0,28	0,26	0,30	0,42
2. Quintil	0,25	0,22	0,24	0,23	0,23	0,28
3. Quintil	0,22	0,22	0,22	0,22	0,19	0,26
4. Quintil	0,22	0,23	0,22	0,22	0,25	0,25
5. Quintil	0,36	0,35	0,35	0,37	0,35	0,36

Quelle: OECD (2008); S.206

Tab. 5 dokumentiert darüber hinaus auch, dass die USA – im Unterschied zu den nordischen Ländern – am unteren Rand der Einkommensverteilung eine besonders niedrige Mobilität aufweist. Das bedeutet, dass ein Aufstieg aus der untersten Einkommensklasse in den nordischen Ländern sehr wohl möglich ist, während dies für die USA kaum zutrifft. Somit unterscheidet sich die Mobilität in den hier angeführten Ländern zwar am unteren Rand sowie in der Mitte deutlich, nicht jedoch am oberen Rand. Dort besteht in allen Ländern eine hohe Einkommenspersistenz. Aus demokratiepolitischer Sicht ist insbesondere diese Tatsache bedenklich.

Da Bildung generell in sehr starkem Ausmaß die Einkommen bestimmt, ist zu erwarten, dass der Befund hinsichtlich der Bildungsmobilität jenem bei der Einkommensmobilität stark ähnelt. In Kapitel 3.1 wurden bereits mögliche Ursachen diskutiert, weshalb sich die Bildung von den Eltern häufig auf die Kinder überträgt. Allerdings zeigen sich hinsichtlich der „Vererbung" von Bildung beim Ländervergleich große Unterschiede. Der umfangreichste internationale Vergleich wurde von Hertz u.a. (2007) erstellt. Die Ergebnisse der Korrelation der Bildung zwischen Eltern und Kindern wurden dieser Studie entnommen und sind für die OECD-Länder in Abb. 7 dargestellt. Außer den USA weisen dabei auch Italien, Slowenien und Ungarn eine relativ geringe Bildungsmobilität auf, während Irland, Großbritannien und Neuseeland sowie vor allem die nordischen Länder hohe Mobilitätsraten zeigen.

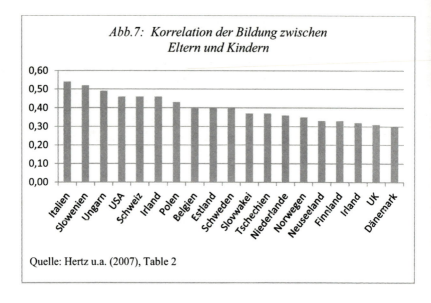

In jüngster Zeit wurden internationale Vergleiche hinsichtlich der Bildungsmobilität für die EU auch mittels standardisierter Daten (EU-SILC) durchgeführt (OECD 2012, Causa/Johansson 2009, Schnetzer/Altzinger 2011). Auch die Ergebnisse dieser Studien zeigen, dass sowohl bei der Einkommens- als auch bei der Bildungsmobilität in allen Ländern eine positive Korrelation besteht, wobei die Bildungsmobilität anhand von verschiedenen Indikatoren gemessen wird. Obwohl die Ergebnisse nicht für alle Indikatoren konsistent sind, ist das Gesamtbild eindeutig: Die südeuropäischen Länder sowie Luxemburg weisen eine relativ hohe Immobilität auf, während die nordischen Länder durchweg über die höchsten Mobilitätsindikatoren verfügen.

Die für Österreich (Fessler u.a. 2012b, Knittler 2011, Schnetzer/Altzinger 2011, Altzinger u.a. 2013) und Deutschland (Bertelsmann Stiftung 2008, Schnitzlein 2011) vorliegenden Länderstudien weisen allesamt auf eine besonders geringe Mobilitätsrate in beiden Ländern hin. Hinsichtlich der Bildungsmobilität sollen dabei für Österreich zwei zentrale Ergebnisse kurz dargelegt werden.

Abb. 8 zeigt den Zusammenhang zwischen dem Bildungsniveau der Eltern und jenem der Kinder für Österreich (Altzinger u.a. 2013: 32).

Während Kinder aus einem eher bildungsfernen Elternhaus (maximal Pflichtschullaufbahn) nur in sechs Prozent der Fälle einen akademischen Abschluss erreichen, weisen Kinder, deren Eltern einen akademischen Abschuss haben, zu 54 Prozent auch selbst einen akademischen Abschluss auf. Die Differenzen sind somit enorm.

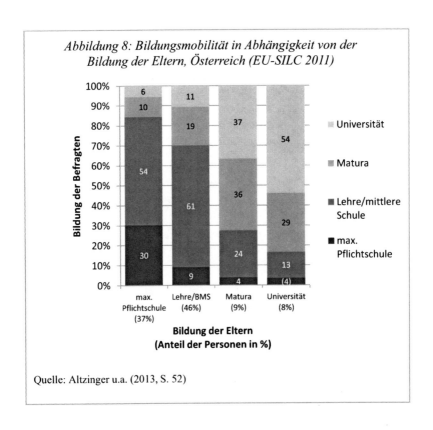

Abbildung 8: Bildungsmobilität in Abhängigkeit von der Bildung der Eltern, Österreich (EU-SILC 2011)

Quelle: Altzinger u.a. (2013, S. 52)

Für Österreich wurden darüber hinaus mittels Daten der PISA-Studie aus dem Jahr 2009 Analysen hinsichtlich der Vererbung von Bildung durchgeführt (Schwantner/Schreiner 2010: 40). Dabei wurden Schüler und Schülerinnen im Alter von 15 und 16 Jahren hinsichtlich ihrer Kenntnisse in den Fächern Deutsch, Mathematik und Naturwissenschaften getestet. Im Gegensatz zu der in Abb. 8 zugrunde liegenden Auswertung nahmen somit keine Jugendlichen an diesen Leistungsnachweisen teil, die ihren

Pflichtschulabschluss bereits erreicht hatten. In Abb. 9 sind die Ergebnisse der Schüler und Schülerinnen entsprechend der höchsten abgeschlossenen Schulbildung ihrer Eltern dargestellt. Diese wurde in vier Kategorien unterteilt: (1) maximal Pflichtschulabschluss; (2) Lehre und Abschluss an einer berufsbildenden mittleren Schule; (3) Matura (Abitur); (4) Universitätsabschluss, pädagogische Akademie oder Sozialakademie. Abb. 9 zeigt, dass sich die Testergebnisse enorm – nämlich um bis zu 50 Prozent – hinsichtlich des Bildungsabschlusses der Eltern unterscheiden. Wie auch die weiteren Ergebnisse zeigen, sind in kaum einem anderen Land die Leistungen stärker von der Bildung der Eltern abhängig als in Österreich (Schwantner/Schreiner 2010: 41). Nur für Deutschland zeigt sich eine ähnlich hohe Abhängigkeit. Schnitzlein (2011) hat für die Bundesrepublik errechnet, dass der Bildungserfolg der Kinder zu 50 Prozent durch den Einfluss des Familienhintergrundes zu erklären ist. Somit weist Deutschland eine ähnlich geringe Bildungsmobilität auf wie die USA.

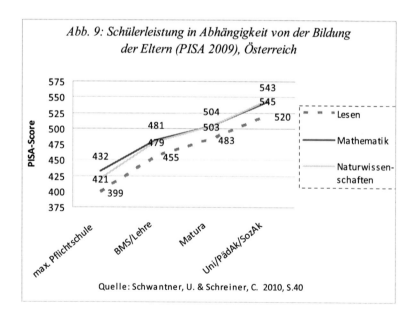

Abb. 9: Schülerleistung in Abhängigkeit von der Bildung der Eltern (PISA 2009), Österreich

Quelle: Schwantner, U. & Schreiner, C. 2010, S.40

Wie stark die Testergebnisse bei der Bildung vom sozio-ökonomischen Hintergrund der Eltern abhängen, zeigen auch die Ergebnisse der jüngst durchgeführten Untersuchung der neun- und zehnjährigen Kinder am Ende der Volks- bzw. Grundschulzeit. Der Zusammenhang zwischen dem familiären Hintergrund und den Schülerleistungen wird in Österreich besonders deutlich. „Besonders in Österreich ist Bildung in großem Ausmaß sozial vererbt", so die Autoren und Autorinnen der Studie (Suchań u.a. 2012: 48). Dass die Testergebnisse bei den neun- und zehnjährigen Kindern denen bei den 15- und 16-jährigen Jugendlichen ähneln, bedeutet, dass sich die unterschiedlichen Leistungen bereits zuvor, in den jüngsten Jahren der Kinder, formen. Welche Erklärungen lassen sich dafür finden?

In den meisten neueren Studien werden nicht mehr nur die Korrelationen zwischen den Bildungsabschlüssen von Eltern und deren Kindern berechnet, sondern zunehmend auch Analysen hinsichtlich der Ursachen der unterschiedlichen Mobilität – sowohl zwischen den Ländern als auch über die Zeit – vorgenommen. Zumeist werden dabei die folgende Ursachen genannt (Causa/Johansson 2009, OECD 2012, Black/Devereux 2010):

- Zunächst ist hier der generell sehr unterschiedliche Zugang zur Bildung (im weiteren Sinne) anzuführen, wobei dieser – wie bereits angesprochen – nicht erst mit dem Schulbesuch beginnt, sondern bereits mit dem ersten Tag im Leben eines Neugeborenen. Daher wird in allen neueren Studien auch die große Bedeutung der vorschulischen Erziehung unterstrichen. Vor allem in diesem Lebensabschnitt können Nachteile von sozioökonomisch schlechter gestellten Familien effizienter und kostengünstiger kompensiert werden (OECD 2011c; Heckman 2011, 2012). Auch hier zeigen vor allem die nordischen Länder besonders interessante Ergebnisse: Sie weisen nicht nur höhere Partizipationsraten der null- bis dreijährigen sowie der vier- bis sechsjährigen Kinder in Kinderkrippen auf, sondern es zeigen sich für diese Länder auch hinsichtlich der qualitativen Indikatoren bessere Ergebnisse. Dies sind insbesondere die Gruppengröße, die Qualität und die Bezahlung der Pädagogen und Pädagoginnen sowie die Qualität der Erziehungs- und Betreuungspläne.

- Als weiterer wichtiger Grund für eine geringe Bildungsmobilität werden Schulsysteme genannt, die den Bildungsweg für Schüler und

Schülerinnen bereits frühzeitig trennen („early tracking"). Dabei werden explizit das deutsche und das österreichische Schulsystem genannt, in denen eine Trennung der Schullaufbahnen bereits im frühen Alter von zehn Jahren vorgesehen ist. Demgegenüber haben die nordischen Länder eine gemeinsame Schulausbildung bis zum 15. Lebensjahr (OECD 2012). Pekkarinen u.a. (2009) zeigen in einer Länderstudie für Finnland, dass sich die Verlängerung der einheitlichen Schulzeit in den 1980er Jahren positiv auf die Bildungsmobilität ausgewirkt hat.

- Des Weiteren wird gezeigt, dass eine gemischte soziale Zusammensetzung der Schüler und Schülerinnen sowie ein ausgebautes Stipendiensystem die Bildungsmobilität fördern.

- Zusammenfassend kann somit festgehalten werden, dass sich die Bildungsmobilität nach Ländern beträchtlich unterscheidet und dass dafür im Wesentlichen das vorschulische Bildungs- und Erziehungssystem sowie im Weiteren der gemeinsame Bildungsweg im Schulsystem ausschlaggebend sind. Somit ist der Grad der Vererbung von Bildung stark durch die öffentlichen Bildungssysteme gestaltbar. Allerdings zeigt sich auch für die nordischen Länder, die generell eine hohe Einkommens- und Bildungsmobilität aufweisen, dass die Mobilitätsraten in der oberen Einkommensgruppe stark unterdurchschnittlich sind. An der Spitze der Hierarchie besteht somit in allen Ländern eine starke Persistenz.

4 Resümee

Im vorliegenden Beitrag wurde versucht, die Entstehung und Übertragung von Sach-, Finanz- und Bildungskapital zu untersuchen, also von jenen Vermögensbereichen, die zentral die Möglichkeit von Chancengleichheit – und somit die Lebens- und Einkommensperspektive – von Individuen bestimmen. Individuen können unterschiedliche Vermögensformen besitzen, die sie für verschiedene Zwecke einsetzen und teilweise auch gegenseitig substituieren bzw. verstärken können. Dabei besitzen die unterschiedlichen Vermögensformen selbstverstärkende Effekte. Ökonomisches Kapital (in Form von Sachvermögen, Unternehmen, Grund und Boden, Geld und Aktien etc.) ermöglicht sowohl den Erwerb von Bildungsvermögen als auch den Zugang zu Netzwerken des sozialen und gesellschaftlichen Lebens („soziales Kapital"), die den weiteren Lebens- und Erwerbsverlauf zentral (mit-) bestimmen. Ökonomisches und soziales Kapital werden – wie unsere Untersuchung gezeigt hat – zwar in unterschiedlichem Ausmaß, aber generell relativ stark innerhalb der Familie an die Kinder weitergegeben. Die direkte Übertragung von Bildungsvermögen zwischen den Generationen setzt zwar Zeit voraus, die jedoch durch die Verfügung über ökonomisches Kapital substituiert werden kann. Eltern in vermögenden Haushalten nehmen sich nicht nur selbst mehr Zeit zur Erziehung und Übertragung von Bildungs- und Sozialvermögen, sondern können zusätzlich in den Erwerb von Sozialkapital für ihre Kinder in Form einer qualitativ hochwertigen Kinderbetreuung investieren, von Privat- und Eliteschulen bis hin zur kostenintensiven Universitätsausbildung. Später macht sich diese „Investitionsstrategie" wieder durch höhere Qualifikationen, bessere Netzwerke und – damit verbunden – bessere Einkommens- und Karrieremöglichkeiten bezahlt. Es finden somit (positive wie negative) selbstverstärkende Rückkopplungseffekte statt, auf die nicht nur Pierre Bourdieu (1983), sondern bereits James Meade (1964) eindrucksvoll hingewiesen hat.

Wie die empirischen Ausführungen in den vorangegangenen Kapiteln zeigen, sind die individuellen Lebens- und Entwicklungsverläufe stark abhängig von der jeweiligen Herkunft des bzw. der Einzelnen. Die Vererbung von Sachkapital, aber auch von Bildungsvermögen ist generell – insbesondere aber in Deutschland und Österreich – stark ausgeprägt. Allerdings kann die öffentliche Hand durch eine Vielzahl von Maßnahmen beim Erwerb, beim Aufbau sowie bei der Übertragung sowohl von Sach- als auch von Bildungsvermögen korrigierend eingreifen. Dies betrifft die Besteuerung von Arbeits- und Vermögenseinkommen sowie von Vermögensbeständen, insbesondere aber die steuerliche Behandlung von Vermögensübertragungen, wobei die Erbschaftsteuer eine besondere Rolle spielt (vgl. dazu Schratzenstaller 2011).

In diesem Zusammenhang soll unterstrichen werden, dass in den kommenden 20 Jahren die höchste Vermögensübertragung zwischen Generationen stattfinden wird, die es jemals gegeben hat. Die privaten Sach- und Finanzvermögen sind in den vergangen drei Jahrzehnten doppelt so rasch gestiegen wie das BIP und machen derzeit in Österreich und Deutschland etwa das 3,5-fache des BIP aus. Gleichzeitig zeigen alle Daten, dass dieses Vermögen extrem ungleich verteilt ist. Werden diese enormen Vermögensvolumina ohne entsprechende Besteuerung vererbt, so perpetuieren sich die Ungleichheiten in der Vermögensverteilung und alle damit verbundenen sozialen Probleme. Hingegen hätte auch eine moderate Besteuerung dieser Übertragungen nicht nur positive verteilungspolitische Konsequenzen (Stichwort: Chancengleichheit), sondern sie erbrächte auch beträchtliche steuerliche Einnahmen. In Österreich würden unter der Annahme einer Übertragung des gesamten Sach- und Finanzvermögens der privaten Haushalte von 1.000 Milliarden Euro binnen einer Generation (also innerhalb von 40 Jahren) ca. 25 Milliarden Euro jährlich (in Deutschland 225 Milliarden Euro) übertragen.[9] Selbst bei einem geringen Steuersatz von nur fünf Prozent (ohne Freibeträge) würde dies zusätzliche jährliche Einnahmen von 1,25 Milliarden Euro (in Deutschland elf Milliarden Euro) erbringen. Da jedoch korrespondierend zur Vermögensverteilung auch die Erbschaften hoch konzentriert sind, würden selbst bei beträchtlichen Freibeträgen die Einnahmen nicht wesentlich reduziert werden. Selbstverständlich sind dies nur extrem vereinfachte Hochrechnungen. Das tatsächlich zu erwartende Aufkommen sowie die Verteilungswirkungen einer derartigen Maßnahme lassen sich dennoch in den Grundzügen relativ gut abschätzen.

Hinsichtlich der Bildungsmobilität zeigen die vorliegenden Studien ebenfalls eine relativ hohe Vererbung von Bildung, die aber je nach Land unterschiedlich stark ausfällt, wobei hier insbesondere die nordischen Länder eine positive Vorreiterrolle spielen. Interessant ist dabei vor allem, dass die Mobilität an den oberen Rändern der Verteilung generell besonders gering ist. Dies trifft auch für die nordischen Länder zu – was zeigt, dass die Mobilität am oberen Rand andere Politikinstrumente erfordert als die Erhöhung der Mobilität in den unteren Einkommens- und Bildungsschichten. In diesem Bereich weisen die nordischen Länder aufgrund der quantitativ wie qualitativ vorbildlichen Vorschul- und Schulsysteme sehr positive Ergebnisse auf.

Die Diskussion über die politischen Implikationen von steigender Ungleichheit bei Einkommen, Vermögen und Bildung intensiviert sich in jüngerer Zeit sowohl in den USA als auch in Europa. Konzentrieren sich Einkommen und Vermögen in den Händen einer kleinen Gruppe, dann

---

[9] Die jüngste makrobasierte Schätzung (Braun u.a. 2011) für den Zeitraum von 2011 bis 2020 ermittelt für Deutschland ein jährlich zu erwartendes Erbschaftsvolumen von 260 Milliarden Euro.

läuft die Demokratie Gefahr, faktisch in eine Plutokratie, eine Herrschaft der Reichen, verwandelt zu werden. Sowohl theoretische Überlegungen als auch empirische Untersuchungen legen nahe, dass mit einer wachsenden Vermögenskonzentration die Wahrscheinlichkeit steigt, dass die Demokratie ausgehöhlt wird, um Partialinteressen auf Kosten der Allgemeinheit durchzusetzen („rent-seeking"). Dadurch kann sich die Qualität kollektiver Entscheidungen in einer Demokratie entscheidend verringern. Da jedoch die Möglichkeiten von wirtschafts- und sozialpolitischen Umverteilungsmaßnahmen zentral durch die Primärverteilung von Einkommen und Vermögen – und deren Einfluss auf die gesellschaftliche und politische Machtverteilung – begrenzt werden, kamen die Ökonomen Burtless und Jencks für die USA bereits vor zehn Jahren zu folgender Feststellung:

> "We worry most about the possibility that changes in the distribution of income lead to changes in the distribution of political power both because such a change can undermine the legitimacy of the political system and because it can make the increase in economic inequality irreversible. ....
>
> If growing economic inequality increases the political influence of the rich, and if the political influence of the rich allows economic inequality to grow even more, legislative support for redistribution in the United States could go into irreversible decline." (Burtless/Jencks 2003: 100)

Die Diskussion hinsichtlich der steigenden Konzentration von Einkommen und Vermögen, die enorm an Bedeutung gewonnen hat, sowie die intensive Debatte über das große Ausmaß der „Vererbung" von Bildung und der damit verbundenen enormen Chancenungleichheit in den internationalen Gremien (OECD, IMF, Weltbank) geben jedoch Anlass zu vorsichtigem Optimismus. Die Übertragungs- bzw. Vererbungsfrage von Sach- und Bildungsvermögen wird jedenfalls weiterhin das zentrale Kriterium hinsichtlich der Verwirklichung von Chancengleichheit bleiben.

Literatur

Altzinger, W. (2009): Die Entwicklung der Spitzeneinkommen in Österreich, in: Dimensionen der Ungleichheit in der EU, Hg. Oesterreichische Nationalbank, Wien: 127-150, http://www.oenb.at/de/img/9_altzinger_tcm14-143480.pdf.

Altzinger, W./Lamei, N./Rumplmaier, B./Schneebaum, A. (2013): Intergenerationelle soziale Mobilität in Österreich. *Statistische Nachrichten*, 68 (1): 48-62, http://epub.wu.ac.at/3778/

Andreasch, M./Fessler, P./Mooslechner, P./Schürz, M. (2012): Fakten zur Vermögensverteilung in Österreich, in: Bundesministerium für Arbeit, Soziales und Konsumentenschutz (2012): Sozialbericht 2011-2012, Kap. 13: 247-265, http://www.bmask.gv.at/cms/site/attachments/3/7/2/CH 2171/CMS1353079209699/abschnitt_13.pdf.

Atkinson, A. (2006): Concentration among the Rich, UNU-WIDER, Research Paper No.151, http://www.wider.unu.edu/publications/working-papers/research-papers/2006/en_GB/rp2006-151/

Atkinson, A./Piketty, T. (2007): Top Incomes over the Twentieth Century: A Contrast between Continental European and English-Speaking Countries (Volume 1), Oxford: Oxford University Press.

Atkinson, A./Piketty, T. (2010): Top Incomes over the Twentieth Century: A Global Perspective (Volume 2), Oxford: Oxford University Press.

Atkinson, A./Piketty, T./Saez, E. (2011): Top Incomes in the Long Run of History, in: Journal of Economic Literature 49 (1): 3-71.

Bach, St. (2012): Vermögensabgaben – ein Beitrag zur Sanierung der Staatsfinanzen in Europa, in: DIW Wochenbericht 28: 3-11.

Bach, St./Corneo, G./Steiner, V. (2009): From Bottom to Top: The Entire Income Distribution in Germany, 1992-2003. Review of Income and Wealth 55: 331-359, http://dx.doi.org/10.1111/j.1475-4991.2009.00317. x.

Bertelsmann Stiftung (2008): Volkswirtschaftlicher Nutzen von frühkindlicher Bildung in Deutschland, o.O., http://www.bertelsmann-stiftung.de/bst/de/media/xcms_bst_dms_23966_23968_2.pdf.

Black, S. E./Devereux, P. (2010): Recent developments in intergenerational mobility, in: Ashenfelter O., Card, D. (Hg.): Handbook of labor economics. Vol. 4B, Amsterdam: 1487-1542.

Björklund, A./Jesper, R./Waldenström, D. (2012); Intergenerational top income mobility in Sweden: Capitalist dynasties in the land of equal opportunity?, in: Journal of Public Economics. Vol. 96 (5/6): 474-484.

Bonesmo Fredriksen, K. (2012): Less Income Inequality and More Growth – Are they Compatible? Part 6. The Distribution of Wealth, OECD Economics Department Working Papers, No. 929, OECD Publishing, http://dx.doi.org/10.1787/5k9h28t0bznr-en

Bourdieu, P. (1983): Ökonomisches Kapital, kulturelles Kapital, soziales Kapital, in: Kreckel, R. (Hg.): Soziale Ungleichheiten. Soziale Welt, Sonderband 2, Göttingen: 183-198.

Bowles, G./Gintis, H. (2002): The Inheritance of Inequality, in: Journal of Economic Perspectives, 16 (3): 3-30.

Braun, R./ Pfeiffer, U./ Thomschke, L. (2011): Erben in Deutschland – Volumen, Verteilung und Verwendung in Deutschland bis 2020. Deutsches Institut für Altersvorsorge GmbH, Köln, 2011.

Burtless, G./Jencks, C. (2003): American Inequality and Its Consequences. in: Aaron, H.J./Lindsay J.M./Nivola, PS. (2003):Agenda for the Nation. Washington, D.C.: The Brookings Institution: 61-108.

Causa, O./Johansson, Å. (2009): Intergenerational Social Mobility, OECD Economics Department Working Papers, No. 707, OECD Publishing. doi: 10.1787/223106258208.

Davis, J. (2009): Wealth and Economic Inequality, in: Salverda, W./Nolan, B./Smeeding, T. M. (2009): The Oxford Handbook of Economic Inequality, Chap. 6: 127-149.

Deutsche Bundesbank (2013a): Private Haushalte und ihre Finanzen – Ergebnisse der Panelstudie zu Vermögensstruktur und Vermögensverteilung. Tabellenanhang zur Pressenotiz PHF 2010/2011 – Datenstand: 2/2013, http://www.bundesbank.de/Redaktion/DE/Downloads/Presse/Publikationen/2013_03_21_phf_tabellen.pdf?__blob=publicationFile.

Deutsche Bundesbank (2013b): Präsentation beim Pressegespräch zu den Ergebnissen der Panelstudie Dr. Heinz Herrmann und Dr. Ulf von Kalckreuth, http://www.bundesbank.de/Redaktion/DE/Downloads/Presse/Publikationen/2013_03_21_phf_praesentation.pdf?__blob=publicationFile.

ECB (European Central Bank) (2013a): The Eurosystem Household Finance and Consumption Survey – Results from the first wave Eurosystem Household Finance and Consumption Network, http://www.ecb.int/pub/pdf/other/ecbsp2en.pdf?7071d4cb2e5087b19092c4aea89ccfa5

ECB (European Central Bank) (2013b): The Eurosystem Household Finance and Consumption Survey – Statistical tables, http://www.ecb.int/pub/pdf/other/ecbsp1en.pdf?05b93b72a53de5e2141a99504c538d23

ECB (European Central Bank) (2013c): The Eurosystem Household Finance and Consumption Survey – Methodological report, http://www.ecb.int/pub/pdf/other/the_eurosystem_household_finance_and_consumption_survey__statistical_tablesen.pdf?4022970bd9cdb6358e854a35270de0c8

Fessler, P./Mooslechner, P./Schürz, M. (2012a): Household Finance and Consumption Survey des Eurosystems 2010, Erste Ergebnisse für Österreich, in: Geldpolitik und Wirtschaft, (3): 25-67.

Fessler, P./Mooslechner, P./Schürz, M. (2012b): Intergenerational transmission of educational attainment in Austria. Empirica 39: 65-86, http://link.springer.com/article/10.1007%2Fs10663-010-9156-x.

Glocker, Ch./Horvath, Th./Mayrhuber, C. (2012): Die Entwicklung und Verteilung der Einkommen, in: Bundesministerium für Arbeit, Soziales und Konsumentenschutz (2012), Sozialbericht 2011-12, Kap. 12.: 217-245, Wien.

Heckman, J. (2011): The Economics of Inequality: The Value of Early Childhood Education. American Educator, Spring: 31-47.

Heckman, J. (2012): Promoting Social Mobility. Lead Article, Forum on Promoting Social Mobility, Boston Review, http://www.bostonreview.net/BR37.5/ndf_james_heckman_social_mobility.php

Hertz, T./Jayasundera, T./Piraino, P./Selcuk, S./Smith, N./Verashchagina, A. (2007): The inheritance of educational inequality: International comparisons and fifty-year trends, in: The B.E. Journal of Economic Analysis & Policy 7, Article 10.

Juul, J. (2012): Wem gehören unsere Kinder? Dem Staat, den Eltern oder sich selbst?: Ansichten zur Frühbetreuung, Beltz.

Kammer für Arbeiter und Angestellte für Wien (2011): Lobbyismus in Europa, Info-Brief EU & International, Sonderausgabe 3a/September 2011, Wien.

Knittler, K. (2011): Intergenerationale Bildungsmobilität: Bildungsstruktur junger Erwachsener im Alter von 15 bis 34 Jahren im Vergleich mit jener ihrer Eltern. in: Statistische Nachrichten 4: 252-266.

Leigh, A. (2009): Top Incomes, in: Salverda, W./Nolan, B./Smeeding, T. M. (2009), The Oxford Handbook of Economic Inequality, Chap. 7: 150-174.

Leigh, A. (2008): How Closely Do Top Income Shares Track Other Measures of Inequality?, in: Economic Journal 117: 619-633.

Meade, J. E. (1964): Efficiency, Equality and the Ownership of Property, London.

Meade, J. E. (1976): The Just Economy, London.

Mill, J. St. (1852): *The Collected Works of John Stuart Mill, Volume V – Essays on Economics and Society Part II,* ed. John M. Robson, Introduction by Lord Robbins (Toronto: University of Toronto Press, London: Routledge and Kegan Paul, 1967), Chapter: *THE INCOME AND PROPERTY TAX 1852,* http://oll.libertyfund.org/title/232/16708%20on%202013-03-28

OECD (2008): Growing Unequal? Income Distribution and Poverty in OECD Countries, Paris.

OECD (2010): Economic Policy Reforms, Going for Growth, OECD Publishing, Paris.

OECD (2011a): Divided We Stand: Why Inequality Keeps Rising, OECD Publishing, Paris.

OECD (2011b) The Causes of Growing Inequality in OECD Countries, OECD Publishing, Paris.

OECD (2011c): Starting Strong III: A Quality Toolbox for Early Childhood Education and Care, OECD Publishing.

OECD (2012): Education at a Glance: OECD Indicators, OECD Publishing.

Pekkarinen, T./Uusitalo, R./Kerr, S. (2009): School tracking and intergenerational income mobility: Evidence from the Finnish comprehensive school reform, in: Journal of Public Economics 93: 965-973.

Pfeffer, F./Hällsten, M. (2012): Mobility Regimes and Parental Wealth: The United States, Germany, and Sweden in Comparison. PSC Research Report No. 12-766. July 2012, http://www.psc.isr.umich.edu/pubs/pdf/rr12-766.pdf

Piketty, Th./Saez, E. (2012): 9241, C.E.P.R. Discussion Papers, http://ideas.repec.org/p/cpr/ceprdp/9241.html

Roine, J./Waldenström, D. (2009): Wealth Concentration over the Path of Development: Sweden, 1873-2006, in: The Scandinavian Journal of Economics, 111: 151-187

Saez, E. (2013): Striking it Richer: The Evolution of Top Incomes in the United States (Updated with 2011 estimates), http://elsa.berkeley.edu/~saez/saez-UStopincomes-2011.pdf

Schnetzer, M./Altzinger, W. (2011): From rags to riches? Intergenerational transmission of income in the European Union, in: Niechoj, Th./Onaran, Ö./Stockhammer, E./Truger, A./van Treeck, T. (Hg.): Stabilising an unequal economy? Public debt, financial regulation and income distribution, Marburg: 321-347.

Schnitzlein, D. (2011): How important is the family? Evidence from sibling correlations in permanent earnings in the United States, Germany, and Denmark. SOEPpapers Nr. 365, DIW, Berlin.

Schratzenstaller, M. (2011): Vermögensbesteuerung – Chancen, Risiken und Gestaltungsmöglichkeiten. Expertise im Auftrag der Abteilung Wirtschafts- und Sozialpolitik der Friedrich-Ebert-Stiftung, Berlin.

Schwantner, U./Schreiner, C. (Hg.) (2010): PISA 2009. Internationaler Vergleich von Schülerleistungen. Erste Ergebnisse. Lesen, Mathematik, Naturwissenschaft. Graz.

Sierminska, E./Brandolini, A./Smeeding, T. M. (2006): Comparing Wealth Distributions across Rich Countries: First Results from the Luxembourg Wealth Study, Luxembourg Wealth Study Working Paper No.1.

Stiglitz, J. (2011): Of the 1%, by the 1%, for the 1%. Vanity Fair, May 2011. http://www.vanityfair.com/society/features/2011/05/top-one-percent-201105

Stiglitz, J. (2012a): The Price of Inequality: How Today's Divided Society Endangers Our Future, W.W. Norton & Company, New York/London.

Stiglitz, J. (2012b): The Price of Inequality: Interview With Joseph E. Stiglitz, http://www.rollingstone.com/politics/blogs/national-affairs/the-price-of-inequality-interview-with-joseph-e-stiglitz-20120625

Suchań, B./Wallner-Paschon, Ch./Bergmüller, S./Schreiner, C. (Hg.) (2012): PIRLS & TIMSS 2011, Schülerleistungen in Lesen, Mathematik und Naturwissenschaft in der Grundschule; Leykam, https://www.bifie.at/system/files/ buch/pdf/Erste Ergebnisse_PIRLSTIMSS2011_web.pdf.

Trend (2013): Trend-Ranking: Die 100 reichsten Österreicher http://www.trendtop500.at/die-reichsten-oesterreicher/.

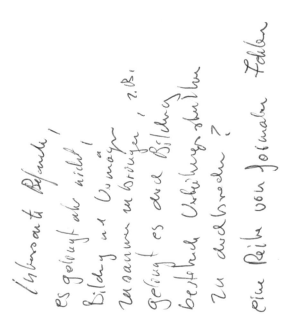

Staatliche Handlungsfähigkeit und Zukunftsinvestitionen unter der Schuldenbremse

Die deutsche Steuer- und Finanzpolitik am Scheideweg

Kai Eicker-Wolf und Achim Truger

1 Problemstellung

Noch vor drei Jahren schien die deutsche Finanzpolitik in einer schier ausweglosen Situation gefangen (vgl. Truger 2010 und 2011): Die Konjunkturkrise und die u.a. zu ihrer Bekämpfung aufgelegten Maßnahmen hatten in kurzer Zeit zu hohen gesamtstaatlichen Haushaltsdefiziten geführt, die aufgrund der im Grundgesetz verankerten Schuldenbremse in absehbarer Zeit und ohne Rücksicht auf die auch mittelfristig düsteren Konjunkturaussichten konsolidiert werden mussten. Nach einer Schwächung der Einnahmenseite durch das so genannte Wachstumsbeschleunigungsgesetz zu Beginn des Jahres 2010 (kritisch hierzu Truger/van Treeck 2009) waren im Koalitionsvertrag der schwarz-gelben Bundesregierung zudem noch weitere Steuersenkungen in zweistelliger Milliardenhöhe angekündigt. Damit schien nach einem kurzen Intermezzo makroökonomischer und finanzpolitischer Vernunft durch die gezielt antizyklische Finanzpolitik der beiden Konjunkturprogramme und weiterer Maßnahmen (vgl. Horn u.a. 2009a) ein Rückfall in die alte Politik der Entstaatlichung (Bofinger 2008) vorprogrammiert (vgl. Truger 2010).

Die aus damaliger Sicht berechtigten Befürchtungen haben sich allerdings nicht bestätigt. Ein in Ausmaß und Dauer vollkommen unerwarteter, rasanter Konjunkturaufschwung in den Jahren 2010 und 2011 hat in Deutschland stattdessen zu einer deutlichen Entlastung der öffentlichen Haushalte und spürbaren Fortschritten bei der Haushaltskonsolidierung geführt, ohne dass dafür bislang zusätzliche extrem schmerzhafte Einschnitte notwendig gewesen wären.[1] Zudem hat sich das politische Klima gewandelt; deutliche Steuersenkungen waren seither politisch nicht durchsetzbar, und in den Programmen aller Oppositionsparteien im Bundestag finden sich mittlerweile konkrete Vorschläge für eine Stärkung der staatlichen Einnahmenseite durch sozial gerechte Steuer- und Abgabenerhöhungen. Die spürbare Verbesserung der Lage bedeutet jedoch noch nicht, dass nunmehr alle Probleme der deutschen Finanzpolitik gelöst wären. Sollte die Konjunktur – angesichts der weiter schwelenden Eurokrise (vgl. IMK/OFCE/WIFO 2013) – stärker abstürzen oder in eine längere Schwächephase einmünden, hätten die öffentlichen Haushalte schnell wieder mit konjunkturellen Belastungen zu kämpfen. Zudem besteht die durch die übermäßigen Steuersenkungen der Vergangenheit hervorgerufene strukturelle Unterfinanzierung in den öffentlichen Haushalten weiter, und die unbestritten notwendigen zentralen Zukunftsinvestitionen in den Bereichen Bildung, Forschung und Infrastruktur werden weiterhin vernachlässigt. Der unerwartete Aufschwung hat also bislang lediglich Schlimmeres verhindert und der Politik eine Atempause verschafft – ein echtes Umsteuern steht noch aus.

Im Folgenden wird in Abschnitt 2 zunächst ein kurzer Rückblick auf die düstere Ausgangssituation in der ersten Hälfte des Jahres 2010 vorgenommen. Vor diesem Hintergrund beschreibt Abschnitt 3 die seither eingetretene spürbare Verbesserung der Lage durch unerwartetes „Konjunkturglück". Abschnitt 4 zeigt auf, dass die öffentlichen Haushalte in Deutschland trotzdem immer noch mit einer wesentlich durch Steuersenkungen verursachten strukturellen Einnahmenlücke zu kämpfen haben. Abschnitt 5 arbeitet vor dem Hintergrund der extrem moderaten Ausgabenpolitik der letzten fast eineinhalb Jahrzehnte heraus, dass der Bedarf an zentralen Zukunftsinvestitionen weiterhin sehr hoch ist. In Ab-

---

[1] Dass die Schuldenbremse im Falle eines unerwartet starken Aufschwungs viel von ihrem Schrecken verlieren würde, war bereits von Truger (2010: 21) korrekt antizipiert worden.

schnitt 6 wird argumentiert, dass sozial gerechte Steuererhöhungen die einzige verlässliche Lösungsstrategie zur Sicherung der staatlichen Handlungsfähigkeit und der zentralen Zukunftsinvestitionen sind. In Abschnitt 7 wird gezeigt, dass es aus ökonomischer Sicht keine überzeugenden Einwände gegen solche Steuererhöhungen gibt. Abschnitt 8 wagt einen Ausblick.

2 Ursprünglich extrem düstere Aussichten nach Einführung der Schuldenbremse[2]

Die im Jahr 2009 ins Grundgesetz aufgenommene Schuldenbremse besteht im Kern aus einer Strukturkomponente, die eine strukturelle Verschuldung nur noch in sehr engen Grenzen – minus 0,35 Prozent des Bruttoinlandsprodukts (BIP) für den Bund und null Prozent für die Länder – zulässt, und einer Konjunkturkomponente, die die Verschuldungsmöglichkeiten je nach Konjunkturlage über die strukturelle Komponente hinaus vergrößert oder einschränkt. Hinzu kommt eine Ausnahmeklausel, die eine Überschreitung der zulässigen Verschuldung nur bei Vorliegen einer außergewöhnlichen Notsituation ermöglicht. Für den Bund gibt es darüber hinaus ein Ausgleichskonto, das die Einhaltung der Schuldenbremse nicht nur bei der Haushaltsaufstellung, sondern auch im Haushaltsvollzug sicherstellen soll. Als Übergangszeitraum zur Erreichung der Grenzen für die strukturelle Verschuldung wurde dem Bund bis 2016 und den Ländern bis 2020 Zeit gegeben. Für fünf Bundesländer (Berlin, Bremen, Saarland, Sachsen-Anhalt und Schleswig-Holstein) werden außerdem Konsolidierungshilfen gezahlt, die an strenge Auflagen gebunden sind. Mit den Vorgaben zur Schuldenbremse werden die mittelfristigen gesamtstaatlichen Haushaltsziele für Deutschland, das im Rahmen der präventiven Komponente des Stabilitäts- und Wachstumspakts ein strukturelles Defizit von 0,5 Prozent des BIP realisieren darf, sogar übererfüllt.

Es gibt keinen Grund, die deutsche Finanzpolitik vor der Einführung der Schuldenbremse zu verklären. Tatsächlich ist sie seit schon mehr als 30 Jahren prozyklisch ausgerichtet – und sie hat seit der Jahrtausendwende mit ihrer gefährlichen Mischung aus ständigen Steuersenkungen

---

[2] Der vorliegende Abschnitt ist eng an Truger/Will (2012: Abschnitt B) angelehnt.

und dem strikten Willen zur Haushaltskonsolidierung bis zur Krise im Jahr 2009 wachstums- und beschäftigungspolitisch großen Schaden angerichtet, die Schieflage der Einkommensverteilung erheblich vergrößert sowie die Finanzierungsbasis des Staates empfindlich geschwächt (vgl. Truger 2004, 2009 und 2010; Truger u.a. 2010 sowie Truger/Teichmann 2011). Es bestand also hinreichend Anlass zu einer Neuausrichtung. Die konkret gewählte institutionelle Neuausrichtung mittels der Schuldenbremse lässt sich jedoch aus mindestens fünf Gründen grundsätzlich kritisieren.

Erstens sind schon die verfassungsmäßig festgeschriebene Zielvorgabe einer maximalen strukturellen Netto-Neuverschuldung von 0,35 Prozent des BIP für den Bund und das Verbot einer strukturellen Netto-Neuverschuldung für die Länder aus ökonomischer Sicht vollkommen willkürlich. Implizit läuft dies bei einem durchschnittlichen jährlichen Wachstum des nominalen BIP von drei Prozent langfristig auf eine gesamtstaatliche Schuldenstandquote von 11,7 Prozent hinaus. Dass eine Obergrenze für die Schuldenstandquote sinnvoll sein kann, ist unstreitig; in der neueren empirischen Literatur werden allerdings kritische Werte von 80 Prozent oder 90 Prozent genannt, ab denen sich eine wachstumsschädliche Wirkung der öffentlichen Verschuldung einstellen könnte.[3] Stattdessen muss befürchtet werden, dass den Kapitalmärkten aufgrund der Schuldenbremse bei dem angestrebten geringen Volumen der bislang sichersten Anlageform ein wichtiger Stabilitätsanker und eine wichtige Orientierungsmarke weitestgehend genommen werden. In welche Anlageform und in welche Länder in Zukunft die traditionell hohe Überschussersparnis des deutschen privaten Sektors und damit unter anderem die private Altersvorsorge fließen soll, ist unklar. Es ist zu befürchten, dass die Finanzmärkte dadurch langfristig deutlich instabiler werden.

Zweitens verabschiedet sich die Finanzpolitik mit der Schuldenbremse ausgerechnet von dem einen weithin akzeptierten ökonomischen Maßstab für die Höhe staatlicher Defizite, der so genannten *Goldenen Regel*, und ignoriert damit 60 Jahre theoretischen *Common sense*. Die Goldene Regel oder das *Pay-as-you-use*-Prinzip stellt eine wachstumsorientierte Neuverschuldungsregel dar, die eine strukturelle Neuverschuldung über den Zyklus hinweg in Höhe der öffentlichen (Netto-)Investitionen er-

---

[3] Siehe hierzu z.B. Reinhart/Rogoff 2010. Kritisch zu solchen Berechnungen siehe Nersisyan/Wray 2010.

laubt. Die Idee dahinter ist es, mehrere Generationen an der Finanzierung des öffentlichen Kapitalstocks zu beteiligen, da auch kommende Generationen von den heute getätigten produktiven öffentlichen Investitionen durch steigenden Wohlstand profitieren (vgl. Musgrave 1959 und SVR 2007). Sicherlich hatte die alte Verschuldungsregelung von Bund und Ländern die Schwäche, nicht zwischen Brutto- und Nettoinvestitionen zu unterscheiden und zudem nicht alle aus ökonomischer Sicht relevanten Investitionen zu erfassen. Statt hier eine geeignete Definition oder Schätzung für Abschreibungen zu suchen, wurde wie auch bei den Maastricht-Kriterien und beim Stabilitäts- und Wachstumspakt auf die notwendige Diskussion verzichtet und zudem die Empfehlung des – nicht eben für seine Befürwortung einer schrankenlosen Staatsverschuldung bekannten – Sachverständigenrates (SVR 2007) ignoriert.

Drittens hängen die Auswirkungen der Schuldenbremse kritisch von der genauen technischen Ausgestaltung, d.h. der Wahl des zugrunde zu legenden Konjunkturbereinigungsverfahrens und der verwendeten Budgetsensitivitäten ab. Der Bund hat sich zwar bereits für das von der EU-Kommission im Rahmen der Haushaltsüberwachung verwendete Verfahren entschieden. Jedoch bleibt die genaue technische Umsetzung letztlich der Entscheidung von Wirtschafts- und Finanzministerium vorbehalten. Sie ist damit äußerst intransparent und gestaltungsanfällig (vgl. Truger/Will 2012a). Für die Länder sind bislang noch nicht überall konkrete Ausgestaltungen gefunden worden. Da sie im Rahmen der Vorgaben des Art. 109 GG erhebliche Gestaltungsspielräume haben, könnte es im Jahr 2020 in Deutschland 17 unterschiedliche Schuldenbremsen geben: eine für den Bund und 16 für die Bundesländer, mit jeweils ganz unterschiedlichen Ausgestaltungen und Auswirkungen.

Viertens wirkt die Schuldenbremse aufgrund der Mechanik der üblicherweise verwendeten Konjunkturbereinigungsverfahren prozyklisch und wird daher die wirtschaftliche Entwicklung unnötig destabilisieren. Im Abschwung wird ein Zuviel an Konsolidierung verlangt werden, im Aufschwung dagegen spiegelbildlich zu wenig (vgl. ebd.).

Das bei ihrer Einführung gravierendste Problem der Schuldenbremse bestand fünftens allerdings darin, dass sie in einer Situation strukturell erheblich unterfinanzierter öffentlicher Haushalte eingeführt wurde: Seit vielen Jahren sind die öffentlichen Haushalte immer wieder durch Steuersenkungen erheblich belastet worden. Die im Zuge der schweren globalen Finanz- und Wirtschaftskrise beschlossenen dauerhaften Steuersenkungen und das so genannte Wachstumsbeschleunigungsgesetz schlugen dann nochmals mit Mindereinnahmen von mehr als 30 Milliarden Euro jährlich für die Gebietskörperschaften zu Buche.[4] Wenn in einer solchen Situation zu einem bestimmten Stichtag bedingungslos ein strukturell (nahezu) ausgeglichener Haushalt verlangt wird, ohne dass die bestehende einnahmenseitige Lücke zuvor oder parallel dazu geschlossen wurde oder wird, dann müssen die öffentlichen Haushalte zwangsläufig jahrelang eine strikte ausgabenseitige Kürzungspolitik betreiben. Dies ist makroökonomisch ein extrem riskanter Kurs mit potenziell negativen Folgen für Wachstum und Beschäftigung im Anpassungsprozess – auch und gerade angesichts der bis 2010 noch prekär erscheinenden wirtschaftlichen Lage in Deutschland – und unzweifelhaft verbunden mit erheblichen Einbußen bei der Versorgung der Bevölkerung mit öffentlichen Gütern, Dienstleistungen und sozialer Sicherheit. Die von Bundestag und Bundesrat gemeinsam getroffene Entscheidung, die Schuldenbremse und in engem zeitlichen Zusammenhang damit großzügige dauerhafte Steuersenkungen umzusetzen (wie die Rücknahme der Streichung der Entfernungspauschale für die ersten 20 Kilometer, die zweistufige Senkung des Einkommensteuertarifs, das Bürgerentlastungsgesetz und zuletzt das Wachstumsbeschleunigungsgesetz), war daher ökonomisch und staatspolitisch mehr als fahrlässig. Schon allein aus diesen Gründen wäre es makroökonomisch – aber letztlich auch haushaltspolitisch – vernünftig gewesen, auf die Schuldenbremse im Grundgesetz zu verzichten.

Der Gesetzgeber entschied sich jedoch für die Verankerung der Schuldenbremse in der Verfassung, und die öffentlichen Haushalte mussten sich wohl oder übel mit der Existenz der Schuldenbremse abfinden. Aufgrund der skizzierten Unschärfen, Gestaltungsmöglichkeiten und Intransparenzen ist es schwierig, den genauen strukturellen Konsolidierungsbedarf für die deutsche Finanzpolitik festzustellen. Ausgehend von dem im Frühjahr 2010 prognostizierten gesamtstaatlichen Defizit im Jahr 2010 von etwa vier Prozent des BIP hätte bis zum Jahr 2020 ein Betrag von 3,65 Prozent des BIP (etwa 85 Milliarden Euro) konsolidiert werden müssen. Da alle gängigen Konjunkturbereinigungsverfahren für das Jahr 2010 noch eine negative Produktionslücke auswiesen, lag der anzusetzende strukturelle Konsolidierungsbedarf spürbar darunter, plausibler-

---

[4] Siehe hierzu ausführlich Abschnitt 4.

weise in einer Größenordnung zwischen 50 und 60 Milliarden Euro (2 bis 2,4 Prozent des BIP). Dieser Betrag hätte schrittweise trotz extrem düsterer Konjunkturaussichten konsolidiert werden müssen und damit den Erholungsprozess der deutschen Wirtschaft in extrem riskanter Weise belastet. Die während oder kurz nach der globalen Finanz- und Wirtschaftskrise erstellten Konjunkturprognosen zeichneten nämlich allesamt ein düsteres Bild. Inmitten der Krise im Frühjahr 2009 ging die Gemeinschaftsdiagnose noch von einer Schrumpfung der deutschen Wirtschaft um sechs Prozent im Jahr 2009 und einer weiteren Schrumpfung um 0,5 Prozent im Jahr 2010 aus (Projektgruppe Gemeinschaftsdiagnose 2009). Es wurde ein Anstieg der Zahl der Arbeitslosen von knapp 3,3 Millionen Personen im Jahr 2008 auf fast 4,7 Millionen Personen prognostiziert. Innerhalb des nächsten Jahres hellten sich die Prognosen zwar etwas auf; im Frühjahr 2010 wurde von einer Schrumpfung des realen Bruttoinlandsprodukts um 5,0 Prozent im Jahr 2009 ausgegangen, die die tatsächliche Schrumpfung um 5,1 Prozent fast korrekt abbildete (Projektgruppe Gemeinschaftsdiagnose 2010). Für die Jahre 2010 und 2011 wurde mit Wachstumsraten von 1,5 Prozent und 1,4 Prozent jedoch nur eine zögerliche Erholung angenommen, bei allerdings sehr viel besserer Beschäftigungsentwicklung als zuvor erwartet.

3 Kurzzeitige Aufhellung der Lage
durch unerwartetes und großes „Konjunkturglück"

Niemand hätte im Frühjahr 2010 zu träumen gewagt, dass die deutsche Wirtschaft die Krise bis zum Jahr 2011 tatsächlich rasant hinter sich lassen würde: Das reale BIP stieg im Jahr 2010 um 4,2 Prozent und im darauf folgenden Jahr nochmals um 3,0 Prozent (vgl. Tab. 1). Am Arbeitsmarkt hatte die Krise lediglich eine leichte Delle im Jahr 2009 hinterlassen, im Jahr 2011 war sie mit knapp unter drei Millionen Personen im Jahresdurchschnitt bereits deutlich unter das Vorkrisenniveau gesunken (IMK/OFCE/WIFO 2013). Im Nachhinein scheint für die schnelle Überwindung des wirtschaftlichen Einbruchs in Deutschland zum einen das antizyklische Gegensteuern der öffentlichen Hand verantwortlich gewesen zu sein: Mit dem im Januar 2009 beschlossenen Konjunkturpaket II wurden Maßnahmen im Umfang von 50 Milliarden Euro auf den Weg gebracht, die sich schwerpunktmäßig auf die Jahre 2009 und 2010 verteilten. Damit wurde zumindest temporär ein Bruch mit der wirtschaftspolitischen Orientierung der vorangegangenen drei Dekaden vollzogen: Bis zur Weltwirtschaftskrise galt eine antizyklische Ausrichtung der Fiskalpolitik als überholt – kurz zuvor, in der langen Stagnationsphase der Jahre 2001 bis 2005, hatte die öffentliche Hand noch prozyklisch restriktiv agiert (vgl. Eicker-Wolf/Truger 2006 und Eicker-Wolf u.a. 2009). Zum anderen wurden Konjunktur und Beschäftigung durch eine starke temporäre Verkürzung der Arbeitszeit und das Horten von Arbeitskräften durch die Unternehmen stabilisiert (vgl. Herzog-Stein/Seifert 2010). Die Verkürzung der Arbeitszeit erfolgte über verschiedene Instrumente wie die flexible Nutzung von Zeitarbeitskonten, Kurzarbeit und die Nutzung von tarifvertraglichen Möglichkeiten zur Reduzierung der Arbeitszeit. Das „Horten" von Arbeitskräften wurde seitens vieler Unternehmen praktiziert, um durch Entlassungen im Abschwung langfristig nicht mit dem Problem des Fachkräftemangels konfrontiert zu sein.

Seit der Jahrtausendwende bis zum Ausbruch der Weltwirtschaftskrise wurde das Wirtschaftswachstum in Deutschland vor allem durch die Auslandsnachfrage stimuliert, während sich die Inlandsnachfrage – und das gilt insbesondere für die private und die staatliche Konsumnachfrage – gerade auch im europäischen Vergleich sehr verhalten entwickelte (vgl. Eicker-Wolf u.a. 2009: 21ff.). Im Zuge der globalen Finanz- und Wirtschaftskrise hat sich dieses Bild spürbar verändert (vgl. Tab. 1): In den Jahren 2010 und 2011 war der Wachstumsbeitrag der Inlandsnachfrage größer als der Wachstumsbeitrag des Außenbeitrags, und im Jahr 2012 lagen beide Größen nicht übermäßig weit auseinander. Anders als vor der Weltwirtschaftskrise stabilisierte in den Jahren danach der private Konsum offenbar aufgrund einer besseren Entwicklung der Arbeitnehmereinkommen das Wirtschaftswachstum (vgl. Arbeitskreis Konjunktur 2012).

Die gute Entwicklung der deutschen Wirtschaft in den Jahren nach 2009 war allerdings auch deshalb zu verzeichnen, weil der vielfach erwartete Einbruch der Auslandsnachfrage ausblieb. Aufgrund der im internationalen Vergleich sehr schwachen Arbeitskosten- und Lohnstückkostenentwicklung seit dem Jahr 2000 hatte Deutschland in der EU und im Euroraum steigende und sehr hohe Außenhandelsüberschüsse erzielt, während die Eurokrisenländer im Trend steigende und zum Teil sehr hohe Außenhandelsdefizite aufwiesen – die Eurokrise ist im Kern auch auf die Ungleichgewichte im Außenhandel aufgrund einer immer weiter auseinanderlaufenden Wettbewerbsfähigkeit im Euroraum zurückzuführen.[5] Da im Jahr 2011 rund 40 Prozent der deutschen Exportnachfrage auf den Euroraum entfällt – auf die gesamte EU entfallen sogar um die 60 Prozent –, war von starken Rückwirkungen der Eurokrise auf die deutsche Wirtschaft auszugehen. Tatsächlich ist der Export in den Euroraum, und hier insbesondere in die südeuropäischen Krisenländer, in den ersten drei Quartalen 2012 gegenüber dem Vorjahreszeitraum um 2,2 Prozent gesunken. Allerdings hat eine dynamische Exportnachfrage aus den USA, Japan sowie den süd- und ostasiatischen Schwellenländern dies überkompensieren können (vgl. Arbeitskreis Wirtschaftspolitik 2013: 4f.).

Tab. 1: Reales BIP-Wachstum und Wachstumsbeitrag der Nachfrageaggregate in Deutschland 2008-2012

Jahr	2008	2009	2010	2011	2012
BIP	1,1	-5,1	4,2	3,0	0,8
Inlandsnachfrage	1,1	-2,3	2,5	2,4	0,1
darunter					
privater Konsum	0,4	0,1	0,5	1,0	0,6
öffentlicher Konsum	0,6	0,5	0,3	0,2	0,2
Investitionen	0,2	-2,2	1,0	1,1	-0,2
Außenbeitrag	0,0	-2,8	1,7	0,6	0,7

Quelle: Europäische Kommission.

Die unerwartet kräftige Erholung der deutschen Wirtschaft nach 2009 hat unzweifelhaft sehr positive Auswirkungen auf die öffentlichen Haushalte in Deutschland gehabt. Die geringere Arbeitslosigkeit ging mit geringeren Zahlungen von Arbeitslosenunterstützung sowie höheren Sozialbeiträgen einher. Am deutlichsten machte sich der Aufschwung jedoch beim Steueraufkommen bemerkbar (vgl. Abb. 1). So wurden die Aufkommensprognosen und das tatsächliche Aufkommen seit der pessimisti-

---

[5] Vgl. zur Entwicklung der Arbeitskosten und der Lohnstückkosten Stein u.a. (2012); zu den Ursachen der Eurokrise vgl. z.B. Horn/van Treeck (2011) und Horn u.a. (2012): 3ff. Vgl. auch den Beitrag von Schulmeister in diesem Buch.

schsten Steuerschätzung vom Mai 2010 sukzessive nach oben korrigiert. Im Jahr 2012 lag das Gesamtaufkommen der Gebietskörperschaften nach der Steuerschätzung vom November 2012 mit 602,4 Milliarden Euro um 62,5 Milliarden Euro über dem im Mai 2010 erwarteten Wert – wenn auch immer noch unter dem 2008 erwarteten Wert.

Abb. 1: Kassenmäßiges Steueraufkommen 2007-2016 insgesamt: Vergleich der Steuerschätzungen Mai 2008 und 2010 sowie November 2012 (in Mrd. Euro)

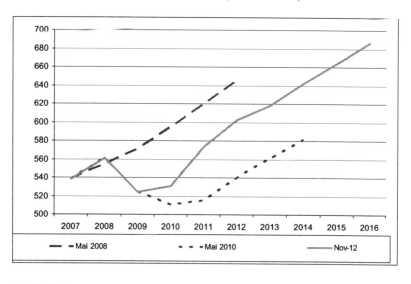

Quelle: BMF.

Insgesamt haben die konjunkturbedingten Entlastungen für die öffentlichen Haushalte und das aufgrund der Eurokrise unerwartet niedrige Zinsniveau im Zusammenwirken mit dem komplexen Verfahren der Konjunkturbereinigung der EU-Kommission dazu geführt, dass das von der EU-Kommission in der Winterprognose im Februar 2013 für den gesamtstaatlichen deutschen Haushalt geschätzte strukturelle Defizit im Jahr 2012 bereits vollständig verschwunden ist. D.h. nach dem gegenwärtigen Stand ist die in Abschnitt 2 veranschlagte Konsolidierungsleistung von 50 bis 60 Milliarden Euro gegenüber der Ausgangslage im Jahr

2010 im Wesentlichen bereits erbracht, ohne dass dafür zusätzliche Konsolidierungsanstrengungen hätten unternommen werden müssen. Aufgrund der guten Konjunktur reichten dazu allein das Auslaufen der Konjunkturprogramme und die vergleichsweise moderaten und 2010 bereits absehbaren Kürzungsmaßnahmen aus.

4 Dennoch: Die strukturelle Einnahmenlücke besteht fort[6]

Die vorstehend referierten, unzweifelhaft positiven Entwicklungen insbesondere bei den Steuereinnahmen haben – wie in Deutschland nicht anders zu erwarten (vgl. Truger 2010) – bereits die Befürworter und Befürworterinnen von Steuersenkungen auf den Plan gerufen. Schon seit einiger Zeit ist die mediale Berichterstattung über die Entwicklung der Steuereinnahmen und der Steuerschätzung von Superlativen geprägt. So leitete etwa die dpa ihren in der Presse dann häufig aufgegriffenen Bericht über die Ergebnisse der 140. Sitzung des „Arbeitskreises Steuerschätzungen" im Mai 2012 mit folgenden Sätzen ein: „Ein Steuerrekord folgt dem nächsten, es klingelt in den Staatskassen. Schon in diesem Jahr können Bund, Länder und Kommunen mit dem höchsten Aufkommen in der Geschichte rechnen." (Stahl 2012) Solche Nachrichten erwecken den Eindruck, die Steuerquellen sprudelten so reichlich, dass tatsächlich mehr als genug Geld für „Steuergeschenke" vorhanden sei. Obwohl die Aussagen in der zitierten Meldung sachlich nicht im eigentlichen Sinne falsch sind, zeugt ihre Verbreitung doch von einem Mangel an ökonomischem Sachverstand: Die Steuereinnahmen insgesamt hängen stark von der Entwicklung des nominalen BIP ab. Von wenigen Ausnahmen abgesehen entwickelte sich das jährliche Steueraufkommen von 1950 bis 2011 annähernd proportional zum nominalen BIP. Die Jahre mit gravierenden Abweichungen nach unten waren insbesondere Jahre mit hohen Steuersenkungen – etwa 1996 und 1997, 2001 bis 2005 sowie 2009 und 2010. Im gesamten Zeitraum war die Wachstumsrate der Steuereinnahmen gegenüber dem jeweiligen Vorjahr in 56 Jahren – zumeist auch noch kräftig – positiv. Nur in fünf – wie erwähnt durch hohe Steuersenkungen und eine schwache Wirtschaftsentwicklung geprägten – Jahren (1996,

---

[6] Der vorliegende Abschnitt lehnt sich stellenweise stark an Rietzler u.a.(2012): 8 ff. an, ist bezüglich des Zahlenmaterials aber aktualisiert.

1997, 2001, 2002, 2009) fiel das Steueraufkommen geringer als in den Vorjahren aus. Außerdem waren in 53 Jahren Rekordeinnahmen gegenüber den Vorjahren, nämlich die jeweils höchsten Steueraufkommen in der Geschichte, zu verzeichnen. In einer (nominal) wachsenden Wirtschaft mit modernem Steuersystem sind jährliche Rekordeinnahmen also offensichtlich völlig normal.

Selbst Fachleute verbreiten Fakten über die Entwicklung des Steueraufkommens, die irreführend sind. So weist etwa Gebhardt (2012: 395) in seinem Bericht zur Steuerschätzung vom Frühjahr dieses Jahres zu Recht darauf hin, dass der Arbeitskreis „Steuerschätzungen" „ein höheres Steueraufkommen für Bund, Länder und Kommunen" erwarte, und präsentiert dazu eine Grafik, die zeigt, dass die Schätzungen des Arbeitskreises seit der Frühjahrsprognose im Jahr 2010 immer wieder nach oben korrigiert worden sind. Wie in Abb. 1 ersichtlich, kam auch die offizielle Steuerschätzung vom Herbst 2012 für das Jahr 2012 im Vergleich zur Schätzung vom Frühjahr 2010 zu Mehreinnahmen von 62,5 Milliarden Euro. Dabei wird jedoch ausgeblendet, dass die Steuerschätzung vom Mai 2010 wegen des Schocks der großen Rezession als Folge der Finanzkrise die pessimistischste Prognose der vergangenen Jahre gewesen ist. Dass die Schätzungen nach einer unerwartet rasanten Erholung der Konjunktur gegenüber dem Tiefpunkt viel besser ausfallen, ist nicht verwunderlich. Eine ausgewogene Betrachtung sollte daher an der Steuerschätzung ansetzen, die direkt vor der tiefen Rezession erstellt worden ist. Abb. 1 zeigt daher auch das Ergebnis der Steuerschätzung vom Mai 2008. Dadurch wird ersichtlich, wie stark die Steuereinnahmen durch die Krise in Mitleidenschaft gezogen wurden – und dass sie noch im Jahr 2012 sehr stark von eben dieser Krise geprägt waren. So liegt die Schätzung vom November 2012 für das Jahr 2012 trotz aller Aufwärtsrevisionen immer noch um 42,9 Milliarden Euro unter dem Ergebnis, das im Mai 2008 vom Arbeitskreis „Steuerschätzungen" berechnet wurde.

Abb. 2 zeigt die Abweichungen des tatsächlichen Steueraufkommens (bis 2011) und der Steuerschätzung vom November 2012 von den im Frühjahr 2008 – kurz vor der globalen Finanz- und Wirtschaftskrise – prognostizierten Aufkommenswerten. Insgesamt verloren die Gebietskörperschaften durch die Krise 48 Milliarden Euro (2009), 64,6 Milliarden Euro (2010), 46,6 Milliarden Euro (2011) und 32,9 Milliarden Euro (2012). Die Aufkommensverluste lassen sich noch danach aufspalten, ob sie durch Steuerrechtsänderungen (dunkle Teilsäule; Schätzung des

BMF) oder durch Konjunktureinflüsse (helle Teilsäule) verursacht worden sind. Es fällt auf, dass in den Jahren 2009 und 2010 die konjunkturellen Effekte dominierten; 2011 und 2012 dagegen waren sie aufgrund der raschen Erholung nur noch minimal. In diesen Jahren hatten die Effekte der Steuerrechtsänderungen (vor allem aus den Konjunkturpaketen sowie dem Bürgerentlastungsgesetz und dem Wachstumsbeschleunigungsgesetz) ein deutlich größeres Gewicht. Im Jahr 2012 klaffte im Vergleich zur Schätzung vom Mai 2008 noch eine strukturelle Einnahmenlücke von 36,5 Milliarden Euro, die auf Steuersenkungen zurückzuführen ist. Es bleibt somit festzuhalten, dass sich die Steuereinnahmen auch im Jahr 2012 bei weitem noch nicht von der großen Rezession erholt hatten und dass die Politik der Steuersenkungen in dieser Zeit dabei eine wesentliche Rolle gespielt hat.

Abb. 2: Faktisches Aufkommen und Steuerschätzung November 2012 im Vergleich zu Arbeitskreis Steuerschätzungen Mai 2008: Mindereinnahmen von 2009 bis 2012 in Mrd. Euro

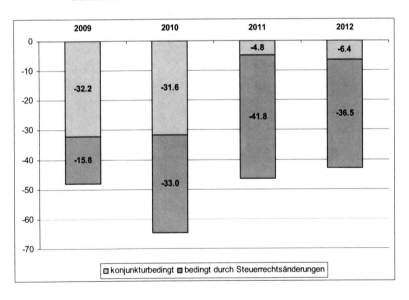

Quellen: BMF, eigene Berechnungen.

Hinzu kommt, dass die Staatsfinanzen – über die kurzfristig im Kontext der Konjunkturpakete beschlossenen Steuersenkungen seit 2008 hinaus – zuvor schon von 2001 bis 2005 durch drastische dauerhafte Steuersenkungen, insbesondere bei der Einkommensteuer und den Unternehmenssteuern, geschwächt worden waren (Truger 2004 und 2009; Truger/ Teichmann 2010 sowie Truger/Teichmann 2011: 8-12).

Abb. 3 zeigt die fiskalischen Nettoeffekte der Änderungen des Steuerrechts seit 1998 für die Jahre 2000 bis 2013 und ordnet sie den jeweils amtierenden Bundesregierungen zu. Sie wurden durch Addition und Fortschreibung der vom Bundesfinanzministerium veröffentlichten Finanztableaus ermittelt (vgl. Truger u.a. 2007). Es handelt sich tatsächlich um Nettoeffekte, d.h. zwischenzeitliche Steuererhöhungen sind in den Zahlen berücksichtigt und mit den – quantitativ weitaus bedeutenderen – Steuersenkungen saldiert.

Abb. 3: Auswirkungen von Steuerrechtsänderungen durch die verschiedenen Regierungskoalitionen seit 1998 (2000 bis 2013) in Mrd. Euro

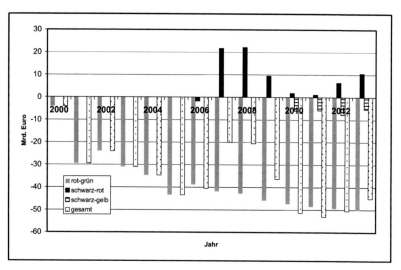

Quellen: Bundesfinanzministerium, eigene Berechnungen.

Nach drastischen Steuersenkungen durch die rot-grüne Bundesregierung, insbesondere im Zuge der so genannten Steuerreform des Jahres 2000, kam es seit 2006 zunächst im Zuge der Konsolidierungsbemühungen der Großen Koalition zu kompensierenden Mehreinnahmen, vor allem aufgrund der Erhöhung der Umsatzsteuer. Hätte es danach keine weiteren Änderungen gegeben, dann hätten sich die Aufkommensverluste in etwa bei der Hälfte der durch die rot-grünen Reformen induzierten Werte stabilisiert. Im Rahmen der Konjunkturpakete wurden dann jedoch weitere Steuersenkungen verabschiedet, sodass im Jahr 2009 die von den zuvor beschlossenen Maßnahmen der Großen Koalition herrührenden Mehreinnahmen bereits fast wieder aufgezehrt waren. Trotzdem setzte auch die seit Herbst 2009 regierende schwarz-gelbe Koalition mit dem so genannten Wachstumsbeschleunigungsgesetz (kritisch hierzu Truger/van Treeck 2009) auf weitere Steuersenkungen. Insgesamt belaufen sich die Einnahmenverluste aller Gebietskörperschaften aufgrund der Steuersenkungspolitik der Vergangenheit seit 1998 in diesem Jahr auf rund 45 Milliarden Euro (1,7 Prozent des BIP).

Abb. 4 zeigt die Verteilung der Steuereinnahmenverluste auf Bund, Länder und Gemeinden. Dabei wird die Lage des Bundes ab dem Jahr 2007 besser dargestellt, als sie es war, da der Bund zwar über die Umsatzsteuererhöhung beträchtliche Steuermehreinnahmen zu verzeichnen hatte, davon jedoch ein Prozentpunkt an die Arbeitslosenversicherung zur Finanzierung der Senkung des Beitragssatzes weitergegeben wurde. Bei den Gemeinden ist zudem zu berücksichtigen, dass sie deutlich stärker betroffen waren und sind, als es in den Grafiken zum Ausdruck kommt, weil – je nach Bundesland in unterschiedlichem Ausmaß – ein beträchtlicher Teil (im Durchschnitt knapp 20 Prozent) der Aufkommensverluste der Länder über den Steuerverbund im Kommunalen Finanzausgleich (KFA) an sie weitergeleitet wird. Dementsprechend fällt die Belastung der Länder nach dem KFA geringer aus.

Abb. 4: Auswirkungen von Steuerrechtsänderungen seit 1998 auf die Gebietskörperschaften (2000 bis 2013) in Mrd. Euro

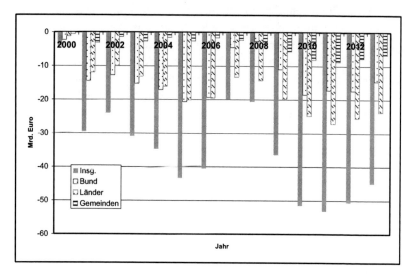

Quellen: Bundesfinanzministerium, eigene Berechnungen.

5 Weiterhin große Ausgabenbedarfe zur Sicherung der staatlichen Handlungsfähigkeit und für zentrale Zukunftsinvestitionen

Neben vorübergehenden konjunkturbedingten Einnahmeneinbrüchen sind die im vorangegangenen Abschnitt thematisierten drastischen Steuersenkungen auch die wesentliche Ursache für die in den vergangenen zwölf Jahren zumeist aufgetretenen Haushaltsdefizite. Zwar ist in Deutschland die These weit verbreitet, dass die öffentliche Hand „über ihre Verhältnisse" gelebt habe. In der Regel wird dies auf eine zu expansive Entwicklung der staatlichen Ausgaben zurückgeführt, worauf dann auch die bekannte Forderung basiert, insbesondere durch Leistungs- und Ausgabenkürzungen zu einem ausgeglichenen Staatshaushalt zu kommen. Abb. 5 zeigt, dass die These von der expansiven staatlichen Ausgabenpolitik in Deutschland jeder Grundlage entbehrt.

Staatliche Handlungsfähigkeit unter der Schuldenbremse   117

Abb. 5: Gesamtstaatliche Einnahmen und Ausgaben*
in Relation zum BIP in Prozent, 1991 bis 2012

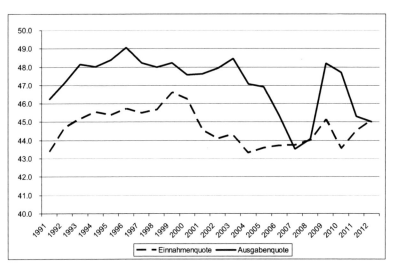

* Ausgaben 1995 und 2000 bereinigt um Übernahme der Schulden der Treuhandanstalt und der Wohnungswirtschaft der ehemaligen DDR (insgesamt 119,6 Milliarden Euro) bzw. Erlöse aus der Versteigerung der UMTS-Lizenzen (50,8 Milliarden Euro)
Quelle: Statistisches Bundesamt.

Offensichtlich ist seit dem Jahr 2001 die gesamtstaatliche Einnahmenquote – wie gesehen wesentlich aufgrund der Steuersenkungspolitik – drastisch eingebrochen, was zu einem Anstieg des gesamtstaatlichen Budgetdefizits führte. Die Ausgabenquote ist daraufhin ab dem Jahr 2003 noch weitaus stärker eingebrochen, d.h. der Staat hat zum Zwecke der Haushaltskonsolidierung seine Ansprüche an das Bruttoinlandsprodukt sehr deutlich und – abgesehen von der kurzen Phase der Konjunkturpakete in den Jahren 2009 und 2010 – dauerhaft um etwa drei Prozentpunkte von etwa 48 Prozent seit Anfang der 1990er Jahre auf nur noch um 45 Prozent seit dem Jahr 2005 abgesenkt.

Gänzlich ad absurdum geführt wird die These von einer unsoliden Ausgabenpolitik des deutschen Staates gerade im internationalen Vergleich. So war die staatliche Ausgabenentwicklung in den zehn Jahren vor der globalen Finanz- und Wirtschaftskrise extrem zurückhaltend (vgl. Tab. 2, Spalten 1 und 2): Die durchschnittliche jährliche Wachstumsrate der gesamtstaatlichen Ausgaben für die Jahre 1999 bis 2008 liegt in

Deutschland bei nominal 1,5 Prozent. Real – also bereinigt um die Inflationsrate – sind die deutschen Staatsausgaben sogar um durchschnittlich 0,2 Prozent pro Jahr gesunken. Der Durchschnitt der alten EU-Länder liegt mit einem (nominalen) Wert von 4,3 Prozent knapp dreimal so hoch. In diesem Zeitraum verzeichnete kein anderes entwickeltes Land mit Ausnahme von Japan ein niedrigeres Staatsausgabenwachstum als Deutschland. Zwar sind die Ausgabenanstiege der öffentlichen Hand in Deutschland bedingt durch die Konjunkturpakete in den Jahren 2009 und 2010 sowie durch die forcierte Kürzungspolitik vor allem in Südeuropa im Vergleich zu anderen Staaten etwas höher ausgefallen, aber auch unter Berücksichtigung dieser beiden Jahre bleibt die deutsche Ausgabenpolitik in der längeren Perspektive im internationalen Vergleich außergewöhnlich restriktiv.

Der geschilderte Sachverhalt spiegelt sich wie erläutert auch in der Entwicklung der deutschen Staatsquote wider: Diese ist von rund 48 Prozent Ende der 1990er Jahre auf knapp 44 Prozent im Jahr 2008 gesunken und liegt aktuell bei etwa 45 Prozent – einem im internationalen Vergleich relativ geringen Wert (vgl. Abb. 6).

Abb. 6: Ausgewählte Staatsquoten im Jahr 2011 im internationalen Vergleich*

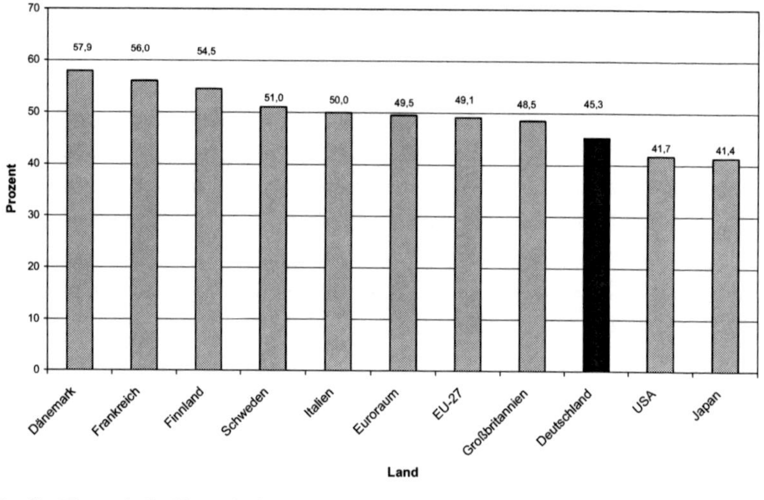

Quelle: Europäische Kommission.

Tab. 2: Staatsausgabenentwicklung
(Wachstumsrate gegenüber dem Vorjahr) seit 1999

Land	1999-2008		1999-2011	
	nominal	real*	Nominal	real*
EU-27	4,3	1,5	3,7	1,1
EU-15	4,0	1,8	3,5	1,4
EWU-17	3,8	1,6	3,5	1,4
EWU-12	3,8	1,6	3,4	1,4
Belgien	4,1	1,8	4,2	2,0
Bulgarien	11,7	4,6	8,9	2,9
Tschechische Republik	6,0	3,2	4,9	2,5
Dänemark	3,3	1,1	3,6	1,5
Deutschland	1,5	-0,2	1,7	0,1
Estland	12,6	7,6	9,1	4,7
Irland	10,9	7,3	8,2	5,7
Griechenland	8,4	5,0	5,7	2,4
Spanien	7,4	4,0	6,1	3,2
Frankreich	4,0	2,0	3,7	1,9
Italien	3,6	1,2	3,0	0,7
Zypern	8,9	6,0	7,9	5,2
Lettland	14,7	8,6	10,0	4,9
Litauen	8,7	5,8	6,3	3,3
Luxemburg	7,4	4,4	7,3	4,5
Ungarn	9,5	2,7	7,7	1,5
Malta	5,6	3,0	4,9	2,4
Niederlande	5,0	2,5	4,5	2,3
Österreich	3,1	1,2	3,0	1,1
Polen	7,5	3,5	7,3	3,4
Portugal	5,4	2,4	4,8	2,2
Rumänien	31,3	9,9	24,1	6,8
Slowenien	9,2	3,6	7,9	3,2
Slowakische Republik	6,9	0,7	6,3	1,0
Finnland	4,0	2,2	4,1	2,1
Schweden	3,4	1,6	3,2	1,5
Großbritannien	7,1	5,2	6,0	3,8
Island	13,4	8,6	9,3	3,6
Norwegen	6,2	4,2	6,1	4,1
Schweiz	2,4	-	2,5	-
USA	6,3	3,3	5,7	3,1
Japan	-1,5	-1,3	-0,8	-0,5

* HVPI.
Quelle: Eurostat.

Von besonderem Interesse sind im Zusammenhang mit der öffentlichen Ausgabentätigkeit die wachstumsrelevanten Bereiche öffentliche Investitionen sowie Erziehung und Bildung. Es ist allgemein anerkannt, dass die öffentliche Hand einen Teil ihrer Einnahmen für Investitionen ausgeben muss, um in angemessenem Umfang öffentliche Infrastruktur in Form von Straßen, Bildungseinrichtungen, Wasserversorgung und Abwasserentsorgung usw. für die privaten Haushalte und den Unternehmenssektor zur Verfügung zu stellen. Die staatliche Bereitstellung der öffentlichen Infrastruktur ist eine wesentliche Voraussetzung für private Wirtschaftsaktivitäten. Aus Sicht der Unternehmen weist die öffentliche Infrastruktur eine Vorleistungs- bzw. Komplementärfunktion auf, sie erhöht das unternehmerische Produktionspotenzial und senkt die Produktionskosten. Fallen die staatlichen Investitionen zu gering aus, wird sich dies in der langen Frist negativ auf das Wirtschaftswachstum in dem entsprechenden Wirtschaftsraum auswirken.

Gerade auch im Bildungsbereich können zu geringe öffentliche Investitionen negative Auswirkungen haben. Ist etwa das Lernumfeld von Kindern – also in erster Linie Schulen, zu denken ist aber auch an Kindertageseinrichtungen – in einem schlechten Zustand, so hat dies Folgen für die Leistung der Schüler und Schülerinnen und die Effektivität des Unterrichts. Zu nennen sind z.B. der Zuschnitt von Klassenräumen, der Lärmpegel, die Beleuchtung und die Akustik.

Zu bedenken ist ferner, dass unterlassene Investitionen gravierende Umweltprobleme und damit auch Kosten hervorrufen können. Ein Beispiel ist die Abwasserkanalisation, bei der undichte Leitungssysteme beispielsweise zur Verunreinigung des Grundwassers führen. Bedacht werden muss in Bezug auf die öffentliche Investitionstätigkeit, dass gerade mit Blick auf die zwischenzeitliche Unterlassung von Ersatzinvestitionen – etwa wenn Schäden bei Straßen nicht rechtzeitig beseitigt werden – die Kosten im Laufe der Zeit progressiv steigen (vgl. Reidenbach u.a. (2008): 76ff.).

In Deutschland entwickeln sich die öffentlichen Investitionen seit Beginn der 1970er Jahre im Verhältnis zum Bruttoinlandsprodukt rückläufig. Hierbei handelt es sich zwar um einen allgemeinen internationalen Trend, aber im Vergleich mit wichtigen anderen Industrienationen war der Rückgang in Deutschland wesentlich stärker ausgeprägt. Im Jahr 2011 wies die staatliche deutsche Investitionsquote mit nur 1,6 Prozent des BIP einen sehr niedrigen Wert auf (Abb. 7), während der Euroraum-

Durchschnitt inklusive Deutschland bei immerhin 2,3 Prozent des BIP lag; in Schweden belief er sich auf 3,4 Prozent.

Ein wesentlicher Grund für diesen Rückgang und die international unterdurchschnittliche Investitionstätigkeit der öffentlichen Hand ist in deren Konsolidierungsbemühungen zu sehen: Kürzungen bei den öffentlichen Investitionen sind für die Gebietskörperschaften häufig das bevorzugte Mittel, um die Ausgabentätigkeit zu beschränken. Legt man als Maßstab zur Ermittlung der Investitionslücke einfach den Euroraum-Durchschnitt ohne Deutschland zugrunde, so ergäbe sich bei den klassischen VGR-Investitionen in Beton eine Differenz von (2,6 – 1,6 =) 1,0 Prozent des BIP oder 26 Milliarden Euro. Orientierte man sich an Schweden als besonders positivem Beispiel, wäre die Lücke noch bedeutend größer, sie betrüge dann (3,4 – 1,6 =) 1,8 Prozent des BIP oder 47 Milliarden Euro.

Auch bei den öffentlichen Bildungsausgaben, die in Deutschland vor allem durch die wesentliche Zuständigkeit in den Bereichen Schule und Hochschule zum ganz überwiegenden Teil durch die Bundesländer getätigt werden, steht Deutschland im OECD-Vergleich nicht gut da (vgl. Abb. 8). Zwar kompensieren die relativ hohen Privatausgaben im Rahmen des dualen Systems zum Teil die geringen öffentlichen Ausgaben, aber auch öffentliche und private Ausgaben zusammen liegen noch deutlich unter dem OECD-Durchschnitt und weit entfernt von jenen Ländern, die sieben Prozent und mehr ihres BIP für Bildung verausgaben (vgl. Abb. 8): Der deutsche Wert lag im Jahr 2009 bei 5,3 Prozent und damit um etwa einen Prozentpunkt unter jenem der gesamten OECD. Während sechs Länder zwischen sieben und gut acht Prozent des nationalen BIP für Bildung aufwenden, geben nur fünf von 28 OECD-Ländern in diesem Bereich noch weniger Geld aus als Deutschland. Würden die deutschen Bildungsausgaben auf den OECD-Durchschnittswert angehoben, dann würde dies Mehrausgaben in Höhe von 25 Milliarden Euro erfordern. Wenn die deutschen Bildungsausgaben den Wert der Spitzenreiter Dänemark, Korea oder Island erreichen sollten, dann wären sogar Ausgabensteigerungen in Höhe von rund 70 Milliarden Euro notwendig.[7]

---

[7] Piltz (2011) kommt auf der Basis sehr detaillierter Berechnungen zu dem Ergebnis, dass im Bildungsbereich zusätzliche laufende Ausgaben in Höhe von gut 55 Milliarden Euro erforderlich wären, um das deutsche Bildungssystem angemessen

Abb. 7: Staatliche Investitionen in Prozent des BIP im Jahr 2011 in ausgewählten Ländern

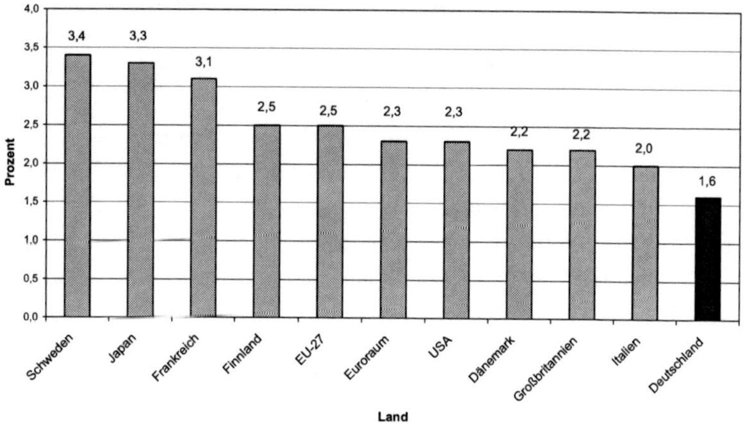

Land	Prozent
Schweden	3,4
Japan	3,3
Frankreich	3,1
Finnland	2,5
EU-27	2,5
Euroraum	2,3
USA	2,3
Dänemark	2,2
Großbritannien	2,2
Italien	2,0
Deutschland	1,6

Quelle: Europäische Kommission

Zusammenfassend lässt sich also auch ohne umfassende Analyse feststellen, dass der Bedarf an zusätzlichen öffentlichen Investitionen (im weiten Sinne) groß ist. Man stößt dabei in Dimensionen von 51 bis 117 Milliarden Euro pro Jahr vor, was gemessen am BIP Werten von 1,9 bis 4,5 Prozent entspricht.

Es soll nicht verschwiegen werden, dass es natürlich auch über den Investitionsbedarf hinaus durchaus noch weitere potenzielle Finanzbedarfe gibt: So hat die öffentliche Verwaltung in den letzten beiden Jahrzehnten einen gewaltigen Schrumpfungsprozess durchlaufen, und die Löhne und Gehälter der im öffentlichen Dienst Beschäftigten sind weit hinter der ohnehin schon schwachen gesamtwirtschaftlichen Lohnentwicklung zurückgeblieben. Zur Korrektur dieser Fehlentwicklungen müssten sicherlich auch noch erhebliche Mittel in mindestens hoher einstelliger Milliardensumme veranschlagt werden. Gibt es darüber hinaus den berechtigten Wunsch nach einer Aufstockung sozialer Leistungen, so kämen leicht zusätzliche zweistellige Milliardenbeträge zusammen. Insgesamt könnte es also durchaus um einen Finanzbedarf in der Größen-

auszustatten. Hinzu kommt ein Investitionsstau, den Piltz mit 45 Milliarden Euro beziffert. Vgl. auch Piltz/Quaißer in diesem Band.

ordnung von 60 bis 150 Milliarden Euro (2,3 bis 5,7 Prozent des BIP) gehen.

Abb. 8: Private und öffentliche Bildungsausgaben in Prozent des BIP im internationalen Vergleich (2009)

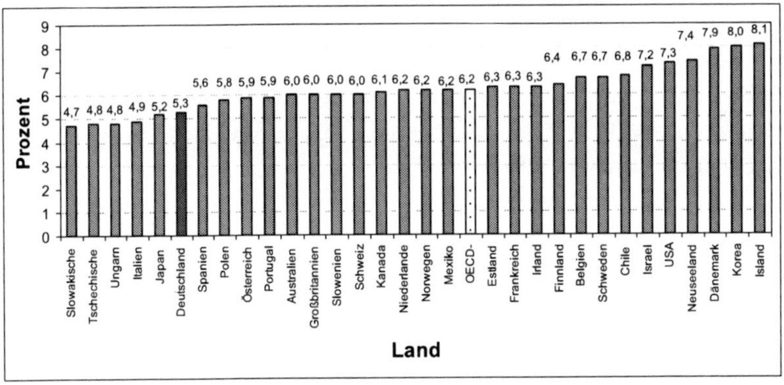

Quelle: OECD.

6 Sozial gerechte Steuererhöhungen als einzig verlässlicher Ausweg

Wie kann ein Finanzbedarf in der im vorangegangenen Abschnitt plausibilisierten Größenordnung von 60 bis 150 Milliarden Euro (2,3 bis 5,7 Prozent des BIP) gedeckt werden? Obwohl es sich bei den zugrundeliegenden Ausgabenbedarfen größtenteils um Investitionen im ökonomischen Sinne handelt, dürften diese wegen der deutschen Schuldenbremse und entgegen der ökonomischen Lehrbuchmeinung überwiegend nicht durch öffentliche Nettokreditaufnahme gedeckt werden. Dies stellt einen Verstoß gegen das Prinzip der Generationengerechtigkeit dar (vgl. Truger/Will 2012b: 81f.) und ist umso bedauerlicher, als eine kurzfristige Erhöhung der Nettokreditaufnahme zur Finanzierung dieser äußerst wachstumsträchtigen öffentlichen Investitionen mittelfristig aufgrund erheblicher Selbstfinanzierungseffekte vermutlich nicht einmal mit einer gravierenden Erhöhung der Defizitquote einhergehen müsste. Eine Finanzierung durch nennenswerte Ausgabenkürzungen scheidet aufgrund der ohnehin bereits beobachtbaren Entstaatlichungstendenzen der Vergangenheit ebenfalls aus.

Eine weitere grundsätzliche Möglichkeit bestünde darin, auf einen weiteren überraschend starken und länger andauernden Konjunkturaufschwung in Deutschland zu setzen. Ähnlich wie in dem in den Abschnitten 3 und 4 beschriebenen rasanten Aufschwung in den Jahren 2010 und 2011 hätte ein solcher Wachstumsschub aufgrund der in den üblichen Konjunkturbereinigungsverfahren angelegten Prozyklik durchaus das Potenzial zu einer dauerhaften „strukturellen" finanziellen Stärkung der öffentlichen Haushalte, das für eine zumindest teilweise Finanzierung der Ausgabenbedarfe herangezogen werden könnte. Und ähnlich wie im Jahr 2010 ist ein solcher Aufschwung zwar unwahrscheinlich, aber nicht undenkbar. Eine verantwortungsvolle Finanzpolitik mit dem erklärten Ziel einer deutlichen Stärkung der Zukunftsinvestitionen sollte sich aber nicht den Unwägbarkeiten der globalen Konjunkturentwicklung ausliefern.

Aus diesem Grund führt an einer strukturellen und dauerhaften Stärkung der Einnahmenseite letztlich kein Weg vorbei. Für eine sozial gerechte Umsetzung bieten sich zahlreiche Optionen an (vgl. schon Schäfer/Truger 2005). In Frage kommen grundsätzlich eine Erhöhung der Einkommensteuer für Bezieher und Bezieherinnen hoher Einkommen, eine Stärkung der Kapitaleinkommensbesteuerung, eine Erhöhung der Erbschaftsteuer, die verfassungskonforme Wiedereinführung der Vermögensteuer, eine Finanztransaktionsteuer und die Rücknahme der jüngsten steuerlichen Privilegien für Unternehmen sowie ein Ausbau der Unternehmensbesteuerung, insbesondere eine Stärkung und Verstetigung der Gewerbesteuer. Die dadurch implizierte stärkere steuerliche Belastung hoher Einkommen und Vermögen würde nicht nur die in den letzten Jahren stark gestiegene Schieflage der Einkommens- und Vermögensverteilung in Deutschland in unter Gerechtigkeitsaspekten wünschenswerter Art und Weise korrigieren. Sie würde dadurch darüber hinaus sehr wahrscheinlich gleichzeitig auch einen umfassenderen Beitrag zur Verbesserung der Lebensqualität in der Gesellschaft leisten (Wilkinson/Pickett 2010). Zudem würde sie auch zur Reduzierung der internationalen makroökonomischen Ungleichgewichte beitragen (vgl. Truger 2013).

Das Aufkommenspotenzial der aufgezählten Maßnahmen ist durchaus beachtlich; insgesamt ließe sich bundesweit je nach Ausgestaltung und politischem Mut überschlagsmäßig sicherlich ein jährliches Mehraufkommen zwischen 20 und 120 Milliarden Euro generieren. So könnte eine Höherbelastung hoher Einkommen im Rahmen der Einkommensteuer zwischen zwei und 20 Milliarden Euro erbringen. Weitere Maßnahmen im Bereich der Einkommensteuer (Abschaffung der Abgeltungssteuer, Reform des Ehegattensplittings, eine geringere Privilegierung der Einkünfte aus Vermietung und Verpachtung sowie die Reform der Minijobs) könnten nochmals mit fünf bis zu 20 Milliarden Euro zu Buche schlagen. Eine Reform der Erbschaftsteuer könnte mit einem Mehraufkommen von einer bis acht Milliarden Euro veranschlagt werden; die verfassungskonforme Wiedereinführung der Vermögensteuer hat ein Aufkommenspotenzial von zehn bis 20 Milliarden Euro, die Finanztransaktionssteuer von drei bis 20 Milliarden Euro. Bei den Unternehmenssteuern (inklusive Gemeindefinanzreform) ließen sich sicherlich zwischen zwei und 20 Milliarden Euro zusätzlich erzielen. Ein erhebliches Aufkommenspotenzial von bis zu zwölf Milliarden Euro birgt zudem eine entschiedene Verbesserung des Steuervollzugs. Ein Mehraufkommen in diesen Dimensionen würde in jedem Fall ausreichen, um wesentliche der angedeuteten Investitionsbedarfe zu decken. Kommt es durch den massiven Anstieg der öffentlichen Investitionen trotz vollständiger Finanzierung über Steuererhöhungen gemäß dem Konzept des *balanced budget multipliers* zu einem Anstieg von Produktion und Beschäftigung, so wird zudem ein zusätzliches Aufkommen generiert, das gegebenenfalls für weitere Investitionen genutzt werden könnte, ohne damit die Regeln der Schuldenbremse zu verletzen.[8]

Zudem bestehen – im Notfall selbst ohne Steuererhöhungen – auch im Rahmen der Schuldenbremse, insbesondere bei den Ländern und im Übergangszeitraum bis 2020, noch gewisse Gestaltungsspielräume, die möglicherweise auch zur Finanzierung öffentlicher Investitionen, zumindest aber zur Vermeidung eines überharten Konsolidierungskurses genutzt werden können (vgl. hierzu Truger 2012a). Auf jeden Fall muss die Schuldenbremse bei Bund und Ländern so ausgestaltet werden, dass sie im Falle eines Konjunktureinbruchs nicht zu prozyklisch restriktiver Kürzungspolitik führt (vgl. zu diesem Problem ausführlich Truger/Will 2012a) und damit die hier empfohlene Strategie zur Stärkung der staatlichen Handlungsfähigkeit und der Zukunftsinvestitionen konterkariert.

---

[8] Siehe zur Konsolidierung mittels *balanced budget multiplier* etwa Horn/Truger (2005) und im konkreten Beispiel Truger u.a. (2010: 80ff.).

7 Ökonomische Grenzen für Steuererhöhungen wenig plausibel[9]

Es stellt sich die Frage, ob die aus den zuvor beschriebenen Gründen notwendige, voraussichtlich um einige Prozentpunkte höhere Staatseinnahmenquote ökonomisch tolerabel ist. Nach Ansicht vieler Vertreter und Vertreterinnen des deutschen ökonomischen Mainstreams ist dies nicht der Fall: Sie gehen explizit oder implizit davon aus, dass eine höhere Staatseinnahmenquote schnell an ökonomische Grenzen stößt. Die üblicherweise dafür angeführten Argumente sind im Wesentlichen negative Leistungsanreize, der demografische Wandel oder der internationale Steuerwettbewerb. Keines dieser Argumente trägt jedoch besonders weit.

Was zunächst die Anreizeffekte angeht, so sind diese seit langem Gegenstand der finanzwissenschaftlichen (Lehrbuch-)Literatur. Dort werden die Auswirkungen der Besteuerung auf wirtschaftlich bedeutende Entscheidungen der privaten Haushalte und der Unternehmen ausführlich untersucht (vgl. etwa Rosen 1999: 375 ff.). Bezüglich der Haushalte stehen vor allem die Arbeitsangebots- und die Sparentscheidung im Mittelpunkt. Es lassen sich allerdings – auch im Mainstream – keine überzeugenden theoretischen oder empirischen Hinweise auf das Vorliegen starker negativer Anreizeffekte der Besteuerung und damit entsprechend negativer Effekte von Steuererhöhungen finden (vgl. ausführlich Corneo 2005; Truger 1999). Für die Erhöhung von Steuern ist schon im einfachsten Lehrbuchmodell theoretisch nicht klar, ob davon positive oder negative Effekte auf das Arbeitsangebot ausgehen. Empirische Ergebnisse sprechen im Durchschnitt nur für sehr geringe negative Reaktionen. Eine insgesamt schwach ausgeprägte Reaktion findet sich im Durchschnitt auch bei der Ersparnisbildung. Hinzu kommt noch, dass selbst eine deutliche Senkung von Arbeitsangebot und Ersparnis in einer Situation erheblicher konjunktureller Unterauslastung sogar begrüßenswert wäre, da sie zumindest kurzfristig die Arbeitslosigkeit senken und über die steigende Konsumquote den privaten Konsum erhöhen würde. Letztlich lässt sich das Resultat eines allenfalls gemäßigten oder sogar nicht existierenden negativen Einflusses der Besteuerung auch auf den Unternehmensbereich übertragen (Corneo 2005). Insgesamt scheinen die An-

---

[9] Beim vorliegenden Abschnitt handelt es sich um eine Aktualisierung von Truger (2011).

reizprobleme nicht besonders gravierend zu sein (vgl. Atkinson 1993 und 1999).

Dass ein gravierender Einfluss der Staatseinnahmenquote auf das Wirtschaftswachstum unplausibel ist, lässt sich auch durch einen simplen internationalen Vergleich der Staatseinnahmenquoten demonstrieren (Abb. 9). Die Staatseinnahmenquoten bewegen sich zwischen 30 und 60 Prozent des BIP, ohne dass sich ein besonderer Bezug zur ökonomischen Performance der verschiedenen Länder aufdrängen würde.

Abb. 9: Staatseinnahmequoten für ausgewählte Länder 1970-2012 in Prozent des BIP

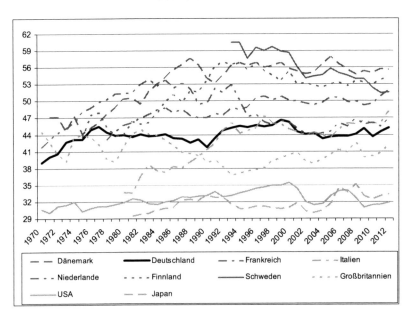

Quelle: Europäische Kommission (2013).

Was die Demografie angeht, so ist sie trotz ihrer Prominenz in der öffentlichen Debatte nicht wirklich ein eigenständiges Argument. Wenn ein zunehmender Anteil des BIP für die Versorgung nicht mehr erwerbstätiger Menschen – mithin für Sozialtransfers – ausgegeben werden muss, dann heißt das nichts anderes, als dass tendenziell die Staatsausgabenquote und damit – bei Fortbestehen der Schuldenbremse – entsprechend auch die Staatseinnahmenquote steigen muss. Damit aber wird das demografische Problem letztlich äquivalent zum zuvor bereits beschriebenen Anreizproblem: Ist es möglich, die Staatseinnahmenquote um einige Prozentpunkte zu erhöhen, ohne damit deutlich negative Wachstums- und Beschäftigungseffekte auszulösen? Da das Anreizproblem wie erläutert nicht als besonders gravierend einzustufen ist, wird man auch dem demografischen Problem relativ gelassen begegnen können.

Der internationale Steuerwettbewerb mit dem trendmäßigen Sinken der Steuersätze stellte lange Zeit zwar sicherlich ein ernst zu nehmendes Problem dar. Möglicherweise wird sich dies jedoch ändern, da viele Staaten zur Reduktion ihrer Budgetdefizite auch auf Steuererhöhungen zurückgreifen. Doch selbst wenn das Problem fortbestehen sollte, so handelt es sich zumindest bisher noch nicht um ein gravierendes Problem für die Finanzierung des Wohlfahrtsstaates insgesamt (vgl. auch Hines 2006): Erstens konzentriert es sich größtenteils im Bereich der Kapitaleinkommen- und Unternehmenssteuern und damit auf einen relativ eng abgegrenzten Teilbereich der Steuern und Abgaben, während zentrale andere Steuern – wie die Lohnsteuer und indirekte Steuern, aber auch vermögensbezogene Steuern – kaum betroffen sind. Insofern handelt es sich eher um ein Problem der Steuer- oder Verteilungsgerechtigkeit als um eines der Staatsfinanzierung insgesamt. Zweitens zeigt die zeitliche Entwicklung der Steuerstruktur im Zeitablauf in der EU-15 bis heute keinen Bedeutungsverlust der persönlichen Einkommensteuer oder der von Kapitalgesellschaften gezahlten Gewinnsteuern (Abb. 10). Beide Steuerkategorien trugen im Jahr 2010 trotz des krisenbedingten Einbruchs zusammen prozentual kaum weniger zum gesamten Steuer- und Abgabenaufkommen bei als in den drei Jahrzehnten zuvor. Offensichtlich wurden die sinkenden Steuersätze bisher durch Verbreiterungen der Bemessungsgrundlage, aber auch durch einen überproportionalen, umverteilungsbedingten Anstieg der Gewinn- und Kapitaleinkommen kompensiert. Das heißt nicht, dass auch in Zukunft kein Bedeutungsverlust dieser Steuern droht und damit kein Finanzierungsproblem für den Staat insgesamt auftreten könnte. Es ist aber bemerkenswert, dass der Steuerwettbewerb, der bereits seit mindestens 20 Jahren intensiv diskutiert wird, bisher in der Aufkommensstruktur so wenig sichtbare Spuren hinterlassen hat. Zudem ist davon auszugehen, dass im Zuge der weltweiten Konsolidierungsbemühungen die Steuersenkungsspirale auf absehbare Zeit

Staatliche Handlungsfähigkeit unter der Schuldenbremse   129

Abb. 10: Steuer- und Abgabenstruktur
in Prozent des Gesamtaufkommens, EU-15 (1965-2010)

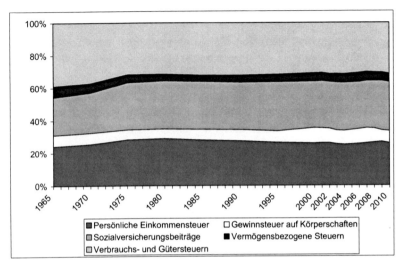

Quellen: OECD 2012; eigene Berechnungen.

Abb. 11: Steuer- und Abgabenstruktur
in Prozent des Gesamtaufkommens, Deutschland (1965-2010)

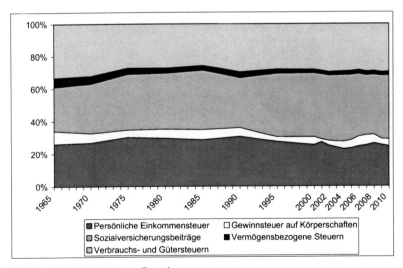

Quellen: OECD 2012; eigene Berechnungen.

zum Halten kommt oder aber zumindest gebremst wird, wenn nicht sogar tendenziell wieder mit steigenden Sätzen zu rechnen ist. Der Vergleich von Abb. 11 und Abb. 10 zeigt jedenfalls, dass die in Deutschland im Zeitablauf festzustellende Erosion der persönlichen Einkommensteuer und der Gewinnsteuern von Kapitalgesellschaften eher ein spezifisch deutsches Phänomen als ein unausweichliches und universelles zu sein scheint.

Aber selbst wenn in Zukunft mit einem spürbaren Bedeutungsverlust der Kapitaleinkommens- und Unternehmenssteuern gerechnet werden müsste, wäre die Staatsfinanzierung dadurch nicht zwingend ernsthaft bedroht. Zunächst wäre mit einem wachsenden Problembewusstsein und damit auch zunehmenden internationalen Aktivitäten zur Steuerharmonisierung zu rechnen. Für Deutschland könnte das Problem zudem weniger bedeutsam sein, da hierzulande das Aufkommen aus den „gefährdeten" Steuerarten im internationalen Vergleich nur unterdurchschnittlich ist, während gleichzeitig gerade bei den vermögensbezogenen Steuern noch große Aufkommenspotenziale realisiert werden könnten. So trugen in Deutschland die persönliche Einkommensteuer und die Gewinnsteuer der Körperschaften im Jahr 2010 lediglich 28,7 Prozent zum gesamten Steuer- und Abgabenaufkommen bei; in der EU-15 waren es im ungewogenen Mittel 32,6 Prozent, wobei das Gesamtniveau der Steuer- und Abgabenbelastung in Deutschland mit einem Anteil am BIP von 36,1 Prozent sehr deutlich unter dem ungewogenen EU-15-Durchschnitt von 38,4 Prozent lag (OECD 2012). Auch die vermögensbezogenen Steuern (z.B. Erbschaftsteuer, Vermögensteuer i.e.S. und Grundsteuern) trugen in Deutschland nur 2,3 Prozent zum Aufkommen bei, während es in der EU-15 mit 5,0 Prozent mehr als das Doppelte war (OECD 2012).

Insgesamt sind daher die Bedingungen gerade auch für eine verteilungspolitisch gerechte Erhöhung der Staatseinnahmenquote, wie in Abschnitt 6 skizziert, in Deutschland aus ökonomischer Sicht als günstig einzuschätzen.

8 Ausblick: Deutsche Finanzpolitik am Scheideweg

Die Sicherung der staatlichen Handlungsfähigkeit und die Finanzierung der zentralen öffentlichen Zukunftsinvestitionen stellen aus den genannten Gründen auch in Zeiten der Schuldenbremse im Wesentlichen kein ökonomisches, sondern ein politisches Problem dar. Wer einen leistungsfähigen Sozial- und Investitionsstaat haben möchte, kann diesen theoretisch auch realisieren. Die zentrale Frage ist in diesem Zusammenhang, ob es in naher Zukunft – anders als in den letzten 15 Jahren – gelingen kann, die politische Zustimmung zu den dafür notwendigen höheren Steuern zu gewinnen. Bislang gelang dies deshalb nicht, weil die deutsche Finanzpolitik in einem Teufelskreis gefangen schien: Kürzungen bei und Verschlechterungen von staatlichen Leistungen minderten die Bereitschaft, Steuern zu zahlen, die Finanzausstattung des Staates sank durch Steuersenkungen – öffentliche Leistungen wurden auf diesem Weg immer weiter gekürzt, und die öffentliche Hand verlor an Handlungsfähigkeit und Zustimmung. Wünschenswert wäre es, aus dem pessimistischen in ein optimistisches Szenario auszubrechen und einen „Tugendkreis" aufzubauen: Ein hohes öffentliches Leistungsniveau zusammen mit einer als gerecht empfundenen Staatsfinanzierung stärkt die Bereitschaft, durch Steuern zur Finanzierung öffentlicher Leistungen beizutragen, und ermöglicht damit wiederum das hohe Leistungsniveau. Die im vorliegenden Beitrag thematisierten zentralen Zukunftsinvestitionen und die Handlungsfähigkeit des Staates liegen im elementaren Interesse der großen Mehrheit der Bevölkerung – die so genannte Neue Mitte definitiv eingeschlossen. Durch höhere Ausgaben in den mehrfach benannten staatlichen Aufgabengebieten könnten die Lebensbedingungen der breiten Mehrheit der Bevölkerung stark verbessert werden, während zur Finanzierung die Profiteure der in Deutschland auch im internationalen Vergleich extrem starken Umverteilung der letzten Jahre (OECD 2008) herangezogen werden sollten. In einer Demokratie müsste dies eigentlich politisch ein Gewinnerthema sein. In den vergangenen Jahren sind für den hier skizzierten Politikwechsel zwar immer wieder Chancen vergeben worden; die steuer- und finanzpolitischen Pläne der Oppositionsparteien im Deutschen Bundestag geben jedoch zumindest Anlass zur Hoffnung auf einen echten Kurswechsel.

Die deutsche Steuer- und Finanzpolitik steht letztlich an einem Scheideweg. Gelingt es in den kommenden Jahren, die strukturelle Unterfinanzierung durch sozial gerechte Steuer- und Abgabenerhöhungen zu beheben und die Schuldenbremse krisensicher zu gestalten, dann liegen die Sicherung der staatlichen Handlungsfähigkeit und die Tätigung der zentralen Zukunftsinvestitionen in greifbarer Nähe. Werden die notwendigen steuerpolitischen Schritte unterlassen und begeht man bei der Umsetzung der Schuldenbremse makroökonomische Fehler, dann kann man nur noch auf anhaltendes großes „Konjunkturglück" hoffen. Bleibt dieses aus, dann ist eine Fortsetzung der langjährigen Entstaatlichungspolitik mit allen wirtschaftlichen und sozialen Folgen vorprogrammiert.

Literatur

Arbeitskreis Konjunktur (2012): Auf des Messers Schneide. Prognose der wirtschaftlichen Entwicklung 2013, IMK Report Nr. 78.

Arbeitskreis Wirtschaftspolitik (2013): Inmitten der Krise des Euroraums, in: IMK Report Nr. 79.

Atkinson, A.B. (1993): Introduction, in: Atkinson, A.B./Mogensen, G.V. (Hg.): Welfare and Work Incentives. A North European Perspective, Oxford: 1-19.

Atkinson, A.B. (1999): The Economic Consequences of Rolling Back the Welfare State, Cambridge, Mass., MIT Press.

Bofinger, P. (2008): Das Jahrzehnt der Entstaatlichung, in: WSI Mitteilungen 7: 351-357.

Corneo, G. (2005): Steuern die Steuern Unternehmensentscheidungen?, in: Truger, A. (Hg.): Können wir uns Steuergerechtigkeit nicht mehr leisten?, Marburg: 15-38.

Eicker-Wolf, K./Truger, A. (2006): Volles Risiko: Zur makroökonomischen Politik unter der großen Koalition, in: Beier, A./Eicker-Wolf, K./Körzell, S./Truger, A. (Hg.): Investieren, sanieren, reformieren?, Marburg: 13-60.

Eicker-Wolf, K./Truger, A./Niechoj, Torsten (2009): Vom unerwarteten Aufschwung in den Sog der Weltrezession, in: Eicker-Wolf, K./Körzell, S./Niechoj, T./Truger, A. (Hg.): In gemeinsamer Verantwortung. Die Sozial- und Wirtschaftspolitik der Großen Koalition 2005-2009, Marburg: 9-73.

EU-Kommission (2009): Annual macro-economic database (Ameco), October 2009.

EU-Kommission (2010): Annual macro-economic database (Ameco), May 2010.

Gatti, D./Glyn, A. (2006): Welfare States in Hard Times, in: Oxford Review of Economic Policy, Bd. 22, 3/2006: 301-312.

Gebhardt, H. (2012): Steuermehreinnahmen eröffnen budgetäre Spielräume zum Abbau der kalten Progression, in: Wirtschaftsdienst, 92. Jg., Heft 6, 2012: 392-398.

Herzog-Stein, A./Seifert, H. (2010): Der Arbeitsmarkt in der Großen Rezession, in: WSI Mitteilungen 11/2010: 551-559.

Hines, J.R. (2006): Will Social Welfare Expenditures Survive Tax Competition?, in: Oxford Review of Economic Policy, Bd. 22, 3/2006: 330-348.

Horn, G. (2008): Keynesianismus in diesen Zeiten, in: Hagemann, H., Horn,/G., Krupp, H.-J. (Hg.): Aus gesamtwirtschaftlicher Sicht. Festschrift für Jürgen Kromphardt, Marburg: 185-210.

Horn, G./Hohlfeld, P./Truger, A./Zwiener, R. (2009): Höheres Tempo erforderlich. Zu den Wirkungen des Konjunkturpakets II, IMK Policy Brief, Januar 2009, Düsseldorf: Institut für Makroökonomie und Konjunkturforschung (IMK) in der Hans-Böckler-Stiftung.

Horn, G./Truger, A. (2005): Strategien zur Konsolidierung der öffentlichen Haushalte, in: WSI Mitteilungen 58 (8): 425-432.

Horn, G./van Treeck , T. (2011): Ungleichheit und außenwirtschaftliche Ungleichgewichte, in: Helmedag, F./Kromphardt, J.: Nachhaltige Wege aus der Finanz- und Wirtschaftskrise, Marburg.

Horn, G./Lindner, F./Tober, S./Watt, A. (2012a): Quo vadis Krise?, IMK Report Nr. 75.

IMK/OFCE/WIFO (2013): Die Krise schwelt weiter. Gemeinsame Diagnose des Makro-Konsortiums, IMK Report Nr. 80, März 2013, IMK in der Hans-Böckler-Stiftung.

Musgrave, R.A., 1959. "The Theory of Public Finance. A Study in Public Economy." New York et al.: McGraw-Hill.

Nersisyan, Y./L.R. Wray, 2010. "Does Excessive Sovereign Debt Really Hurt Growth? A Critique of This Time Is Different, by Reinhart and Rogoff" The Levy Economics Institute Working Paper No. 603, New York.

OECD (2008): Growing Unequal? Income Distribution and Poverty in OECD Countries. Paris.

OECD (2012): OECD Revenue Statistics 1965-2011, Paris.

Piltz, H. (2011): Bildungsfinanzierung für das 21. Jahrhundert, Frankfurt/Main.

Projektgruppe Gemeinschaftsdiagnose (2009): Zögerliche Belebung – Steigende Staatsschulden, Gemeinschaftsdiagnose Herbst 2009, Essen.

Projektgruppe Gemeinschaftsdiagnose (2010): Erholung setzt sich fort – Risiken bleiben groß, Gemeinschaftsdiagnose Frühjahr 2010, Essen.

Reidenbach, M./Bracher, T./Grabow, B./Schneider, S./Seidel-Schulze, A. (2008): Investitionsrückstand und Investitionsbedarf der Kommunen. Ausmaß, Ursachen, Folgen, Strategien, Berlin.

Reinhart, C. M./K. S. Rogoff, 2010. "Growth in a Time of Debt." NBER Working Paper no. 15639, Washington.

Rietzler, K./Teichmann, D./Truger, A. (2012): IMK-Steuerschätzung 2012-2016: Kein Platz für Steuergeschenke, IMK Report Nr. 76, Oktober 2012, Düsseldorf: Institut für Makroökonomie und Konjunkturforschung (IMK) in der Hans-Böckler-Stiftung.

Rosen, H.S. (1999) Public Finance, 5. Auflage, Boston u.a. Irwin/McGraw-Hill.

Schäfer, C./Truger, A. (2005): Perspektiven der Steuerpolitik, in: WSI-Mitteilungen 8: 439-445.

Stahl, A. (2012): Gute Zahlen dank guter Konjunktur, Steuerschätzer errechnen Einnahmeplus – kaum Zutun der Politik, dpa-Meldung in Frankfurter Neue Presse vom 25.5.2012.

Stein, U./Stephan, S./Zwiener, R. (2012): Zu schwache deutsche Arbeitskostenentwicklung belastet Europäische Währungsunion und soziale Sicherung, IMK Report 77.

SVR [Sachverständigenrat zur Begutachtung der gesamtwirtschaftlichen Entwicklung] (2007): Staatsverschuldung wirksam begrenzen. Expertise im Auftrag des Bundesministers für Wirtschaft und Technologie, Wiesbaden.

Truger, A. (1999): Steuerpolitik, Beschäftigung und Arbeitslosigkeit – Eine kritische Bestandsaufnahme, in: WSI Mitteilungen 12/1999: 851-861.

Truger, A. (2004): Rot-grüne Steuerreformen, Finanzpolitik und makroökonomische Performance – was ist schief gelaufen?, in: Hein, E., Heise, A., Truger, A. (Hg.): Finanzpolitik in der Kontroverse, Marburg.

Truger, A. (2009): Ökonomische und soziale Kosten von Steuersenkungen, in: Prokla 154 (1/2009): 27-46.

Truger, A. (2010): Schwerer Rückfall in alte Obsessionen – Zur aktuellen deutschen Finanzpolitik, Intervention. European Journal of Economics and Economic Policies 1/2010: 11-24.

Truger, A. (2011): Steuersenkungen, Schuldenbremse und Konjunkturrisiken: Welche Spielräume bleiben für den Staat?, in: Eicker-Wolf, K./Thöne, U. (Hg.): An den Grundpfeilern unserer Zukunft sägen, 2. Aufl., Marburg: 15-43.

Truger, A. (2012), Umsetzung der Schuldenbremse in Landesrecht: Vom Grundgesetz gewährte Spielräume konstruktiv nutzen, IMK Policy Brief, 1/2012, IMK in der Hans-Böckler-Stiftung, Düsseldorf.

Truger, A. (2013): Steuerpolitik im Dienste der Umverteilung: Eine makroökonomische Perspektive, in: Vierteljahreshefte für Wirtschaftsforschung 1/2013, im Erscheinen.

Truger, A./Eicker-Wolf, K./Blumtritt, M. (2007): Auswirkungen der (Wieder-) Einführung einer Vermögensteuer auf die hessischen Landesfinanzen, IMK Studies 7/2007, IMK in der Hans-Böckler-Stiftung, Düsseldorf.

Truger, A./Rietzler, K./Will, H./Zwiener, R. (2010): Alternative Strategien der Budgetkonsolidierung in Österreich nach der Rezession, Gutachten des Instituts für Makroökonomie und Konjunkturforschung (IMK) in der Hans-Böckler-Stiftung im Auftrag der Arbeiterkammer Wien, IMK Studies 2/2010, IMK in der Hans-Böckler-Stiftung, Düsseldorf.

Truger, A./ Teichmann, D. (2010): IMK Steuerschätzung 2010: Kein Spielraum für Steuersenkungen, IMK Report Nr. 49/2010, IMK in der Hans-Böckler-Stiftung, Düsseldorf.

Truger, A./Teichmann, D. (2011): Zur Reform des Einkommensteuertarifs. Ein Reader der Parlamentarischen Linken in der SPD-Bundestagsfraktion, Berlin/Düsseldorf.

Truger, A./van Treeck, T. (2009): Wachstumsbeschleunigungsgesetz": Kein spürbarer Wachstumsimpuls zu erwarten, IMK Policy Brief, November 2009, Düsseldorf: IMK in der Hans-Böckler-Stiftung.

Truger, A./Will, H. (2012a): Gestaltungsanfällig und pro-zyklisch: Die deutsche Schuldenbremse in der Detailanalyse, in: Hetschko, C./Pinkl, J./Pünder, H./Thye, M. (2012): Staatsverschuldung in Deutschland nach der Föderalismusreform II – eine Zwischenbilanz, Hamburg, Bucerius Law School Press: 75-100.

Truger, A./Will, H. (2012b): Eine Finanzpolitik im Interesse der nächsten Generationen, Schuldenbremse weiterentwickeln: Konjunkturpolitische Handlungsfähigkeit und öffentliche Investitionen stärken. Gutachten im Auftrag der Sozialdemokratischen Partei der Schweiz, IMK Studies, Nr. 24, Düsseldorf.

Wilkinson, R./Pickett, K. (2010): The Spirit Level. Why Equality is Better for Everyone, London u.a.

Grundlagen für internationale (Finanz-)Vergleiche im Bildungssektor

Eine Bestandsaufnahme

Cornelia Heintze

Nationale Bildungssysteme sind kontextgebunden. Gleichermaßen differieren das Verständnis und die Wertigkeit von Bildung wie auch die institutionelle Ausprägung entlang unterschiedlicher kultureller Prägungen, gesellschaftlicher Leitbilder und unterschiedlicher Staatskonzepte. Um die eigenen Stärken und Schwächen zu erkennen – und damit Lernprozesse zu ermöglichen, die über die rein pfadabhängige Weiterentwicklung des etablierten Systems hinausreichen –, bedarf es einer international vergleichenden Perspektive. Sie kann unangenehme Wahrheiten bereithalten, wenn, wie im Falle von Deutschland, das national gepflegte Selbstverständnis dahin geht, über eines der weltweit besten Bildungssysteme mit guter Ressourcenausstattung zu verfügen, der internationale Vergleich diesem Selbstbild jedoch die Grundlage entzieht. Dementsprechend löste im Jahr 2000 das unerwartet schlechte Abschneiden 15-jähriger Schüler und Schülerinnen bei der ersten PISA-Schulleistungsstudie eine Art Schock aus. Hektische Reformbemühungen folgten. In einzelnen Aufgabenbereichen mit einem Schwerpunkt dort, wo Deutschland in internationale Prozesse mit teils gemeinschaftlichen Zielfestlegungen eingebunden ist, sind seither gewisse Fortschritte zu registrieren. Auch bei den PISA-Tests der Jahre 2003, 2006 und 2009 rangierte Deutschland immerhin im Mittelfeld. Präzise formulierte Ziele, etwa die auf dem Dresdener Bildungsgipfel von 2008 formulierten Ziele einer Halbierung der Quoten von Schulabgängern und -abgängerinnen ohne Abschluss und von jungen Erwachsenen ohne Berufsabschluss, werden jedoch deutlich verfehlt (Klemm 2011: 12ff.; Klemm 2012: 10ff.). Bei den großen Themen der Bildungsgerechtigkeit, wozu die Reduktion der Abhängigkeit des schulischen Erfolgs von der sozialen Herkunft ebenso gehört wie die Schaffung eines inklusiven Bildungssystems und die Beteiligung auch gering Qualifizierter am lebenslangen Lernen, sind keine ins Gewicht fallenden Fortschritte zu verzeichnen.[1] Den partiellen Verbesserungen steht entgegen, dass es bei Indikatoren, die die Qualität und die nachhaltig auskömmliche Finanzierung der Institutionen wie des Lernumfelds erfassen, wenige echte Fortschritte gibt. In Bereichen schließlich, die nicht im Fokus breiter öffentlicher Thematisierung stehen, sind gar Rückschritte zu beklagen. Zu nennen sind die Institutionen der kulturellen Bildung wie Musikschulen und öffentliche Bibliotheken. Hier erfüllt Deutschland das, was international als guter Standard gilt, heute noch weniger als vor einer Dekade, während umgekehrt etwa die skandinavischen Länder Standards der flächendeckenden kulturellen Bildung, wie sie die UNESCO definiert hat, erfüllen bis übererfüllen (vgl. Heintze 2013: 425ff.). Auch bei den Arbeitsbedingungen der im Bildungssektor Beschäftigten dominieren negative Entwicklungen. Die chronische Unterfinanzierung der Einrichtungen des öffentlichen Bildungswesens verhindert nicht nur die Realisierung einer bedarfsgerechten und qualitativ hochstehenden Dienstleistungserbringung. Sie führt im Zusammenhang mit Prozessen der Vermarktlichung auch zur Spaltung bei den Arbeitsplätzen, die der Bildungssektor bietet: Um einen Kernbereich verbeamteter Lehrkräfte herum wächst die Zahl der Arbeitsplätze, die weder auskömmlich noch nachhaltig finanziert sind. In immer mehr Bereichen werden Arbeitsplätze nur noch befristet oder auf der Basis von Honorar- wie auch von Werkverträgen besetzt. Das Ergebnis ist die politische

---

[1] Der in Deutschland besonders enge Zusammenhang zwischen Kompetenzerwerb und sozialer Herkunft konnte gegenüber der ersten PISA-Untersuchung (2000) nur geringfügig gelockert werden. Legt man den komplexen Indikator ESCS der OECD (ökonomisch, sozialer und kultureller Status) zugrunde, ist der Zusammenhang von Lesekompetenz und sozialer Herkunft nur in fünf OECD-Ländern (Ungarn, Belgien, Luxemburg, Chile, Türkei) noch stärker als in Deutschland und damit weiter entfernt vom OECD-Mittel. Lediglich bei einem Teilindikator sind deutliche Verbesserungen zu registrieren. Dass das deutsche PISA-Konsortium just mit diesem Indikator arbeitet, überrascht nicht, prägt doch das Schönzeichnen allerorten die nationale Berichterstattung.

Organisierung der Spaltung des Bildungspersonals in eine schrumpfende Gruppe mit sowohl sicheren wie gut entlohnten Arbeitsplätzen und eine wachsende Gruppe prekär Beschäftigter.

Nachfolgend beschäftigt sich das erste Kapitel mit der Frage, wie national unterschiedlich geprägte Bildungssysteme vergleichbar gemacht werden (können) und was sich daraus für Deutschland ergibt. Dazu wird im Abschnitt 1.1 in Umrissen dargelegt, anhand welcher Konzepte die internationale Bildungsberichterstattung die In- und Outputs von Bildungssystemen so erfasst, dass ihre Leistungsfähigkeit mit Blick auf unterschiedliche Ziele bewertet werden kann. Daran anschließend wird unter dem Gliederungspunkt 1.2 behandelt, welche international vergleichbaren Daten verfügbar sind, wenn nur die staatlichen Bildungsausgaben interessieren. Im Kapitel 2 werden die auf der internationalen Rechnung aufbauenden OECD-Bildungsfinanzindikatoren zunächst in Inhalt (2.1) und Aussagekraft (2.2) knapp dargestellt und dann mit Blick auf die empirischen Befunde in einen Vergleich mit dem in Deutschland formulierten Anspruch gerückt, zehn Prozent des Bruttoinlandsprodukts (BIP) in Bildung und Forschung zu investieren.

1 Die Aufgabe:
National unterschiedliche Bildungskulturen vergleichbar machen

Es ist keine triviale Aufgabe, Bildungssysteme international zu vergleichen, repräsentieren diese Systeme doch historisch gewachsene unterschiedliche Bildungskulturen und die ihnen innewohnenden ökonomischen und gesellschaftlichen Zielstellungen. Weniger die normativen Programmsätze sind entscheidend als die Funktionen, auf die hin Strukturen und ihre Finanzierung tatsächlich angelegt sind. Ein Beispiel ist das „inklusive Bildungssystem": Gemäß der UN-Konvention zu den Rechten behinderter Menschen – nach langem Hin und Her gilt sie seit März 2009 auch in Deutschland – soll es keine Sonderung von Kindern geben. Auch Kinder mit leichten bis mittelschweren Behinderungen haben das Recht, Regelschulen zu besuchen und dort eine spezielle Förderung zu erhalten. Dass Inklusion nicht nur möglich ist, sondern auch zu guten Ergebnissen führen kann, zeigen Länder, die wie etwa Dänemark schon vor Jahrzehnten auf den Pfad der Inklusion eingeschwenkt sind. Deutschland dagegen tut sich schwer, den Verpflichtungen der UN-Konvention nachzukommen. Festgehalten wird an Strukturen, die mehr auf Selektion als auf Inklusion ausgerichtet sind.[2] Ein breiter politischer Wille, dies zu ändern, existiert nicht. Wenn aber Inklusion proklamiert, zugleich jedoch an Strukturen festgehalten wird, die integrative Prozesse nicht stützen, ist bestenfalls mit Fortschritten im Schneckentempo zu rechnen.

Um einordnen zu können, was bezogen auf die großen Bildungsziele erreicht wurde und was bei Wahl anderer Vorgehensweisen hätte erreicht werden können, müssen Daten generiert werden, die mit einem tolerierbaren Maß an Ungenauigkeit international vergleichbar sind. Nötig ist dazu eine Harmonisierung der national unterschiedlichen Systematiken. Wie das Bildungssystem abgegrenzt wird, welche Leistungen ihm zugeschrieben werden und welche Arten von Inputs wie Outputs erfasst werden, muss genau definiert werden. Dazu werden von den internationalen statistischen Stellen Nomenklaturen erarbeitet und laufend fortentwickelt. Ziel ist es, verschiedene Nomenklaturen so zu integrieren, dass eine Basis für Vergleichbarkeit entsteht. Das UOE-Rechensystem (U = UNESCO, O = OECD, E = EUROSTAT) löst die Aufgabe über die Eingrenzung von Bildung auf ein Kernsystem entlang von formalen Bildungsprozessen und der sie erbringenden institutionellen Einheiten sowie der Erfassung darauf bezogener Outputs wie Inputs. Die Methode hat den Vorteil, dass sich für das Kernsystem der Bildungseinrichtungen die statistischen Informationen in einem Rechenrahmen strukturieren lassen, der gleichermaßen die Erbringung von Bildungsleistungen wie ihre Finanzierung umfasst.

1.1 Internationale Bildungs(finanz)berichterstattung: Das Grundgerüst

Internationale Bildungsvergleiche setzen die Verständigung auf einen bestimmten Bildungsbegriff voraus. Dieser muss so gewählt werden, dass er operationalisierbar ist. Zwangsläufig ergibt sich daraus eine Einen-

---

[2] Dies ist der Fall, obwohl Studien zeigen, dass das überkommene Sonderschulwesen zwar teuer ist, für die Schüler und Schülerinnen aber wenig Perspektiven eröffnet. Siehe etwa Klemm 2009. Der mit dieser Studie erweckte Eindruck, Inklusion spare Kosten, wird hier jedoch nicht geteilt. Länder, die erfolgreich ein hohes Maß an Inklusion praktizieren – wie Dänemark, Norwegen und auch Finnland –, akzeptieren dafür auch einiges an Zusatzkosten.

gung. Bei den PISA-Studien etwa erfolgt eine Beschränkung auf drei Grundkompetenzen. Die Kompetenzen Lesen, Mathematik und Naturwissenschaften sind standardisierten Messverfahren zugänglich, was bei künstlerischem Gestalten als Kompetenz kaum möglich wäre. Legt man einen humanistisch-emanzipatorischen Bildungsbegriff zugrunde, so besitzen die Ergebnisse der PISA-Tests dementsprechend nur geringe Aussagekraft. Andererseits jedoch verdanken wir den Studien wertvolle Informationen. PISA hat den zuvor gepflegten Glauben an die überragende Qualität des deutschen Bildungssystems erschüttert. Bei den drei PISA-Kompetenzfeldern bewegen sich 15-jährige Schüler und Schülerinnen aus Deutschland trotz leichter Verbesserung immer noch in deutlichem Abstand zum Spitzenfeld. Dabei sind jedoch die Unterschiede zwischen den Schulen stark ausgeprägt, und es gelingt weniger gut als in einer Reihe von OECD-Ländern, den Einfluss der sozialen und kulturellen Herkunft abzuschwächen. Vor allem also am Anspruch, jedem jungen Menschen gleiche Chancen zu bieten, scheitert das hochselektive deutsche System. Es ist das Verdienst der PISA-Studien, dazu belastbare Daten geliefert zu haben.

Zur notwendigen Einengung des im UOE-Rechensystem verwandten Bildungsbegriff gehört es, dass Bildung, die irgendwo en passant stattfindet, außen vor bleibt. Betrachtet werden nur die Prozesse, die im Rahmen nachhaltiger Organisation explizit auf das Lernen ausgerichtet sind – mit Lernzielen, Lerncurricula und qualifiziertem Personal. Wird Bildung auf formale Bildungsprozesse eingegrenzt, schließt dies nicht aus, auch die Hilfsprozesse zu berücksichtigen, die in einer engen Verbindung damit stehen. Alle Prozesse jedoch, die es sonst noch geben mag, müssen ausgeschlossen werden – nach den UOE-Regeln gilt dies für die folgenden Bereiche (UOE 2007: 5):

- *Anlernausbildungen in Betrieben*: Betriebliche Ausbildungen werden nur erfasst, wenn sie in einem organisierten Rahmen in der Verbindung mit schulischer Ausbildung (duales Ausbildungssystem) erfolgen. Für den schulischen Anteil wird verlangt, dass er es auf einen Zeitanteil von mindestens zehn Prozent bringt.

- *Trainingsmaßnahmen in Betrieben*: Sie sind Teil des Arbeitsprozesses und nicht auf einen Bildungsabschluss ausgerichtet.

– *Kurzprogramme*, die in Vollzeit gerechnet weniger als ein Semester ausmachen. Dies tangiert Schmalspurausbildungen sowie den Bereich der Weiterbildung von Erwachsenen.

Um formale Bildungsprozesse zu erfassen, werden die nationalen Bildungsdaten auf die Bildungsstufen gemäß ISCED-Klassifikation[3] bezogen. Bislang war ISCED97 die Basis. 2011 wurde die Nachfolgeklassifikation ISCED11 verabschiedet[4]; ab 2013/2014 kommt sie zur Anwendung. Es handelt sich bei ISCED97 – bzw. demnächst ISCED11 – um eine UNESCO-Taxonomie als Kodierungsschlüssel für eine international vergleichbare hierarchische Anordnung von null bis zehn Bildungsstufen, denen Bildungseinrichtungen der einzelnen nationalen Staaten zugeordnet werden.[5] Dort, wo sich Einrichtungen keiner ISCED-Stufe zuordnen lassen – weil das nationale Bildungssystem kleinteiliger organisiert ist, als es die ISCED-Stufen vorsehen, oder sich umgekehrt nationale Einrichtungen über mehrere Stufen erstrecken –, kommen Schätzverfahren zum Einsatz, oder die Erfassung findet nur aggregiert statt.

Die ISCED-Klassifikation startet bei der Elementarbildung (ISCED 0). Zu ihr zählen bislang Einrichtungen für Kinder ab drei Jahren, die als Bildungseinrichtungen qualifiziert sind. Mit ISCED11 tritt die Vorschulbildung an die Stelle der bisherigen Elementarbildung. Die bislang nicht berücksichtigte Betreuung von Kindern unter drei Jahren wird als Frühe Bildung („early childhood education") in das System eingebaut. Auf Frühe Bildung und Elementarbildung folgen Primarbildung, Sekundarbildung und tertiäre Bildung. Die Primarbildung (ISCED 1) beginnt zwischen dem fünften und siebten Lebensjahr und dauert in der Regel sechs Jahre. Etliche Länder praktizieren eine längere gemeinsame Basis-

---

[3] Die Abkürzung ISCED steht für International Standard Classification of Education. ISCED wurde Anfang der 1970er Jahre von der UNESCO mit dem Ziel entwickelt, einen einheitlichen Rahmen für die Sammlung und Darstellung von Bildungsstatistiken zur Verfügung zu stellen und damit Vergleiche sowohl auf internationaler als auch auf nationaler Ebene zu erleichtern bzw. überhaupt erst zu ermöglichen. Die Klassifikation von 1975 wurde 1997 überarbeitet (ISCED97) und bildet seitdem alle organisierten Lernprozesse ab, angefangen von der Elementarbildung bis zur lebenslangen Weiterbildung.

[4] Zu den Hintergründen siehe United Nations Statistics Division, Classification Newsletter, No. 27 v. August 2011.

[5] Siehe unter: www.unesco.org/education/information/nfsunesco/doc/isced_1997.htm (23.02.2012).

bildung von bis zu zehn Jahren, und nur eine kleine Minderheit teilt Kinder bereits nach vier oder fünf Jahren Grundschule auf unterschiedliche Schultypen auf.[6] Die sich anschließende Sekundarbildung ist in zwei Bereiche untergliedert. Mit Abschluss des Sekundarbereichs I (ISCED 2) erreicht ein Schulabgänger bzw. eine Schulabgängerin das unterste formale Bildungsniveau. Der Übergang in berufsbildende Programme kann sich ebenso anschließen wie die Fortsetzung des Bildungsweges durch Besuch des Sekundarbereichs II (ISCED 3/4). Das Lernen auf dieser Stufe beinhaltet ein gegenüber dem Sekundarbereich I fächerspezifisch wie auch allgemeinbildend höherwertiges Bildungsprogramm. Das Eintrittsalter in die zweite Stufe des Sekundarbereichs liegt in der Regel bei 15 oder 16 Jahren. ISCED-3-Programme können abschließend sein; hier erfolgt dann ein direkter Übergang ins Erwerbssystem. In der Regel jedoch führen sie zu Ausbildungspfaden, die postsekundar oder tertiär sein können. Die Bildungsgänge auf der ISCED-3-Stufe sind in drei Kategorien zu unterteilen: allgemeinbildend, berufsbildend, berufsvorbereitend. Im Grenzbereich liegen die postsekundaren Ausbildungen des ISCED-4-Niveaus. Die deutsche duale Ausbildung ist in diesem Überschneidungsbereich angesiedelt.

Mit der Höherentwicklung einer Volkswirtschaft sinkt die Wertigkeit von lediglich sekundaren Bildungsabschlüssen. Reichte in der alten Industriegesellschaft für das Gros der Erwerbstätigen ein unterer sekundarer Schulabschluss mit anschließender Berufsqualifizierung in ein- bis dreijährigen Ausbildungsgängen, während nur eine kleine Minderheit den Weg zur Hochschule fand, kehrt sich dies in hochentwickelten Volkswirtschaften um. Tertiäre Abschlüsse werden zur Norm, was es erforderlich macht, diesen Bereich stärker aufzufächern. Bislang wurde der Tertiärbereich in zwei Unterbereiche geteilt. Der Tertiärbereich A (ISCED-5a-Programme) ist akademisch-wissenschaftlich orientiert mit einer stark theoretischen Komponente und dem Abitur als regulärer Zugangsvoraussetzung. Auf der Basis von Vollzeitäquivalenten beträgt die Dauer mindestens drei Jahre, was einem Bachelorabschluss entspricht.

---

[6] Über eine nur vierjährige Grundschulzeit verfügen innerhalb der OECD außer Deutschland nur noch Österreich und Ungarn. In der Schweiz, Kanada und den USA variiert die Grundschulzeit, die Berichterstattung bezieht sich aber auf sechs Jahre. Gleiches gilt für Länder, in denen Kinder acht bis zehn Jahre eine Gemeinschaftsschule respektive integrierte Gesamtschule besuchen, ehe sich ihre weiteren Bildungswege trennen (UOE 2007: 99).

Die A-Programme führen zu Berufen halbakademischer bis vollakademischer Qualifizierung und ebnen den Weg in Forschungsprogramme (ISCED 6), wo ein Doktor- oder PhD-Titel erworben werden kann. Der Tertiärbereich B (ISCED-5b-Programme) ist nichtakademisch-praktisch angelegt. Die Ausbildungsdauer liegt im Falle von Hochschulprogrammen typischerweise bei weniger als drei Jahren, oder es handelt sich um Programme, die kein Abitur als Zugangsvoraussetzung verlangen und im Schulbereich angesiedelt sind. Zukünftig umfasst der Tertiärbereich vier statt bislang nur zwei Stufen: ISCED 5 steht dann für nicht-akademische Kurzzeit-Tertiärbildungen, ISCED 6 für semi-akademische Bachelor-Abschlüsse und Vergleichbares, ISCED 7 erfasst vollakademische Abschlüsse (Master etc.), und ISCED 8 steht als höchste Stufe für wissenschaftliche Abschlüsse (Doktorate, Habilitationen).

Die Zuordnung der deutschen Bildungseinrichtungen zur ISCED-Systematik gelingt weitgehend, aber nicht vollständig.[7] Unschärfen bestehen bei der untersten Stufe (ISCED 0), bei der Primarbildung (ISCED 1) und auch bei der Abgrenzung zwischen post-sekundaren Ausbildungen unterhalb tertiärer Programme (ISCED 3 und 4) mit den B-Programmen der Tertiärstufe (ISCED 5).[8] Es steht zu erwarten, dass die erfolgte Neuordnung zu einer verbesserten Passgenauigkeit führt.

Auf der Basis der ISCED-Gliederung werden Bildungsausgaben nach drei Dimensionen klassifiziert. Die *erste Dimension* bezieht sich auf den Ort, an dem Ausgaben anfallen, wobei Ausgaben innerhalb von Bildungseinrichtungen die wesentliche Komponente sind. Nicht nur Schulen und Hochschulen, sondern auch Bildungsministerien samt nachgeordneten Behörden und alle Einrichtungen, die direkt an der Bereitstellung und Unterstützung von Bildung beteiligt sind, zählen dazu. Ausgaben für Bildung außerhalb von Bildungseinrichtungen stellen eine weitere Kompo-

---

[7] In einigen OECD-Ländern bereitet die Zuordnung noch größere Probleme. Tendenziell ist es nämlich leichter, die Teile eines hochselektiven Schulsystems, wie es in den deutschsprachigen Ländern existiert, den ISCED-Stufen zuzuordnen, als in einem hochintegrierten Schulsystem, das ein Markenzeichen nicht nur der skandinavischen Länder, sondern auch etwa von Kanada ist, eine nach ISCED-Stufen getrennte Rechnung aufzubauen. In Dänemark etwa kann in der Konsequenz zwischen den ISCED-Stufen 1 und 2 nicht getrennt werden.
[8] Wie die deutschen Bildungsprogramme den ISCED-97-Stufen zuzuordnen sind, wird von den Statistischen Ämtern des Bundes und der Länder jährlich in der Publikation „Internationale Bildungsindikatoren im Ländervergleich" dargestellt.

nente. In einigen Ländern gibt es Lernmittelfreiheit; hier erhalten die Schüler und Schülerinnen das Lernmaterial direkt von der Schule. In anderen Ländern müssen Lernmaterialien über den Handel bezogen werden. Das gleiche Bild bietet sich beim Nachhilfeunterricht. Teils ist Nachhilfe eine Aufgabe der Schulen selbst, teils gibt es einen mehr oder weniger boomenden Markt für privaten Nachhilfeunterricht. Die *zweite Dimension* zielt auf die am Bildungsort für die Erbringung und/oder den Einkauf von Leistungen eingesetzten Finanzmittel. Hierzu zählen die Ausgaben, die der Erbringung unmittelbarer Bildungsleistungen (so genannter Kernleistungen) dienen, sowie die Leistungen, mit denen Bildung unterstützt wird. Die mittelbaren Leistungen reichen vom Schülertransport und von der Versorgung mit Mahlzeiten über die Beaufsichtigung bei der Hausaufgabenerledigung und die Unterbringung auswärtiger Schüler und Schülerinnen bis zur Schulsozialarbeit und Schulgesundheitspflege. All diese Hilfsleistungen rechnen zu den „innerhalb von Bildungseinrichtungen" respektive für diese direkt erbrachten Leistungen. Es ist dabei irrelevant, ob Eigenleistungen oder extern erbrachte Leistungen vorliegen, ob also z.B. eigene Köche und Köchinnen die Schulverpflegung verantworten oder Caterer vorgefertigtes Essen anliefern, ob Hochschulen selbst Wohnheime für Studierende errichten und betreiben oder ob diese Aufgabe von Studentenwerken mit eigener Rechtspersönlichkeit wahrgenommen wird. Nicht jede Entscheidung zur Berücksichtigung von Hilfsleistungen ist plausibel. So gibt es Leistungen, die ausgegrenzt werden, obwohl sie ein Teil des Leistungsspektrums einer Bildungseinrichtung sind. Ein Beispiel hierfür sind „Care-Leistungen". Sowohl die in Kindertagesstätten wie auch die in Schulen erbrachten „Care-Leistungen" fallen nach UOE-Auffassung nicht unter die bildungsbezogenen Hilfsleistungen und sind daher ausgeschlossen.[9] Die *dritte Dimension* nimmt eine Unterteilung der Ausgaben nach ihrer Herkunft vor. Unterschieden wird nach öffentlichen Ausgaben, öffentlich geförderten privaten Ausgaben und privaten Ausgaben. Öffentliche Ausgaben sind solche, die über nationale öffentliche Haushalte bereitgestellt werden, sowie Ausgaben, die nationalen Einrichtungen oder Bildungsteil-

---

[9] Die Aufforderung an die Mitgliedsländer lautet daher: „When children receive both education and daycare in the same programmes, countries should make efforts to exclude the ‚day care components' from the UOE reporting of personnel and finance." (UOE 2007: 6)

nehmern von internationalen Stellen bzw. Programmen zufließen, die ihrerseits öffentlich finanziert sind. Private Ausgaben sind Ausgaben, die von privaten Haushalten, Privatunternehmen und sonstigen privaten Einheiten (Glaubensgemeinschaften, Wohlfahrtsverbände, Elternkooperativen etc.) getätigt werden. Werden private Bildungsausgaben von öffentlicher Seite subventioniert, so werden die Subventionen abgezogen. Die Übersichtstabelle stellt dar, wie die drei Dimensionen ineinander greifen.

Übersicht: Das Grundgerüst – Grobklassifikation von Bildungsausgaben gemäß UOE-Meldung

Kategorie	Innerhalb von Bildungseinrichtungen			Außerhalb von Bildungseinrichtungen[1]	
	Schulen, Hochschulen, Bildungsadministration, Einrichtungen der Schüler- und Studentenförderung			Private Einkäufe von Gütern und Dienstleistungen (Lehrmaterialien, Nachhilfe, Fahrtkosten)	
Bildungsausgaben nach Leistungsarten und Art der Finanzierung					
Art der Finanzierung	Öffentliche Finanzierung	Öffentlich geförderte Finanzierung	Private Finanzierung	Öffentlich geförderte Finanzierung	Private Finanzierung
Eigentliche Bildungsdienstleistungen (Kernleistungen)	Öffentlich (abzüglich Mittel aus privaten Quellen)	Privatausgaben für Unterrichtsleistungen abzüglich öffentl. Transfers	Private Ausgaben (Schulgeld, Studiengebühren, z.B.)	Öffentlich subventionierte Privatausgaben	Private Ausgaben (Privatunterricht)
Nicht unterrichtsbezogene Hilfs- und Unterstützungsleistungen	Öffentlich (abzüglich Mittel aus privaten Quellen)	Öffentlich subventionierte Privatausgaben	Private Ausgaben	Öffentlich subventionierte Privatausgaben für Lebenshaltung oder Fahrtkosten	Private Ausgaben für Lebenshaltung bei Studenten, Fahrtkosten zur Bildungsstätte
Forschung und Entwicklung (Periphere Leistung)	Öffentlich (abzüglich Mittel aus privaten Quellen)	Öffentlich subventionierte Privatausgaben	Private Ausgaben, z.B. Forschungsgelder der Privatindustrie		

1) Bei Leistungen außerhalb von Bildungseinrichtungen existiert die Finanzierungsart „öffentlich" nicht. Davon unbenommen ist, dass die öffentliche Förderung so hoch ausfallen kann, dass sich im Ergebnis eine hundertprozentige öffentliche Gegenfinanzierung der privaten Ausgaben ergibt.
Quelle: Heintze 2012: 44 (eigene Darstellung anhand des technischen und administrativen Handbuchs der UNESCO 1997, von UOE 2007: 13 und der OECD-Darstellung in Education at a Glance 2009: 186).

2. Bildung als Staatsfunktion

Deutschland liefert über die UOE-Meldung nicht nur die Basisdaten für die Bildungsberichtssysteme von UNESCO, OECD und Eurostat, sondern über eine entsprechende Umschlüsselung von Daten der Finanzstatistik[10] auch die Daten zum COFOG[11]-System der Klassifikation von Staatsaufgaben im Rahmen der international harmonisierten Volkswirtschaftlichen Gesamtrechnung (VGR) mit Möglichkeiten der Verknüpfung zur Wirtschafts- und Sozialstatistik. Das System der VGR „denkt" vom Markt her. Der öffentliche Sektor wird reduziert auf „Staat" im engeren Sinne ohne am Markt tätige Unternehmen, die sich in öffentlichem Eigentum befinden. Der so abgegrenzte Sektor „Staat" setzt sich als General Government aus Gebietskörperschaften und Sozialversicherungen zusammen. Seine Hauptfunktion besteht darin, nicht marktbestimmte Waren und Dienstleistungen durch Eigenproduktion und/oder den Einkauf für den Individual- und Kollektivkonsum bereitzustellen und die Einkommen und Vermögen umzuverteilen.

Ausgangspunkt der COFOG-Klassifikation sind die national unterschiedlichen Staatsausprägungen. Um öffentliche Finanzen hinsichtlich ihrer Qualität und Leistungsfähigkeit international vergleichen zu können, werden Staatsfunktionen identifiziert und über eine einheitliche Klassifikation vergleichbar gemacht. Bildung ist eine staatliche Kernfunktion. Während bei der internationalen Bildungsberichterstattung die von Bildungseinrichtungen für bestimmte formale Bildungsprozesse erbrachten Kern- und Hilfsleistungen im Mittelpunkt stehen und der Staat erst auf einer zweiten Ebene ins Spiel kommt (Wer finanziert? Wer ist Träger von Bildungseinrichtungen?), kehrt sich dies im COFOG-System der Staatsfunktionen um. Das System stellt sich der Aufgabe, die Ausgaben staatlicher Budgets nach Aufgabengebieten international vergleichbar zu machen. Dazu sind die staatlichen Aufgaben anhand einer dreistufigen Klassifikation in zehn Aufgabenbereiche unterteilt. Bildung ist der Abteilung 09 zugewiesen.

Zwischen der COFOG-Klassifikation und dem UOE-System bestehen Gemeinsamkeiten wie Unterschiede. Konzeptionell decken sich die Sys-

---

[10] Die Umschlüsselung der finanzstatistisch erfassten öffentlichen Aufgaben in das COFOG-System begegnet vom Prinzip her ähnlichen Schwierigkeiten wie die Zuordnung der deutschen Bildungseinrichtungen zu den ISCED-Stufen. Die methodischen Probleme erweisen sich jedoch als lösbar (Rehm 2006; Stache et al. 2007). Mit einem Schlüsselsystem werden die nationalen Daten so in den international abgestimmten Rahmen übertragen, dass internationale Vergleiche und die Verknüpfung verschiedener Datenbestände möglich werden.

[11] Classification of Functions of Government

teme nicht, weisen im Vorgehen und in der Strukturierung (ISCED-Stufen als Gliederungsprinzip) aber ein hohes Maß an Übereinstimmung auf. Sowohl beim UOE-System wie beim COFOG-System werden die national unterschiedlich ausgeprägten Systeme auf einer Metaebene so harmonisiert und damit vergleichbar gemacht, dass ihre Qualität und Leistungsfähigkeit in sinnvoller Weise analysiert und verglichen werden kann. Die Unterschiede resultieren aus den unterschiedlichen Betrachtungsperspektiven. Ausgangspunkt der UOE-Datensammlung sind die national unterschiedlichen Bildungssysteme, Ausgangspunkt des COFOG-Systems die national unterschiedlichen Staatssysteme.

Das COFOG-System steht in enger Beziehung zur Finanzstatistik. Wenn nur die Entwicklung staatlicher Bildungsausgaben interessiert, liegt hier eine brauchbare Informationsquelle vor. Gegenüber den Daten aus der internationalen Bildungsrechnung bietet sie zwei Vorteile: Die Daten sind aktueller und tendenziell weniger anfällig für sachfremde Ausgabenzurechnungen. Zum letzten Punkt folgender Hinweis: Im Bestreben, die im OECD- wie im EU-Vergleich deutlich unterdurchschnittlichen öffentlichen Bildungsausgaben besser dastehen zu lassen, macht die deutsche Politik auf der internationalen Bühne seit Jahren Druck in Richtung einer Dehnung des vom Grundansatz her auf Zahlungsvorgänge, die formale Bildung betreffen, eingeschränkten Ausgabenbegriffs. Vereinzelt mit Erfolg: So konnte durchgesetzt werden, dass Kindergeldzahlungen an erwachsene Bildungsteilnehmer und -teilnehmerinnen bei der UOE-Meldung berücksichtigungsfähig sind, obwohl die entsprechenden Transferausgaben, bei höheren Einkommensbeziehern und -bezieherinnen auch Steuervergünstigungen, gar nicht an Bildungszwecke gebunden sind und belastbare Daten ebenfalls fehlen. Im COFOG-System werden alle Kindergeldzahlungen der Sozialpolitik (Untergruppe „Familie und Kinder") zugeordnet, wo sie auch hingehören.

2 Indikatoren der Bildungsfinanzrechnung: Internationale Perspektive versus nationale Darstellung

Die internationale Bildungsberichterstattung hat die Kinderstube längst hinter sich gelassen. Für ein großes Panorama unterschiedlich angelegter Fragestellungen liefert sie aussagekräftige Daten und trägt damit den national divergierenden Steuerungsbedürfnissen Rechnung. Die jährlich

Grundlagen für internationale (Finanz-)Vergleiche im Bildungssektor 149

im Bericht „Education at a Glance" präsentierten Indikatoren beschreiben die Kern- und Hilfsleistungen, die Entwicklung der Bildungsteilnehmerzahlen nach ISCED-Stufen absolut und relativ zur Bevölkerungsentwicklung, die erzielten Abschlüsse und die zur Leistungserbringung eingesetzten personellen und sächlichen Mittel sowie die Art ihrer Finanzierung aus öffentlichen und privaten Quellen.

2.1 OECD-Bildungsfinanzindikatoren

Da Bildung eine staatliche Kernaufgabe ist, kommt der öffentlichen Bildungsfinanzierung und ihrer statistischen Abbildung eine besondere Bedeutung zu. Aus insgesamt sieben Indikatoren (B1 bis B7) setzt sich die OECD-Bildungsfinanzberichterstattung zusammen. Einige Indikatoren sind als Schlüsselindikatoren anzusehen, andere dienen der Vertiefung eher spezieller Aspekte. Auf folgende Fragen geben die Indikatoren Antwort:

Wie hoch sind die Ausgaben der Bildungseinrichtungen pro Bildungsteilnehmer und Bildungsteilnehmerin? (Indikator B1)
Der Indikator B1 liefert differenziert nach ISCED-Stufen Daten zur Ausgabenhöhe in Kaufkrafteinheiten auf US-Dollar-Basis. Teilindikatoren vergleichen die Ausgabenentwicklung mit der Entwicklung der Zahl der Schüler und Schülerinnen. Daraus ergeben sich Rückschlüsse zum Umgang der OECD-Mitgliedsländer mit demografischen Veränderungen und ihrer Fähigkeit, Höherqualifizierungsprozesse, die sich in anwachsenden Zahlen von tertiären Bildungsteilnehmern und Bildungsteilnehmerinnen äußern, finanzpolitisch zu unterstützen.

Welche Priorität misst ein Land der Finanzierung von Bildung zu, und in welchem Umfang betrachtet es dabei die Finanzierung von Bildungsinstitutionen und die Förderung von Bildungsteilnehmern und Bildungsteilnehmerinnen als eine öffentliche Ausgabe? (Indikator B2)
Der Indikator B2 stellt dar, welche Anteile ihrer nationalen Wirtschaftskraft die Mitgliedsländer aus öffentlichen und privaten Quellen für die Finanzierung von Bildungsinstitutionen insgesamt und nach ISCED-Bereichen einsetzen. Verlangen Einrichtungen Schulgelder oder Studiengebühren, die vom Staat durch die Gewährung von Stipendien oder zins-

verbilligten Darlehen ganz oder teilweise übernommen werden, so werden die öffentlichen Fördermittel bei den privaten Ausgaben abgezogen und den öffentlichen Ausgaben zugeschlagen.

Wie hoch fallen bei der Finanzierung von Bildungsinstitutionen der öffentliche und der private Finanzierungsanteil aus, und wie haben sich die relativen Anteile entwickelt? (Indikator B3)
Bezogen auf die privaten Ausgaben finden sich bei diesem Indikator Daten zu Anteilen von Haushalten und anderen privaten Einheiten. Öffentlich subventionierte Privatausgaben und andere Privatausgaben werden, sofern dies die Datenlage hergibt, separat dargestellt. Da tertiäre Bildungsgänge in den meisten OECD-Ländern nicht kostenfrei sind, schenkt der Indikator B3 der Tertiärbildung über zwei Teilindikatoren besondere Beachtung. Der Teilindikator B3.3 zeigt die Veränderung der relativen Finanzierungsanteile seit 1995 anhand einer Indexentwicklung zu konstanten Preisen, und der Teilindikator B3.4 richtet den Blick auf die Frage, wie hoch die öffentlichen Ausgaben pro Schüler bzw. Schülerin/Student bzw. Studentin einerseits bei öffentlichen Einrichtungen und andererseits bei privaten Bildungseinrichtungen sind.

Wie hoch sind die gesamten öffentlichen Bildungsausgaben in Relation zum BIP und bezogen auf die Staatsausgaben insgesamt? (Indikator B4)
Bildung als öffentliches Gut konzentriert sich auf die Finanzierung und den Betrieb von Bildungsinstitutionen, ohne sich darin jedoch zu erschöpfen. Damit sich junge Erwachsene für ein Studium und Erwerbstätige für das Nachholen eines Bildungsabschlusses entscheiden können, benötigen sie Unterstützung bei der Finanzierung ihrer Lebenshaltungskosten. Vor allem diese Weiterung kommt beim Indikator B4 zum Tragen. Anders als beim Indikator B2.3 beinhalten die öffentlichen Ausgaben hier neben der direkten und indirekten Institutionenfinanzierung auch die nicht-institutionengebundenen Transfers an Privathaushalte und andere private Einheiten. In den meisten Ländern existieren derartige Transfers, sodass die öffentlichen Bildungsausgaben beim Indikator B4.1 einen höheren BIP-Anteil erzielen als beim Indikator B2.3.

Wie ist die Finanzierung tertiärer Bildung organisiert? Existieren Studiengebühren und in welcher Höhe? Welche öffentliche Förderung können Studierende erhalten? (Indikator B5)

In den meisten der mittlerweile 34 OECD-Länder ist das Studium nicht kostenfrei. Der Indikator B5 liefert Daten zur Höhe der Studiengebühren (B5.1) und der öffentlichen Förderung, die Studierende in Ländern mit wie in Ländern ohne Studiengebühren erhalten. Des Weiteren wird dargestellt, wie hoch in Ländern mit Studiengebühren der Anteil an Studierenden ist, die Stipendien erhalten, und wie sich die Relation zu den Studiengebühren darstellt (B5.2).

Wofür werden die Finanzmittel eingesetzt? (Indikator B6)
Auch bei einem im Prinzip ausreichend finanzierten Bildungssystem hängen die konkreten Lernbedingungen stark davon ab, dass verfügbare Mittel ausgewogen für unterschiedliche Bedarfe eingesetzt werden. Der Teilindikator B6.1 macht transparent, welche Bedeutung verschiedene Länder den eigentlichen Bildungsdienstleistungen und den sonstigen Dienstleistungen zuweisen. Der Teilindikator B6.2 thematisiert Ausgabearten (Relation zwischen Personalausgaben und anderen laufenden Ausgaben; Relation zwischen laufenden Ausgaben und investiven Ausgaben).

Von welchen Faktoren hängt die Höhe der Bildungsausgaben im Wesentlichen ab? (Indikator B7)
Länder mit relativ auf ihr wirtschaftliches Entwicklungsniveau bezogen gleich hohen Ausgaben können diese sehr verschieden einsetzen und damit auch unterschiedliche Wirkungen erzielen. Der Indikator B7 analysiert den Beitrag von folgenden vier Einzelfaktoren zu den Gehaltskosten pro Schüler bzw. Schülerin: Gehälter der Lehrkräfte, Klassengrößen, Unterrichtszeit von Schülern und Schülerinnen, Stundendeputat der Lehrkräfte. Die Teilindikatoren B7.1 bis B7.3 gehen den Effekten für den Primar-, den Sekundar-I- und den Sekundar-II-Bereich nach.

2.2 Die Aussagekraft der OECD-Indikatoren ist kontextabhängig

Die von der OECD entwickelten Indikatoren sind mehr oder weniger stark ineinander verwoben. Einzelne Indikatoren herauszupicken, kann zu problematischen Fehlschlüssen führen. Die nationalen Profile erschließen sich immer nur aus einem Set von jeweils mehreren Indikatoren, nicht aber aus der isolierten Betrachtung eines einzelnen Indikators. Analoges gilt vorgeschaltet für die Faktoren, die bei Einzelindikatoren zu bestimmten Ergebnissen führen. So zeigt der Indikator B7, dass OECD-durchschnittliche Gehaltskosten pro Schüler bzw. Schülerin auf ganz unterschiedlichen Mustern basieren. Ein Land mit überdurchschnittlichen Gehältern, die kombiniert sind mit einer überdurchschnittlichen Lehrstundenverpflichtung und auch überdurchschnittlichen Klassengrößen, kann ebenso im OECD-Mittel landen wie ein Land, bei dem Lehrergehälter und auch die Lehrstundenverpflichtungen unterdurchschnittlich sind, dies aber mit kleinen Klassengrößen kombiniert ist.

Jeweils im Zusammenhang zu sehen und zu interpretieren sind die Indikatoren B1, B3 und B5, wie auch die Indikatoren B2, B3, B4 und B6.1. Dabei zeigt sich: Die Aussagekraft von Einzelindikatoren ist abhängig vom gesamtgesellschaftlichen Kontext. Der Indikator B1 beispielsweise entfaltet dort eine hohe Aussagekraft, wo Bildungseinrichtungen ganz überwiegend öffentlich finanziert sind mit Ausstattungsstandards, die wenig streuen. Die fünf nordisch-skandinavischen Länder repräsentieren einen Typ von Wohlfahrtsstaat, bei dem diese Bedingung im Wesentlichen erfüllt ist. In dem Maße, wie private Finanzierung eine bedeutende Rolle einnimmt und die Ausstattungsstandards zwischen privaten und staatlichen Einrichtungen stark streuen, leidet die Aussagekraft.[12] Es kann nun der Fall eintreten, dass der Indikator die Ausgaben pro Bildungsteilnehmer bzw. -teilnehmerin als durchschnittlich bis überdurchschnittlich ausweist, obwohl beim größeren Teil der Schüler und Schülerinnen sowie Studierenden nur unterdurchschnittlich hohe Mittel ankommen, weil privat finanzierte Einrichtungen so teuer und so zahlreich sind, dass sie den statistischen Durchschnitt entsprechend verzerren.

Auch bei der öffentlichen Bildungsfinanzierung und ihrer statistischen Abbildung variiert die Aussagekraft. In Skandinavien, mit Abstrichen auch in einem Teil der kontinentaleuropäischen Länder wie etwa Belgien oder Österreich, stellt gute Bildung ein lebenslanges Bürgerrecht dar, und der Zugang zu Bildungseinrichtungen ist von der Vorschule bis zur

---

[12] Dies zeigt sich ausgeprägt in Teilen der angelsächsischen Länder wie Großbritannien und den USA. In beiden Ländern sind die Ausgaben pro vollzeitäquivalentem Bildungsteilnehmer bzw. pro vollzeitäquivalenter Bildungsteilnehmerin (Indikator B1.1) von der Primar- bis zur Tertiärstufe weit überdurchschnittlich (USA) bis überdurchschnittlich (UK). Den Hintergrund dafür bilden die teilweise extrem hohen Kosten privater Eliteeinrichtungen und ein generell hoher Anteil privater Finanzierungsmittel.

Hochschule weitgehend kostenfrei.[13] Man kann hier von Bildungsstaaten sprechen; die öffentlichen Bildungsausgaben sind hoch, wobei skandinavische Länder unangefochten an der Spitze stehen. Deutschland repräsentiert demgegenüber einen Typ konservativer Bildungsstaatlichkeit, bei dem hochtrabender Anspruch[14] und kümmerliche öffentliche Finanzierung auseinanderfallen. Das System steht unter Dauerstress, weil es mehr und bessere Bildung erreichen will, ohne die öffentliche Finanzierung auf die Höhe der Anforderungen zu bringen. Schon die Kernleistungen sind nicht ausreichend finanziert, und bei den Hilfsleistungen rangiert Deutschland international unter den Schlusslichtern (vgl. Heintze 2012: 130, Abb. 7). Umgekehrt freilich bedeuten überdurchschnittlich hohe öffentliche Bildungsausgaben nicht zwingend, dass Bildung durchgängig als öffentliches Gut ausgeprägt ist. In Israel und Neuseeland z.B. kommt hohen öffentlichen Bildungsausgaben auch eine marktschaffende Funktion zu, indem etwa mit Steuergeld die Gewinne privater Bildungsunternehmen finanziert werden. In Neuseeland hat dies die absurde Folge, dass der Staat pro Kind an privaten Kindergärten fast das Vierfache dessen ausgibt, was ihm Kinder an den wenigen öffentlichen Einrichtungen wert sind (2009: 9.415 USD zu 2.535 USD).

Die Kontextabhängigkeit ist bei der Organisierung und Finanzierung tertiärer Bildung besonders ausgeprägt. Länder, die tertiäre Bildung primär als Privatgut betrachten – mit öffentlichen Finanzierungsanteilen von deutlich weniger als 50 Prozent, wie Australien, Chile, Japan, Korea, Großbritannien und die USA –, weisen durchgängig ein hohes Niveau an Einkommensungleichheit auf. Der GINI-Koeffizient[15] erreicht hier Werte

---

[13] In Österreich und Belgien freilich fallen Studiengebühren an. Sie bewegen sich bei öffentlichen und öffentlich geförderten Einrichtungen jedoch auf einem im Vergleich sehr niedrigen Niveau. Im akademischen Jahr 2008/2009 reichten sie in Belgien von 545 bis knapp 700 USD, in Österreich lagen sie bei durchschnittlich 859 USD (Indikator B5.1).

[14] „Wir wollen Deutschland zur Bildungsrepublik machen, mit den besten Kindertagesstätten, den besten Schulen und Berufsschulen sowie den besten Hochschulen und Forschungseinrichtungen", heißt es im Koalitionsvertrag „Wachstum, Bildung, Zusammenhalt" der Mitte-Rechts-Regierung aus CDU/CSU und FDP vom 24.10.2009 (S. 51).

[15] Bei totaler Ungleichheit (obere Gruppe verfügt über das gesamte Einkommen) erreicht er den Wert 1 respektive 100, bei totaler Gleichheit den Wert 0. Der GINI-Koeffizient reagiert sensibel auf Veränderungen im mittleren Einkommensbereich, zeigt also Zu- oder Abnahmen im Polarisierungsgrad gut an.

von deutlich über 30. Umgekehrt kombinieren Länder, bei denen der öffentliche Finanzierungsanteil 2009 im Bereich zwischen 85 Prozent (Slowenien) und 96 Prozent (Norwegen) lag, dies mit den im internationalen Vergleich geringsten Ungleichheitsniveaus. Die Korrelation zwischen GINI-Koeffizient und dem öffentlichen Finanzierungsanteil tertiärer Bildung ergibt hochsignifikante und im Zeitverlauf recht stabile Zusammenhänge. Gut 60 Prozent der Varianz bei der Einkommensungleichheit können auf die Finanzierung tertiärer Bildung zurückgeführt werden (Heintze 2012: 112, Abb. 5).

2.3 Nationale Darstellungspolitik

Die international etablierten Erfassungssysteme von UOE und COFOG sind zwischenzeitlich so ausgereift und für unterschiedliche Steuerungsbedürfnisse offen, dass keine Notwendigkeit besteht, parallel mit national anders abgegrenzten Systemen zu arbeiten. In den meisten europäischen Ländern wird dies auch so gesehen. Deutschland jedoch befindet sich in einer Zwickmühle. Die internationalen Rechensysteme weisen aus, dass die in der EU stärkste Volkswirtschaft bei den Bildungsausgaben, zumal bei den öffentlichen, näher bei den süd- und ost- als bei den nordeuropäischen Ländern liegt (Heintze 2010b: 140ff. und Heintze 2012: 119, Abb. 6) – wobei sich die üblichen Entlastungsargumente, etwa der Verweis auf den demografischen Wandel und deshalb sinkende Zahlen von Schülern und Schülerinnen, als letztlich nicht stichhaltig erweisen, da Deutschland auch bei den Ausgaben pro Schüler bzw. Schülerin relativ zurückgefallen und nicht etwa aufgestiegen ist.[16] Mit dem Anspruch, auch weltweit eine der führenden Volkswirtschaften zu sein und zu bleiben, lässt sich die unterdurchschnittliche Position bei den Bildungsausgaben schwerlich vereinbaren. Die Politik könnte die Unterfinanzierung beheben und für eine gute Ausstattung des Bildungswesens mit finanziellen und personellen Ressourcen sorgen. Voraussetzung dafür wäre allerdings eine Erhöhung der Staatsausgabenquote, finanziert über Steuererhöhungen. Diesen Bruch mit der seit den 1980er Jahren praktizierten Finanzpolitik des Staatsrückzuges will die mehrheitlich rechtsgeneigte deutsche Politik jedoch unter allen Umständen vermeiden. Mehr Geld für Bildung soll deshalb über die Konzentration öffentlicher Ausgaben bei Bildung ge-

---

[16] Ausführlicher dazu Heintze 2012: 137ff.

wonnen werden, was aber fortgesetzt an dem Umstand scheitert, dass die dafür nötige Manövriermasse gar nicht vorhanden ist, weil auch andere öffentliche Bedarfe in gewachsenem Umfang unterfinanziert sind.[17]

Mit einer Politik der bloßen Darstellung hoher Bildungsausgaben bei gleichzeitiger Stimulierung von mehr Markt und mehr privatem Kapital im Bildungssystem hofft man, der Zwickmühle entweichen zu können. Zur Darstellungspolitik gehört, dass sich Bund und Länder im Herbst 2008 zwar darauf verständigten, bis zum Jahr 2015 die Ausgaben für Bildung und Forschung auf zehn Prozent des BIP – sieben Prozent für Bildung, drei Prozent für Forschung – zu erhöhen, dabei jedoch nur die Forschungsausgaben internationaler Vergleichbarkeit unterwerfen. Bei den Forschungsausgaben – soweit Forschung an Hochschulen stattfindet, sind sie in den Bildungsausgaben mit enthalten – besteht eine EU-weite Zielvereinbarung, die bedient werden muss, bei den Bildungsausgaben nicht. Würden internationale Konventionen als Messlatte akzeptiert, hätte sich die Finanzlücke bei der Bildung schon im Jahr 2006 auf gut 55 Milliarden Euro belaufen (vgl. Heintze 2010a: 29, Tab. 2). Dies ist die Größenordnung, die auch Piltz 2011 (113, Tab. IV.1) aus der detaillierten Erfassung der jährlichen Zusatzkosten einzelner Bedarfsbereiche in den Bundesländern errechnet. Ohne die Beschaffung staatlicher Mehreinnahmen durch Steuererhöhungen ist die Finanzierung derartiger Zusatzmittel nicht möglich. Da die Finanzpolitik zunächst von Rot-Grün, dann von der Großen Koalition und seit Herbst 2009 von der Mitte-Rechts-Regierung aus CDU/CSU und FDP jedoch auf eine weitere Absenkung der Staatsausgabenquote zielt, opfern Bund und Länder bei der Umsetzung des 7+3-Prozentziels die internationale Vergleichbarkeit dem Primat der Vermeidung eines finanzpolitischen Paradigmenwechsels. Dementsprechend sahen Bund und Länder beim Zweiten Bildungsgipfel im Dezember 2009 auch nur einen Mehrbedarf von mindestens 13 Milliarden Euro, der bis 2015 aufgebracht werden soll.[18]

---

[17] Die Stichworte reichen von der Pflege und Alltagsunterstützung älterer Menschen über das im internationalen Vergleich gleichfalls extrem niedrige Niveau der Alterssicherung von Geringverdienern und Geringverdienerinnen und den darniederliegenden sozialen Wohnungsbau bis zu Investitionsstaus bei der kommunalen Infrastruktur in dreistelliger Milliardenhöhe.

[18] „Die Bundeskanzlerin und die Regierungschefs der Länder haben am 16. Dezember 2009 das Ziel bekräftigt, bis zum Jahr 2015 den Anteil der Aufwendungen für Bildung und Forschung gesamtstaatlich auf 10 Prozent des Bruttoinlands-

Bei der Darstellung der Zielerreichung werden nationale Sonderrechnungen bemüht. Zwei nationale Erfassungssysteme existieren:

- Ein *Nationales Bildungsbudget* als Teil der Gesamtausgaben von Bildung, Wissenschaft und Forschung: Hier sind aus unterschiedlichen Datenquellen auch unter Zuhilfenahme von Schätzverfahren Ausgaben der öffentlichen Hand mit denen von Privathaushalten, Unternehmen und sonstigen privaten Organisationen zusammengeführt. Das Nationale Bildungsbudget ist in verschiedene Module unterteilt. Modul A ist seit 2007 gemäß den internationalen Vorgaben strukturiert, Modul B erfasst weitere Ausgaben in nationaler Abgrenzung.

- Das *Grundmittelkonzept*, basierend auf den Rechnungsergebnissen der Finanzstatistik. Dargestellt werden bei diesem Konzept die Bildungsausgaben von Bund, Ländern und Gemeinden entlang der Funktionen, über die das Bildungswesen in den öffentlichen Haushalten definiert ist.

Während sich die Rechnungsergebnisse nach dem Grundmittelkonzept näherungsweise mit den Daten decken, die das COFOG-System auf international vergleichbarer Basis liefert, liegen die Daten des Nationalen Bildungsbudgets deutlich über den Vergleichszahlen der internationalen Bildungsfinanzrechnung. Die politische Botschaft lautet: Wir bewegen uns auf der Zielgeraden; mit jeweils 9,5 Prozent des BIP in den Jahren 2009 und 2010 haben wir das Zehn-Prozent-Ziel annähernd erreicht. Für Bildung allein geht die Darstellung sogar dahin, dass dem Bildungssektor aus öffentlichen und privaten Quellen 6,9 Prozent im Jahr 2009 und im Jahr 2010 bereits die angepeilten sieben Prozent des BIP zuflossen.[19] Dies kontrastiert deutlich mit den internationalen Daten. Nach internationaler Abgrenzung nämlich wurden dem Bildungssektor im Jahr 2009 aus öffentlichen und privaten Quellen nur Finanzierungsmittel in Höhe von 5,3 Prozent des BIP zugeführt.[20] Und das, obwohl im Jahr 2009 die BIP-

---

produkts zu steigern und festgestellt, dass zur Erreichung dieses Ziels im Jahr 2015 rechnerisch ein zusätzlicher Betrag von mindestens 13 Mrd. Euro für Bildungsmaßnahmen erforderlich ist." (BT-Drs. 17/411 vom 8.1.2010, S. 3)

[19] Siehe den Bildungsfinanzbericht 2012: 107ff., Tab. 2-3-1 und Tab. 2-4-1.

[20] Die Differenz von rd. 1,6 BIP-Prozentpunkten erklärt sich aus verschiedenen Faktoren. Entscheidend ist die Abgrenzung von Bildung. Während sich die Bildungsberichterstattung der OECD auf Bildungsprozesse bezieht, die zu formalen Abschlüssen führen, gehen in das Nationale Bildungsbudget auch andere Prozesse

Quote aufgrund des Wirtschaftseinbruchs und der Auflage von Konjunkturprogrammen, durch die das Bildungssystem einmalig Sondermittel erhielt, nach oben gedrückt wurde.

Werden nur die öffentlichen Bildungsausgaben in den internationalen Vergleich gerückt, bleibt von der nationalen Schönzeichnung nichts übrig. Unter den 30 OECD-Mitgliedsländern, für die durchgängig Daten vorliegen, rangierte Deutschland im Jahr 2009 bei den Ausgaben für Einrichtungen des Primar- bis Postsekundarbereichs auf Rang 26 (BIP-Anteil: 2,9 Prozent). Schlechter schnitten hier nur noch Chile, die Slowakei, Japan und Tschechien ab. Bei der Tertiärbildung rückte Deutschland immerhin ins Mittelfeld (Rang 16) vor, und zwar aufgrund des Umstands, dass der öffentliche Finanzierungsanteil zwar gesunken, mit 84,4 Prozent im internationalen Vergleich aber immer noch hoch war (Indikator B3.2). Über alle Bereiche hinweg erreichte Deutschland mit seinen öffentlichen Bildungsausgaben nur Rang 24.[21] An der Spitze mit einem BIP-Anteil der öffentlichen Hand von 7,5 Prozent fanden sich Dänemark, gefolgt von Island, Schweden, Belgien, Finnland und Norwegen. Dies sind die Länder, die zu Recht für sich in Anspruch nehmen können, Bildungsnationen mit Bildung für alle als Grundrecht zu sein.

3 Fazit

Wo Deutschland im internationalen Bildungsvergleich steht und wo daher auch verstärkte Anstrengungen erforderlich sind, erschließt sich nicht aus der nationalen Selbstbespiegelung, sondern bedarf des international vergleichenden Blicks. Bei der öffentlichen Bildungsfinanzierung wei-

---

ein, von betrieblichen Weiterbildungen über allgemeinbildende Prozesse an z.B. Volkshochschulen bis zu Trainingsmaßnahmen der Bundesagentur für Arbeit. Hinzu kommt, dass beim Bildungsbudget unterschiedliche öffentliche und private Datenquellen zusammengeführt werden, ohne eine Konsolidierung durch Bereinigung um Doppelzählungen vorzunehmen; demgegenüber werden bei der internationalen Bildungsfinanzrechnung von den privaten Ausgaben die erhaltenen öffentlichen Fördermittel abgezogen. Nicht nur der Bildungsbegriff ist beim Nationalen Bildungsbudget breiter angelegt, sondern auch der Ausgabenbegriff erfährt eine Dehnung. Die Öffnung betrifft kalkulatorische Kosten und steuerliche Subventionen.

[21] Bei Berücksichtigung der Bildungsförderung (Indikator B4.1) verbessert sich die Position geringfügig auf Platz 23.

gert sich die deutsche Politik jedoch, Ziele bedarfsorientiert zu setzen und deren Erreichung im Rahmen der international etablierten Rechensysteme anzustreben. Dahinter steckt die Absicht, Bildung öffentlich unterfinanziert zu lassen, um so den Privatisierungsdruck im System hoch zu halten, dies durch die Darstellung vermeintlicher Erfolge bei der Steigerung nationaler Bildungsinvestitionen zugleich jedoch zu bemänteln. Das Nationale Bildungsbudget eignet sich für eine derartige Politik. Es ist offen für allerhand Ausgabenzurechnungen, die teilweise lediglich auf Schätzungen basieren und international nicht berücksichtigungsfähig sind. Die Aussagekraft ist dementsprechend gering.

In Übereinstimmung mit den konkreten Mängelerfahrungen, die Lehrende und Lernende in Kitas, Schulen und Hochschulen tagein, tagaus machen, spiegelt der internationale Vergleich das wider, was die nationale Sonderrechnung zu verdecken sucht. Unverändert liegen die öffentlichen Bildungsausgaben nämlich auf einem so tiefen Niveau, dass sich damit schon die Kernleistungen der Bildungseinrichtungen kaum angemessen finanzieren lassen. Entsprechend bleiben Hilfsleistungen von der Schulpsychologie und der Schulsozialarbeit bis zur Stellung kostenloser und qualitativ guter Schulverpflegung für alle erst recht auf der Strecke. Im unterfinanzierten deutschen System ist für diese, das Lernumfeld positiv prägenden Aufgaben kein Geld da. Der absehbare Versuch, kompensatorisch zu den defizitären öffentlichen Bildungsausgaben die privaten Bildungsausgaben zu erhöhen, liefert keine Lösung, sondern weist den Weg weg von der proklamierten Bildungsrepublik hin zum Bildungsmarktstaat, wo Bildung weniger Bürgerrecht ist als vielmehr zur Ware wird.

Literatur

Heintze, Cornelia (2010a): Statistische Erfassung der öffentlichen Bildungsfinanzierung: Deutschland im internationalen Vergleich. Studie im Auftrag der Max-Traeger-Stiftung, Leipzig im Februar 2010 (Online-Publikation unter: http://www.gew.de/Binaries/Binary62542/Heintze-Studie_akt.pdf).

Heintze, Cornelia (2010b): Unterdurchschnittliche Performanz und unterdurchschnittliche öffentliche Bildungsausgaben – Deutschland im OECD-Vergleich, in: Eicker-Wolf, Kai/Thöne, Ulrich (Hg.) (2010): An den Grundpfeilern unserer Zukunft sägen. Bildungsausgaben, Öffentliche Haushalte und Schuldenbremse: 127-158.

Heintze, Cornelia (2012): Bildungsrepublik oder Bildungsmarktstaat. Zur Aussagekraft und Steuerungsrelevanz alternativer Indikatoren der Bildungsfinanzstatistik. Studie im Auftrag der Max-Traeger-Stiftung, Leipzig: http://www.gew.de/Binaries/Binary88321/Heintze-Studie_zu_Bildungsfinanzierung_Februar_2012.pdf (Letzter Zugriff: 12.01.2013).

Heintze, Cornelia (2013): Die Straße des Erfolgs: Rahmenbedingungen, Umfang und Finanzierung kommunaler Dienste im deutsch-skandinavischen Vergleich, Marburg.

Klemm, Klaus (2009): Sonderweg Förderschulen: Hoher Einsatz, wenig Perspektiven – Eine Studie zu den Ausgaben und zur Wirksamkeit von Förderschulen in Deutschland (im Auftrag der Bertelsmann Stiftung), Gütersloh.

Klemm, Klaus (2011): Drei Jahre nach dem Bildungsgipfel – eine Bilanz. Die Umsetzung der Ziele des Dresdner Bildungsgipfels vom 22. Oktober 2008, herausgegeben vom Deutschen Gewerkschaftsbund, Berlin.

Klemm, Klaus (2012): Bildungsgipfelbilanz 2012. Die Umsetzung der Ziele des Dresdner Bildungsgipfels vom 22. Oktober 2008, herausgegeben vom Deutschen Gewerkschaftsbund, Berlin.

OECD (2009): Education at a Glance 2009, OECD Indicators, Paris (http://www.oecd.org/findDocument/0,2350,en_2649_37455_1_119687_1_1_37455,00.html)

OECD (2010a): Education at a Glance 2010, OECD Indicators, Paris.

OECD (2010b): PISA 2009 Results. Learning Trends – Changes in Student Performance Since 2000 (Volume V): http://dx.doi.org/10.1787/9789264091580-en (Zugriff: 22.02.2012, zuletzt: 10.01.2013).

OECD (2011): Education at a Glance 2011, OECD Indicators, Paris.

OECD (2012): Education at a Glance 2012, OECD Indicators, Paris.

Piltz, Henrik (2011): Bildungsfinanzierung für das 21. Jahrhundert. Finanzierungsbedarf der Bundesländer zur Umsetzung eines zukunftsfähigen Bildungssystems, herausgegeben von der GEW und gefördert von der Max-Traeger-Stiftung, Frankfurt.

Rehm, Hans (2006): Statistiken der öffentlichen Finanzen aussagekräftiger und aktueller, in: Wirtschaft und Statistik, H. 3: 279-302.

Statistische Ämter des Bundes und der Länder (Hg.) (2011): Internationale Bildungsindikatoren im Ländervergleich, Wiesbaden.

Statistisches Bundesamt (Destatis) (2009b): Bildungsfinanzbericht 2009 mit Anlagen, Wiesbaden (Zit. als Bildungsfinanzbericht 2009).

Statistisches Bundesamt (Destatis) (2011): Bildungsfinanzbericht 2011 mit Anlagen, Wiesbaden (Zit. als Bildungsfinanzbericht 2011).

Statistisches Bundesamt (Destatis) (2012): Bildungsfinanzbericht 2012 mit Anlagen, Wiesbaden (Zit. als Bildungsfinanzbericht 2012).

Stache, Dietrich, Forster, Thomas et al. (2007): Ausgaben des Staates nach Aufgabenbereichen. Datenbasis zur Beurteilung der Qualität der Staatsausgaben, in: Wirtschaft und Statistik, H. 12 (Dezember 2007): 1180-1197.

[UOE 2007] UNESCO/OECD/EUROSTAT (2007): UOE data collection on educational systems, Manual: Concepts, definitions, classifications, Montreal, Paris, Luxembourg.

Arbeitgeberforschung für „mehr Wachstum und Gerechtigkeit"?

Eine Analyse aktueller bildungspolitischer Interventionen der deutschen Wirtschaftsverbände am Beispiel des „Bildungsmonitors"

Tobias Kaphegyi

1 Was ist der „Bildungsmonitor"?

„Infrastruktur verbessern – Teilhabe sichern – Wachstumskräfte stärken", so lautet die Überschrift des „Bildungsmonitors 2012" (Anger u.a. 2012). „Fortschritte auf dem Weg zu mehr Wachstum und Gerechtigkeit" lautet die Überschrift des „Bildungsmonitors 2011" (Erdmann u.a. 2011). Was sich zum wiederholten Mal nach sozialdemokratischem Wahlkampfmotto anhört, entstammt den Federn der Mitarbeiter und Mitarbeiterinnen des Instituts der deutschen Wirtschaft Köln e.V. (IW). Das IW wird von Verbänden und Unternehmen der deutschen Wirtschaft finanziert. Im Auftrag der Initiative Neue Soziale Marktwirtschaft (INSM) – eines Lobby-Thinktanks, der hauptsächlich von Metallarbeitgebern finanziert wird und dem nach eigenen Angaben (nach Steuern) jährlich knapp sieben Millionen Euro für seine zumeist marktideologischen Kampagnen zur Verfügung stehen – erarbeitet das IW seit 2004 den so genannten Bildungsmonitor. Innerhalb des IW ist hierfür der wissenschaftliche Arbeitsbereich I zuständig. Die Benennung des Aufgabenbereichs dieses Arbeitsbereichs I wurde im Jahr 2004 – also mit dem Start des Bildungsmonitors – interessanterweise von „Gesellschafts- und Bildungspolitik" in „Bildungspolitik und Arbeitsmarktpolitik" geändert. Das Verschieben von Bildungspolitik aus dem gesellschaftspolitischen in den arbeitsmarktpolitischen Kontext ist symptomatisch für viele Sachverhalte, die im vorliegenden Beitrag behandelt werden.

Der seit 2004 jährlich unter einem neuen Titel und mit einem anderen Schwerpunkt erscheinende Bildungsmonitor ist eine der Hauptpublikationen des Instituts der deutschen Wirtschaft. Die Präsentation der Ergebnisse des Bildungsmonitors im August eines jeden Jahres erfolgt hauptsächlich über einen Forschungsbericht und über eine gemeinsame Pressekonferenz von IW und INSM. Der ganze Präsentationsprozess wird abgerundet durch einen jährlich aktualisierten Internetauftritt, der auch die schriftlichen Ergebnispräsentationen zum Herunterladen zur Verfügung stellt. Seine Protagonisten behaupten vom Bildungsmonitor, dass er für die „kontroverse" Diskussion darüber, „wie man Bildung verbessern sollte", die „Fakten" liefere (Pellengahr 2010: 1). Für die Verantwortlichen der INSM ist der Bildungsmonitor „so umfassend [...] wie keine andere Studie in diesem Bereich" (ebd.).

Und es ist wirklich erstaunlich: Die Präsentation des jährlichen „Updates" des Bildungsmonitors wird in so gut wie allen überregionalen und für die veröffentlichte Meinung bedeutenden Medien in Deutschland rezipiert. Die Berichterstattung konzentriert sich zumeist auf die Rangordnung der „Qualität" der Bildungspolitik in den Bundesländern, die der Bildungsmonitor scheinbar objektiv erstellt. Denn der Bildungsmonitor gibt vor, die Bildungspolitik in allen Bundesländern wissenschaftlich zu untersuchen und nach ihrer Leistungsfähigkeit zu ordnen. Viele verantwortliche Länderministerien fühlen sich aufgrund des Medienechos bemüßigt, sich zur verkündeten Rangordnung und zur ihnen zugedachten Rolle zu verhalten und geben Pressemitteilungen heraus. In diesen Pressemitteilungen loben sich die Ministerien meistens selbst, und der Bildungsmonitor wird für die vermeintlichen Fortschritte der eigenen Bildungspolitik als Beweis herangezogen.

Im Rahmen einer von der *Max-Traeger-Stiftung* geförderten Expertise war es mir möglich, den Bildungsmonitor 2010 einer intensiven Untersuchung zu unterziehen (Kaphegyi 2012). Auf der Grundlage dieser Ergebnisse können im Folgenden auch die Updates Bildungsmonitor 2011 und Bildungsmonitor 2012 erstmals analysiert werden. Wichtig ist es vor allem, die Form („Benchmarking"), die Ergebnisse und die Forderungen der von den Arbeitgeberverbänden finanzierten bildungspolitischen Auftragsforschung herauszuarbeiten und einer Prüfung zu unterziehen. Wenn hier empirische Auffälligkeiten und Inkonsistenzen in der methodischen und wissenschaftlichen Vorgehensweise und Argumentation zutage treten, bleibt die Frage, ob Interessen der Wirtschaftsverbände im Vordergrund stehen, für deren wissenschaftliche Bemäntelung eventuell auf korrektes wissenschaftliches Argumentieren verzichtet werden muss. Anstatt auf diese nicht zu klärende Frage einzugehen, werden am Ende dieses Beitrags hypothesenartig – aber empirisch begründet – drei (von vielen möglichen) Auswirkungen der Bildungspolitik skizziert, die der Bildungsmonitor propagiert.

2 Methode, Ergebnisse und politische Anschlussfähigkeit des Bildungsmonitors

2.1 Methode des Bildungsmonitors

Wie viele Arbeiten der über Arbeitgeberverbände und über wirtschaftsnahe Stiftungen finanzierten Politikfeld-Forschung ist der Bildungsmonitor als so genanntes Benchmarking aufgebaut (siehe z.B. auch Städteranking, Bundesländerranking oder Innovationsmonitor des IW). Die Methode des Benchmarking entstammt der Betriebswirtschaftslehre und ist eine normative Methode, die im betriebswirtschaftlichen Kontext dazu dient, ein Unternehmen im Wettbewerb so zu optimieren, dass es zum „Marktführer" aufschließt. Es werden im Produktionsprozess von erfolgreichen Unternehmen Praktiken identifiziert, die in einer vorangegangenen empirischen Untersuchung gezeigt haben, dass sie verantwortlich für den Erfolg der Marktführer sind. Für solch eine betriebliche Praxis – beim Benchmarking als „best practice" bezeichnet – werden messbare Indikatoren identifiziert, die diese überlegene Praxis quantifizieren sollen und mess- und vergleichbar machen. Die Praxis verschiedener Unternehmen kann dann anhand der Indikatorwerte in einem Ranking hierarchisiert werden. Die Rangordnung bringt zum Ausdruck, wie erfolgreich die untersuchten Unternehmen die „best practice" des Marktführers nachahmen (identisch: Rang eins) oder auch nicht (letzter Rang). Insgesamt kann es durch eine weite Verbreitung der Methode des Benchmarkings zu einer Vereinheitlichung der Produktionsprozesse bei konkurrierenden Unternehmen kommen. Dieses betriebswirtschaftliche

Konzept zur Optimierung von betrieblichen Abläufen überträgt der Bildungsmonitor auf die „Produktion" von Bildung durch die Bundesländer. Nur: In der Betriebswirtschaftslehre wird sich normativ an dem Unternehmen orientiert, das am meisten verkauft. An welchem normativen Ziel orientiert sich aber ein Benchmarking der Bundesländer im Bildungsbereich? Dieses normative Ziel der Bildungspolitik wird durch die Autoren und Autorinnen des Bildungsmonitors selbst festgelegt. Damit versetzen sie sich selbst in die Position, (Bildungs-)Politik nach ihren normativen Maßstäben zu evaluieren und mit der Veröffentlichung ihrer Ergebnisse nach ihren Interessen unter Reformdruck zu setzen. Denn: Über veröffentlichte Rankings wird ein Wettbewerbs- und Rechtfertigungsdruck auf die Politik aufgebaut. Ähnlich wie bei den Maßnahmen der „offenen Koordinierung" innerhalb der EU ist es somit für Akteure wie für die Wirtschaftsverbände möglich, Bildungspolitik auf die eigenen Ziele auszusteuern, ohne direkten Zugriff auf die Bildungssysteme zu besitzen. Interessant ist dabei, dass meistens versucht wird, die allen Evaluierungen zugrunde liegenden, normativ bestimmten Ziele als im Interesse der Allgemeinheit auszugeben. So wird der Reformdruck auf die Politik noch einmal erhöht, und das Ranking verliert seinen interessenpolitischen Beigeschmack als Arbeitgeberlobbyismus. Dies wird schon beim ersten Blick auf den Internetauftritt des Bildungsmonitors deutlich. Die Homepage mit den jährlichen Updates ist überschrieben mit: „Welches Bundesland hat das beste Bildungssystem? Wer hat sich verschlechtert? Wo liegen die Reformpotenziale?"[1]

Was soll aber dieses „beste" Bildungssystem sein? Was wird als „best practice" definiert? Welche Ziele erreicht dieses beste Bildungssystem? In allen PR-Elementen wird gleichermaßen vorgegangen und bei der Leserin und dem Leser in den allermeisten Fällen die Fehleinschätzung erzeugt, der Bildungsmonitor evaluiere beispielsweise die pädagogische und erzieherische Qualität der Bildung in den Bundesländern, nach dem Motto: In welchem Bundesland sind die besten Bildungseinrichtungen, die die Kinder am besten voranbringen? Wo wird die modernste und beste Pädagogik eingesetzt? Die Pressearbeit der beteiligten Organisationen nimmt für eine höhere allgemeine Akzeptanz des Bildungsmonitors bewusst diese Fehleinschätzungen in Kauf.

---

[1] http://www.insm-bildungsmonitor.de/ [03.11.12].

In der Einleitung des Bildungsmonitors 2010 wurde noch einigermaßen leicht erkennbar erläutert, welche normative Grundausrichtung der Bildungsmonitor eigentlich hat und was er eigentlich „messen" und vergleichen möchte. Es wird dort dargelegt, dass die Studie insgesamt nur eine „ökonomische Sicht" (Erdmann u.a. 2010: 4) auf die Bildungssysteme der Bundesländer einnehmen möchte. Das bedeutet: Bildung interessiert im Bildungsmonitor nur, wenn es dem „bildungsökonomischen Leitziel – Wirtschaftswachstum und Verteilungseffizienz" dient (Erdmann u.a. 2010: 8). Die normative Zielvariable des Bildungsmonitors soll also das Wirtschaftswachstum in den einzelnen Bundesländern sein. Über eine Rangordnung der pädagogischen Qualität der Bildung der Bundesländer kann der Bildungsmonitor mithin gar keine Auskunft geben, obwohl er dies in der Pressearbeit vorgibt (ausführlich dazu Kaphegyi 2012: 18-20). In der Presserezeption rutscht diese wichtige Information ebenfalls – wenn sie denn überhaupt wiedergegeben wird – „meist in einen unauffälligen Nebensatz" (Kaphegyi 2012: 18). Die Überschrift über dem Internetauftritt des Bildungsmonitors müsste also eigentlich lauten: Welches Bundesland hat das Bildungssystem mit der besten Wirkung auf das Wirtschaftswachstum dieses Bundeslandes?

Weitere Zweifel an der gewählten Methode sind angebracht: Ergibt diese normative Grundausrichtung des Benchmarkings Bildungsmonitor überhaupt einen Sinn? Die Autoren und Autorinnen versuchen über Projektionsrechnungen, auf die weiter unten noch genauer eingegangen werden wird, allen Ernstes den Beweis zu führen, dass sich Leistungen in der Bildungspolitik der einzelnen Länder auch ganz speziell auf das „Wachstum" im betreffenden Bundesland auswirken (siehe Abb. 33 des Bildungsmonitors, Anger u.a. 2012: 193; Erdmann u.a. 2010: 186; Abb. 22 des Bildungsmonitors bei Erdmann u.a. 2011: 176). Ein leicht als absurd zu erkennendes Vorhaben, da bereits die gegebene Freizügigkeit der Arbeitnehmer und Arbeitnehmerinnen in Deutschland verhindert, dass der Aufbau des Bildungsmonitors als Benchmarking im Hinblick auf das Wirtschaftswachstum in den Bundesländern sinnvoll ist. Das IW stellt selbst in vielen seiner Studien einen „Brain Drain" von Ost nach West fest (z.B. Koppel 2008). Das bedeutet, dass beispielsweise die in Brandenburg ausgebildeten Akademiker und Akademikerinnen nach ihrem

Studium nicht das Wirtschaftswachstum in Brandenburg, sondern eventuell das in Bayern befördern, weil sie dort arbeiten.[2]

In den Jahren 2011 und 2012 ist die normative Ausrichtung des Bildungsmonitors auf das Wachstum immer schlechter zu erkennen. Was 2010 noch mit dem unbestimmten Begriff „Verteilungseffizienz" angedeutet wurde, wird nun von den Autoren und Autorinnen immer stärker in den Fokus gerückt und ausgeschmückt: Im Bildungsmonitor 2011 wird schon im Titel behauptet, es gehe nicht nur um Wachstum, sondern auch um „Fortschritte auf dem Weg zu mehr Wachstum und Gerechtigkeit" (Erdmann u.a. 2011). Handelt es sich beim Bildungsmonitor also neuerdings um ein Ranking der sozialen Selektivität der Bildungssysteme der Bundesländer und somit um eine Art Untersuchung der „Gerechtigkeit" dieser Systeme? Im Bildungsmonitor 2012 wird es dann noch undeutlicher: Der einleitende Theorie- und Methodenteil des Bildungsmonitors wird nicht mehr wie in den Jahren zuvor mit „ökonomisches Leitbild" überschrieben, sondern nur noch in abgeschwächter und weniger normativer Form mit „ökonomische Einordnung". Trotzdem wird aber natürlich immer noch faktisch der „ökonomische Blick" beibehalten. Jetzt wird aber nicht mehr nur das „Wachstum" als „bildungsökonomisches Ziel" formuliert. Wie schon 2011 wird das Soziale immer stärker thematisiert, indem als weiteres bildungsökonomisches Ziel die „soziale Teilhabe" genannt wird (Anger u.a. 2012: 4). Nicht von der Hand zu weisen ist also: Je mehr das Wachstum als alleiniges, normatives gesellschaftliches Ziel in die kontroverse Diskussion gerät (siehe z.B. die Einberufung einer Enquete-Kommission des Bundestags zur Diskussion des Wachstumsbegriffs), desto stärker behaupten die Autoren und Autorinnen des Bildungsmonitors zeitgleich eine normative Ausrichtung des Bildungsmonitors in Richtung „Gerechtigkeit" oder „soziale Teilhabe". Diese Ausrichtung nimmt sich damit auch der seit den 1970er Jahren vorgebrachten, empirisch evidenten Kritik an, die immer wieder aufzeigt, dass das deutsche Bildungssystem sozial hoch selektiv und ungerecht ist. Es wird versucht, die normative Grundlegung des Benchmarkings in einem möglichst breiten gesellschaftlichen Interesse so zu formulieren, dass möglichst sogar im Feld des politischen Gegners (Gewerkschaften,

---

[2] Vgl. ausführlich zu weiteren Problemen der Anwendung der Benchmarkingmethode auf ein Ranking der Bildungspolitiken in den Bundesländern im Bildungsmonitor Kaphegyi 2012: 33-38.

linke Parteien) gepunktet wird. Diese Ausweitung des normativen Evaluierungsziels „Wirtschaftswachstum" um „Gerechtigkeit" (Bildungsmonitor 2011) oder „soziale Teilhabe" (Bildungsmonitor 2012) ändert allerdings nichts am Aufbau des Benchmarkings oder an der Auswahl der Indikatoren. Durch die theoretische Formulierung einer „Zielharmonie von Teilhabe und Wachstum" (Anger u.a. 2012: 13ff.) verschmelzen die Zielvariablen des Benchmarkings einfach zu ein und demselben Ziel des Bildungssystems. Die Autoren und Autorinnen scheinen – durch dieses theoretische Manöver – keine Veranlassung zu sehen, das Untersuchungsdesign an die neue, scheinbar sozialere Ausrichtung anzupassen und zu verändern. Sie verfahren nach dem einfachen Motto: Mehr soziale Teilhabe im Bildungssystem = mehr gut ausgebildete Menschen = mehr Beschäftigung = mehr Wachstum. Inwieweit hier empirische Belege für diese theoretisch postulierte Kausalkette und die postulierte „Zielharmonie" von „Teilhabe" über Bildung und dadurch steigendes Wirtschaftswachstum angeführt werden, wird im Folgenden noch genauer betrachtet.

2.2 Ergebnisse des Bildungsmonitors und deren politische Anschlussfähigkeit

2.2.1 „Die Erfolge der Reformanstrengungen" der letzten Jahre seien bildungspolitisch und ökonomisch zu erkennen

Genau wie die normative Ausrichtung des Bildungsmonitors ist auch die Ergebnispräsentation des Bildungsmonitors sehr konsens- und zielgruppenorientiert. Der Bildungsmonitor stößt niemanden in verantwortlicher Position vor den Kopf und dient Bildungspolitikern und -politikerinnen, Landesregierungen und verantwortlichen Parteien oftmals als Beweis für ihre scheinbar erfolgreiche Politik:

> „Im Kontrast zu dem häufig in der Öffentlichkeit vorherrschenden Bild eines krisenbehafteten Bildungssystems sind die Erfolge der Reformanstrengungen der letzten Jahre sowohl aus bildungspolitischer als auch aus ökonomischer Perspektive mittlerweile deutlich zu erkennen" (Erdmann u.a. 2011: 192).

Die konkreten Rankingergebnisse des Bildungsmonitors und die „Platzierungen" der Bundesländer sollen hier einmal außer Acht gelassen werden. Als wichtiger erscheint, dass laut Bildungsmonitor in allen Bundesländern scheinbar ein Verständnis von Bildungspolitik praktiziert wird, das die Autoren und Autorinnen des Bildungsmonitors als lohnenswerte „investive Sozialpolitik" (Anger u.a. 2012: 210) bezeichnen:

„Das für das Wirtschaftswachstum wichtige Fachkräfteangebot und die Schulqualität konnten in den letzten Jahren verbessert werden. Dabei zeigt sich, dass die Wachstumsimpulse gerade auf Fortschritten beim Zugang zu Bildung und damit den Teilhabechancen beruhen" (Anger u.a. 2012: 208).

Diese Behauptungen ergeben die schon genannte „Zielharmonie" von „Teilhabe" und „Wachstum". Neben allerlei Rhetorik werden auch jedes Jahr aufs Neue vor allem zwei vermeintliche Beweise präsentiert, die die ökonomischen Wachstumswirkungen der Verbesserungen in den Bildungssystemen der Länder quantitativ belegen sollen:

1.) „So wird die Wachstumsrate hierzulande langfristig um 0,35 Prozentpunkte höher ausfallen, weil sich die Kompetenzbildung der Jugendlichen in den Naturwissenschaften und der Mathematik an den allgemeinbildenden Schulen zwischen 2000 und 2009 verbessert hat." (Anger u.a. 2012: 209)

2.) „Die Schätzungen zeigen zudem, dass der Anstieg der Anzahl der Hochschulabsolventen zwischen 2000 und 2010 zu einem unmittelbaren Zuwachs der Wertschöpfung in Deutschland um 9,4 Milliarden Euro geführt hat. Die einzelnen Bundesländer haben dabei positive Wertschöpfungseffekte von bis zu gut 1,7 Milliarden Euro (NRW) generieren können." (Anger u.a. 2012: 209)

Es lässt sich festhalten: Die Bildungsmonitore in ihrer Gesamtaussage seit 2010 fordern mit großem medialen Widerhall vom Staat und den verantwortlichen Politikern und Politikerinnen einen Ausbau der Bildung. Sie fordern vor allem Investitionen in einen Ausbau der unteren Bildungsstufen. Insgesamt befänden sich alle Bundesländer und damit auch die Bildungspolitik auf einem guten Weg, und es würden seit 2004 ständig Verbesserungen in den Bildungssystemen der Bundesländer erzielt. Die Autoren und Autorinnen legen dabei eine Kausalkette von besseren Teilhabechancen durch den Ausbau der Bildung zugrunde, die zu einer größeren sozialen Gerechtigkeit über mehr Beschäftigung führe. Mehr soziale Teilhabe und Gerechtigkeit durch Bildung führe somit automatisch auch zu mehr Wertschöpfung und mehr Wirtschaftswachstum, was schon jetzt empirisch über Modellrechnungen belegt werden könne. Der Bildungsmonitor trägt damit zur aktuellen gesellschaftlichen Dominanz der Einschätzung bei, nach der Bildung als investive Wirtschafts- und Sozialpolitik für mehr Wachstum, für mehr soziale Gerechtigkeit und gegen Armut verstanden wird. Prägend für diese Position ist auch die ständige Rede von einem kommenden „Fachkräftemangel" (vor allem im so genannten MINT-Bereich), der auch im Bildungsmonitor ständig präsent ist. Sozialstaatliche Leistungen werden bei dieser Position meistens als „nachsorgend" denunziert, weshalb deren weiterer Abbau empfohlen wird. Dieser Konsens besteht bei Entscheidungsträgern weit nach links (siehe z.B. die sozialdemokratischen Konzepte zum „vorsorgenden" oder „aktivierenden Sozialstaat") und rechts (siehe z.B. die Merkelsche „Bildungsrepublik") und ist an sehr viele (partei-)politische Ausrichtungen anschlussfähig.[3]

2.2.2 Für die Finanzierung von Bildung als „investiver Sozialpolitik" seien „demografische Rendite" und Wachstumszuwächse durch Bildung ausreichend

„Der demografische Wandel besitzt einen großen Einfluss auf die öffentliche Ausgabenpolitik. [...] Der Bildungsmonitor 2010 hat gezeigt, dass bei unveränderten Bildungsausgaben die Ausgaben je Schüler bis zum Jahr 2020 deutlich gesteigert werden können. Vor dem Hintergrund der Haushaltskonsolidierung sind folglich steigende Ausgaben je Schüler grundsätzlich möglich, wenn die demografische Rendite investiert wird" (Anger u.a. 2012: 23).

Ein Blick in den Bildungsmonitor 2010 verdeutlicht: Für die Forscher und Forscherinnen der deutschen Wirtschaft hat die neoliberale Haushaltskonsolidierung erste Priorität: Sie sei das „Standbein erfolgreicher

---

[3] Siehe eine ausführliche Analyse der neuen ökonomischen Rolle von Bildung in den politischen Konzepten der Volksparteien, auf die hier ohne weitere Erläuterungen aufgebaut wird: Arbeitsgruppe Alternative Wirtschaftspolitik 2007: 205-230; eine kompakte Darstellung liefert Bultmann 2013: 9-12.

Wachstumsstrategien".[4] Die Bildungsmonitor-Ausgabe des Jahres 2010 errechnete eine „demografische Rendite" in Höhe von 8,8 Milliarden Euro, die

> „2020 in den Bundesländern [...] entstehen [wird], wenn die Gesamthöhe der Bildungsausgaben für die allgemeinbildenden Schulen auf das Niveau des Jahres 2007 eingefroren wird" (Erdmann u.a. 2010: 203f.).

Eine Bedarfsanalyse (bzw. eine Kosten-Ausgabenrechnung), die aufzeigt, ob die 8,8 Milliarden Euro im Jahr 2020 für den von den Autoren und Autorinnen geforderten Ausbau der Bildungsinfrastruktur heute ausreichen, wird von den Ökonomen und Ökonominnen der deutschen Wirtschaft erstaunlicherweise nicht durchgeführt. Sie verweisen zusätzlich (aber ebenfalls ohne konkreten Abgleich mit den Kosten ihrer Bildungsforderungen) auf bildungsinduzierte Wachstumszuwächse.

Ein Blick in die Bildungsmonitore (außer 2012) zeigt erstaunlicherweise auch eine sich ständig verbessernde Bildungsfinanzierung. Das liegt an der Indikatorik im „Handlungsfeld Ausgabenpriorisierung".[5] Gemessen werden die Bildungsausgaben im Bildungsmonitor als Anteil der Bildungsausgaben an den staatlichen Gesamtausgaben. In Konsolidierungszeiten verwandelt diese unsinnige Indikatorik, die dem Primat der Haushaltskonsolidierung nicht sofort erkennbar (weil implizit) folgt, Bildungskürzungen, die relativ geringer ausfallen als die Gesamtkürzungen in den staatlichen Ausgaben, in eine „Zunahme der Bildungsausgaben" (vgl. Kaphegyi 2012: 57-60). Doch selbst bei dieser Indikatorik muss der Bildungsmonitor im Jahr 2012 feststellen, dass das „Handlungsfeld Aus-

---

[4] Erdmann u.a. 2010: 4. Zur empirischen Inkonsistenz dieser Argumentation siehe Kaphegyi 2012: 22.

[5] Der Bildungsmonitor „misst" die wachstumspolitischen „Fortschritte" der Bundesländer in der Bildungspolitik anhand von über hundert Indikatoren, die sich auf dreizehn sogenannte Handlungsfelder aufteilen. Diese Handlungsfelder werden von den Autorinnen und Autoren als von den Landesregierungen bildungspolitisch zu gestaltende Themen- und Aktionsfelder gesehen, deren Verbesserung ursächlich für die Verbesserung der Wachstumswirkung von Bildungspolitik betrachtet wird. Das „Handlungsfeld Ausgabenpriorisierung" soll laut Bildungsmonitor die „Verbesserungen" in der Bildungsfinanzierung messen und umfasst fünf Indikatoren zu den Bildungsausgaben an Grundschulen, Schulen, beruflichen Schulen (mit und ohne duales System) und an Hochschulen.

gabenpriorisierung" das einzige der 13 Handlungsfelder ist, in dem zwischen 2011 und 2012 ein echter Rückgang (-2,6) zu verzeichnen ist (Anger u.a. 2012: 132). Ein deutlicher Hinweis darauf, dass die Haushaltskonsolidierung (Schuldenbremsen etc.) bei gleichzeitiger neoliberaler Steuermindereinnahmenpolitik der letzten Jahrzehnte im Bund die Bildungspriorisierung in der Realpolitik der Bundesländer zwangsläufig zurückdrängt hat (neoliberales „Diktat der leeren Kassen"). In Länderhaushalten sind größere Einsparungen, ohne die Bildungsausgaben als weitaus größten Ausgabenposten einzubeziehen, vollkommen unrealistisch (Arbeitsgruppe Alternative Wirtschaftspolitik 2013: 181ff.). Der Bildungsmonitor affirmiert aber mit seinen ungeprüften und unrealistischen Finanzierungsvorschlägen die aktuell vorherrschende Mangelsituation in der Bildungsfinanzierung und verteidigt eine Beibehaltung der ursächlichen Einnahmen- und Austeritätspolitik des Staates.

Der Bildungsmonitor ist also nach fast allen Seiten politisch anschlussfähig. Er affirmiert die aktuell herrschende Politik, die so tut als sei Haushaltskonsolidierung, steuerpolitische Entstaatlichung und Umverteilung nach oben mit einer Verbesserung der von allen für wichtig gehaltenen, besseren Bildungsfinanzierung in Einklang zu bringen. Er popularisiert Bildung als „investive Sozialpolitik" (mehr Bildung/höhere Qualifikationen = mehr Beschäftigung = mehr Wachstum), die ohne staatliche Mehreinnahmen zu bewerkstelligen sei, und führt dafür quantitative, scheinbar wirtschaftswissenschaftlich gewonnene „Beweise" für bildungsinduziertes Wachstum an. Diese sollen im Folgenden geprüft werden.

3 Empirische Prüfung und Diskussion der Ergebnisse des Bildungsmonitors

3.1 „Misst" der Bildungsmonitor wirklich das, was er zu „messen" verspricht? Empirische Prüfung des Zusammenhangs zwischen den Bildungsmonitorergebnissen und dem Wirtschaftswachstum in den Bundesländern

„Der Bildungsmonitor beschreibt Handlungsnotwendigkeiten und Fortschritte in 13 bildungsökonomisch relevanten Handlungsfeldern." Diese 13 Handlungsfelder innerhalb der Bildungspolitik der Bundesländer sollen „Bildungspotenziale erschließen und dadurch gleichsam Wachstumsperspektiven verbessern" (Anger u.a. 2012: 206).

„Dabei zeigt sich, dass die Wachstumsimpulse gerade auf Fortschritten beim Zugang zu Bildung und damit den Teilhabechancen beruhen" (Anger u.a. 2012: 208).

Von daher müssten für ein Bundesland mit traditionell gutem Ranking beim Bildungsmonitor Verbesserungen beim Wirtschaftswachstum feststellbar sein. Denn laut Bildungsmonitor zeigen sich schon jetzt „besonders starke Verbesserungen bei der Fachkräftesicherung in den engpass- und innovationsrelevanten Bereichen" (Anger u.a. 2012: 207). „Im Unterschied zu den Effekten der Verbesserung der Schulqualität treten die Wirkungen der verstärkten Akademisierung jedoch bereits kurzfristig auf." (Anger u.a. 2012: 194)

Für jeden bildungspolitisch bewanderten Menschen ergeben sich natürlich Zweifel: In der föderal organisierten Bundesrepublik, in der die Bundesländer für Bildung zuständig sind, herrscht die weiter oben schon angesprochene Freizügigkeit der Arbeitnehmer und Arbeitnehmerinnen. Das heißt: Die von einer zusätzlich ausgebildeten Akademikerin bewerkstelligte Wertschöpfung muss gar nicht im Bundesland der Ausbildung erbracht werden.

Das Ergebnis der empirischen Probe des „bildungsökonomischen" Rankings im Bildungsmonitor ist also kein Wunder: In einer Korrelationsanalyse lässt sich kein positiver, linearer Zusammenhang zwischen dem Abschneiden der Bundesländer beim Bildungsmonitor seit 2004[6] und Indikatoren des durchschnittlichen Wirtschaftswachstums seit 2004 in den Bundesländern[7] feststellen. Mehr noch: Zwischen dem Bildungs-

---

[6] Einbezogen wurden die Bildungsmonitorpunktezuwächse der Länder 2004-2010 und 2004-2012. Quelle ist der Bildungsmonitor selbst.

[7] Einbezogen wurden die durchschnittlichen Veränderungen des BIP in Prozent (=Wachstum) sowohl zwischen 2004 und 2010 als auch zwischen 2004 und 2012 (in jeweiligen Preisen als auch preisbereinigt und verkettet). Da im Bildungsmonitor argumentiert wird, dass die Bildungsreformen teilweise zeitlich nicht unmittelbar auf das Wirtschaftswachstum wirken und um den Einfluss von Konjunkturschwankungen und Zufallskorrelationen auszuschließen, wurden Indikatoren des durchschnittlichen Wachstums in den Bundesländern seit 2004 ausgewählt. Quelle sind die Volkswirtschaftlichen Gesamtrechnungen der Länder (VGRdL) bei

monitorpunktezuwachs der Bundesländer und dem durchschnittlichen Wirtschaftswachstum der Bundesländer zwischen 2004 und 2012 lässt sich ein negativer, mittelstarker und signifikanter[8] Zusammenhang erkennen ($r = -0{,}59$; $p = 0{,}016$). Es kann also begründet bezweifelt werden, dass ein gutes Abschneiden eines Bundeslandes im Bildungsmonitor die „Wachstumsperspektiven verbessert". Vielmehr kann statistisch begründet werden, dass genau das Gegenteil der Fall sein könnte. Legt man das Modell des Bildungsmonitors zugrunde – das besagt, dass der Bildungsmonitor anhand der über Indikatoren gemessenen Entwicklungen im Bildungsbereich Aussagen über die Wachstumsentwicklung eines Bundeslandes treffen könnte –, so kommt man bei einer empirischen Prüfung zu folgendem Ergebnis: Mit einem guten oder starken Punktezuwachs beim Bildungsmonitor zwischen 2004 und 2012 ging eine eher negative Performance bei der durchschnittlichen Wachstumsentwicklung desselben Bundeslandes im genannten Zeitraum einher. Der negative Zusammenhang zwischen den Unterschieden beim Bildungsmonitorpunktezuwachs und den Unterschieden beim durchschnittlichen Wachstum des BIP war zwischen 2004 und 2010 noch etwas weniger stark ($r = -0{,}501$; $p = 0{,}048$).

Es scheint also einen Hinweis darauf zu geben: Je länger der Bildungsmonitor erhoben wird, desto deutlicher stabilisiert sich der negative Zusammenhang zwischen den Unterschieden beim Punktezuwachs und den Unterschieden beim durchschnittlichen Wirtschaftswachstum zwischen den Bundesländern. Dieses Ergebnis führt die Behauptung, der Bildungsmonitor messe wachstumsfördernde Bildungspolitik in den Bundesländern, ad absurdum.

Dies bedeutet natürlich auch für die Finanzierung der vom Bildungsmonitor geforderten Investitionen in die Bildungsinfrastruktur über die anvisierten Bildungsrenditen einen Rückschlag. Eine Verlagerung der Finanzierungslast in die Zukunft (bzw. eine zukünftige Bildungsrendite) scheint für die Bundesländer bei diesen empirischen Ergebnissen fraglich.

---

den Statistischen Ämtern des Bundes und der Länder. Berechnungsstand: 27. März 2013.

[8] Da es sich um eine Vollerhebung aller 16 Bundesländer handelt, spielt die Signifikanz hier eine untergeordnete Rolle.

Bei einer näheren Analyse der Handlungsfelder und Indikatoren des Bildungsmonitors und deren Wachstumswirkungen verwundert dieses Ergebnis aber auch nicht (Kaphegyi 2012: 39-57). Das grundlegende Problem des Bildungsmonitors besteht darin, dass sich die Autoren und Autorinnen nicht an die Art des methodischen Aufbaus eines Benchmarkings halten, auf das sie selbst verweisen (Meyer 2004). Anstatt im Sinne eines einigermaßen kritisch-rationalen Vorgehens geeignete Falsifikationskriterien für die Indikatoren und Handlungsfelder zu definieren und zu prüfen, werden diese Indikatoren aufgrund eines interessenorientierten Auswahlprozesses – euphemistisch als „Metastudien" bezeichnet – bestimmt. Bei einer Untersuchung des empirischen Gehalts der Handlungsfelder und Indikatoren treten diese Mängel deutlich zutage: Nur die Konstruktion eines der 13 Handlungsfelder kann überhaupt als empirisch unterstützt gelten. Die anderen zwölf Handlungsfelder sind in ihrer Mehrheit gerade einmal durch simplifizierende Übertragungen von Elementen der „endogenen Wachstumstheorien" theoretisch hergeleitet oder werden einfach unbegründet konstruiert. So wird im Bildungsmonitor beispielsweise behauptet, Verbesserungen im „Handlungsfeld Forschungsorientierung" würden Verbesserungen beim Wirtschaftswachstum eines Bundeslandes nach sich ziehen. Operationalisiert ist das betreffende Handlungsfeld z.B. durch Indikatoren, die die Höhe der eingeworbenen Drittmittel je Professor oder beispielsweise den Anteil der Promotionsabschlüsse an den Universitätsabschlüssen messen. Es wird aber nicht auf eine Studie verwiesen, die empirisch einen positiven Zusammenhang zwischen zunehmender Drittmittelfinanzierung oder der Menge der Promotionsabschlüsse und dem Wirtschaftswachstum in einem Bundesland herstellen kann. Theoretisch lässt sich für wirtschaftsstarke Bundesländer genauso gut auch ein gegenteiliger Zusammenhang behaupten: Wissenschaftlerinnen und Wissenschaftler können von hohen Wachstumsraten angezogen werden und Drittmittel könnten in wirtschaftsstarken Bundesländern stärker fließen. Für das Handlungsfeld „MINT", das Wirtschaftswachstum aufgrund hoher Absolventenzahlen in den sogenannten MINT-Fächern prophezeit, können für diese umgekehrte Sichtweise sogar die eigenen Studien aus dem IW herangezogen werden: „In Mathematik, den Natur- und den technischen Wissenschaften erfolgt vielmehr ein spürbarer innerdeutscher Braindrain, von welchem vor allem Bayern, aber auch Baden-Württemberg profitieren" (Koppel 2008: 13).

3.2 Empirische Prüfung der quantitativ ermittelten „Beweise" im Bildungsmonitor für den Kausalzusammenhang zwischen mehr Bildung und zunehmendem Wirtschaftswachstum

Die Autoren und Autorinnen des Kölner IW führen in einem eigenen Kapitel mit dem Titel „Wachstumseffekte der Verbesserungen seit dem Jahr 2000" (Anger u.a. 2012: 192-199) vermeintliche Beweise für eine Zunahme des Wirtschaftswachstums der Bundesländer infolge verbesserter Bildung an.

3.2.1 Empirische Prüfung der errechneten „Zunahme der langfristigen Wachstumsrate durch die Verbesserung der Schulqualität"

Schulqualität wird im Bildungsmonitor irrtümlich gleichgesetzt mit den Schülerleistungen (Kompetenzen), die hauptsächlich in internationalen Schülerleistungsvergleichsstudien ermittelt wurden. Das „Handlungsfeld Schulqualität" setzt sich im Bildungsmonitor folglich aus PISA-, IQB- und IGLU-Ergebnissen zusammen. Diese großen Vergleichsstudien erheben aber nicht in jedem Jahr frische Daten für die Bundesländer. Da die Wissenschaftler und Wissenschaftlerinnen des IW unwissenschaftlicherweise nicht offenlegen, wie sie jedes Jahr aufs Neue mit dem Datenmangel aufgrund fehlender neuer Studienergebnisse umgehen,[9] sind die genauen Berechnungen nicht nachprüfbar. Das ist ärgerlich (und gilt für die meisten Handlungsfelder): Ein abschließendes und sicheres Urteil ist nicht möglich, weil sowohl die Indikatorquellen als auch die konkrete Konstruktion der Rankingwerte und die Punktwerte pro Indikator nur teilweise auf der Internetseite des IW offengelegt werden (Kaphegyi 2012: 128).

---

[9] Eigentlich müssten die Indikatoren, für die im aktuellen Jahr (z.B. 2012) keine Daten vorliegen (z.B. stammen die letzten, im Bildungsmonitor verarbeiteten IGLU-Daten aus den Jahren 2001 und 2006), für das Dynamikranking entfallen, da sie laut den Angaben des Bildungsmonitors im Kapitel „Standardisierungs- und Aggregationsverfahren" mit Null gleichgesetzt werden: „Die Formeln […] ändern sich wie folgt – mit $m_{j,n} = 0$, falls für das Jahr n keine Daten vorliegen, und $m_{j,n} = 1$, sofern Daten für das betreffende Erhebungsjahr existieren" (Erdmann u.a. 2010: 128). Für das Jahr 2012 müsste beispielsweise das Handlungsfeld Schulqualität aufgrund mangelnder aktueller Daten normalerweise komplett entfallen.

Das verstößt gegen die Regeln wissenschaftlichen Arbeitens. Dubios ist für einen Bundesländervergleich auch, dass, obwohl im Rahmen von PISA 2009 gar keine Bundesländerdaten erhoben wurden, im Bildungsmonitor einfach „die Fortschritte Deutschlands gleichmäßig auf alle Bundesländer übertragen" worden sind (Anger u.a. 2012: 75). Regressionsanalysen[10] zeigen, dass in einem bivariaten, linearen Modell die Unterschiede der Bundesländer im „Bestandsranking Schulqualität" des Bildungsmonitors hochsignifikant und zu annähernd 66 Prozent (Korrigiertes $r^2 = 0,658$) durch die unterschiedliche Größe von Risikogruppen unter den Schülern und Schülerinnen (sie leben in Familien mit einkommensschwachen und bildungsfernen Eltern) in den jeweiligen Bundesländern erklärt werden können (Kaphegyi 2012: 75). Eine in die andere Richtung weisende Kausalität, die durch Regressionsanalysen nicht ausgeschlossen werden kann, ergibt in diesem Fall keinen Sinn, weil Schulleistungsergebnisse des Kindes keinen Einfluss auf Einkommen oder Bildungsstand der Eltern haben können, da deren Ausbildung und Berufswahl zumeist deutlich in der Vergangenheit liegen. Die Lebensumstände der Eltern bestimmen aber gleichwohl die Zugehörigkeit des Kindes zu einer Risikogruppe. Das heißt: Das „Handlungsfeld Schulqualität" vergleicht wahrscheinlich nicht die pädagogische Leistung und den unterschiedlichen Erfolg der Schulen in unterschiedlichen Bundesländern, sondern vor allem die sozioökonomische Herkunft der Kinder[11] bzw. die Größe der Gruppe derjenigen Kinder pro Bundesland, die aus armen (wenig ökonomisches Kapital der Eltern) oder bildungsfernen Familien (wenig kulturelles Kapital der Eltern) kommen. Die Rede von den „Wachstumseffekten der Schulqualität" ist also irreführend. Der Bildungsmonitor arbeitet bei seiner Berechnung der Wachstumseffekte mit

---

[10] Regressionsanalysen dienen in der schließenden Statistik dazu, innerhalb eines Modells Zusammenhänge zwischen Variablen anhand einer begrenzten Anzahl von Fällen quantitativ zu beschreiben. Einen Beweis für eine empirisch geprüfte Kausalität eines allgemeinen Zusammenhangs in der Realität können sie nicht liefern. Sinnvoller können sie im Sinne einer Falsifizierung dazu genutzt werden, manche Hypothesen über Kausalitäten als eher unwahrscheinlich auszuschließen.

[11] Der familiäre Hintergrund in den Bundesländern (gemessen an der Größe der Risikogruppen) erweist sich auch bei PISA- und IQB-Studien als eine Variable mit sehr großer Erklärungskraft (zwischen 60 und 64 Prozent, Kaphegyi 2012: 75) für die Varianz der durchschnittlichen Leistungsunterschiede der Schüler und Schülerinnen zwischen den Bundesländern.

den Schülerleistungen pro Bundesland. Diese sind wiederum sehr stark durch die ökonomischen Lebensverhältnisse in einem Bundesland geprägt. Der Bildungsmonitor misst also überwiegend die Wachstumseffekte des wirtschaftlichen Wohlstands der Familien, der natürlich wiederum vom Wirtschaftswachstum pro Bundesland abhängt. Es ist davon auszugehen, dass es sich bei diesem Vorgehen zu großen Teilen um einen Zirkelschluss handelt.

Aber wie „misst" der Bildungsmonitor die Wachstumseffekte von sich verändernden PISA-Punktwerten für die Bundesländer?

„Auf Basis der Untersuchung von Wößmann/Piopiunik (2009) können Wachstumseffekte berechnet werden, die durch Verbesserungen von Kompetenzen bestehen." (Anger u.a. 2012: 192)

Bei der Arbeit, auf die hier verwiesen wird, handelt es sich um die von der Bertelsmann Stiftung geförderte und leider oft kritiklos rezipierte Studie „Was unzureichende Bildung kostet" (Wößmann/Piopiunik 2009). In dieser wurde mithilfe von Regressionsanalysen ein statistischer Zusammenhang zwischen dem Wirtschaftswachstum und den Bildungskompetenzen in Industrieländern identifiziert (internationaler Vergleich); diese Ergebnisse werden einfach auf die Bundesländer übertragen, trotz der schon angesprochenen „Brain-Drain"-Problematik zwischen den Bundesländern. Leider werden diese Regressionsanalysen nicht nur im Bildungsmonitor als Beweise für eine Kausalität nach der Formel „Mehr Bildung = mehr Wachstum" verwendet. Durch eine einfache Verwandlung des Regressions-Koeffizienten in eine Art Multiplikator kommt der Bildungsmonitor zu folgender, scheinbar empirisch bewiesener Wahrheit:

„Insgesamt führt die Verbesserung der Kompetenzwerte in Deutschland langfristig zu einer Erhöhung des Wachstums in Deutschland um 0,35 Prozentpunkte" (Anger u.a. 2012: 193).

Es handelt sich also nicht um einen empirisch gemessenen Wachstumseffekt von Bildung, sondern um eine Projektionsrechnung zuvor getroffener Annahmen. Diesen Annahmen liegt aber gleichzeitig ein grober methodischer Fehler zugrunde: Regressionsanalysen können keine kausalen Zusammenhänge beweisen. Wößmann und Piopiunik schreiben in ihrer Arbeit selbst:

„Der [...] Zusammenhang zwischen Bildungsleistungen und Wirtschaftswachstum ist nicht notwendigerweise ein Beweis dafür, dass es sich dabei um einen kausalen Effekt der Bildungskompetenzen auf das Wachstum handel." (Wößmann/Piopiunik 2009: 22).

Auch über die Richtung eines Zusammenhangs kann eine Regressionsanalyse keine abschließenden Aussagen treffen. Das heißt, es könnte sich auch um einen Zusammenhang zwischen Wirtschaftswachstum und Bildungskompetenzen handeln oder um einen reziproken Zusammenhang, der sich gegenseitig aufschaukelt. Die hier stattfindende Benutzung des Regressionskoeffizienten als kausalem Multiplikator ist also wissenschaftlich falsch. Weitere Variablen, die in der Bildungssoziologie eine dominierende Rolle spielen, wie das kulturelle Kapital der Eltern und dessen Zusammenhang mit zuvor eingetretenem ökonomischen Wachstum, spielen im Modell von Wößmann/Piopiunik überhaupt keine Rolle. Auch sind Projektionen über einen Zeitraum von 50 Jahren wie im Bildungsmonitor relativ unbrauchbar, weil in dieser langen Zeit alle möglichen Veränderungen und Wirtschaftskrisen eintreten können.

3.2.2 Prüfung der „Berechnung von Wertschöpfungsgewinnen durch die Zunahme der Zahl an HochschulabsolventInnen bis zum Jahr 2010"

Von 2000 bis 2010 stieg laut Bildungsmonitor der Anteil der Hochschulabsolventen und -absolventinnen an der deutschen Bevölkerung von 16,9 auf rund 29,9 Prozent. Die darauf aufbauende Behauptung der Wachstumseffekte durch Bildung wird wiederum nicht aufgrund empirischer Datenauswertungen ermittelt, sondern noch einmal durch Projektionsrechnungen – also über Rechenspiele mit bestimmten Grundannahmen. Dies funktioniert folgendermaßen:

„Für eine Modellrechnung kann plausibel angenommen werden, dass durch einen zusätzlichen Hochschulabsolventen die Wertschöpfung in Höhe der Differenz der Bruttolöhne von akademisch und beruflich qualifizierten Abiturienten steigt" (Anger u.a. 2012: 198).

Hier wird der Denkfehler deutlich: Hochschulabsolventen und -absolventinnen werden mit Bruttolöhnen zur Wertschöpfung je Bundesland multipliziert, ohne zu wissen, ob diese Absolventen und Absolventinnen im Bundesland des Hochschulabschlusses einen Job finden und dort auch wirklich bis 2010 zur Wertschöpfung beigetragen haben. Des Weiteren sind die Beträge der Differenzen zwischen den vom IW errechneten Bruttolöhnen nicht nachzuprüfen. Die Methode der Errechnung wird auch im Bildungsmonitor 2010 nicht dokumentiert, Gleiches gilt für die Methode der Modellrechnung selbst (Erdmann u.a. 2010: 193). Die Bruttoeinkommen als „näherungsweise Messgrößen für die Wertschöpfungseffekte" wurden im Bildungsmonitor 2010 für das Jahr 2008 auf der Basis des Sozio-ökonomischen Panels (SOEP) bestimmt, unter Einbeziehung der folgenden Daten: „Inklusive Sonderzahlungen; alle Erwerbstätigen, Vollzeit-, Teilzeit und geringfügig Beschäftigte" (Erdmann u.a. 2010: 193). Im Bildungsmonitor 2012 werden für dieselbe Wertschöpfungsberechnung wieder die gleichen Bruttolöhne wie für das Jahr 2008 verwendet. Wie kann seriös davon ausgegangen werden, dass diese gleichbleiben und dass sich Sonderzahlungen und Beschäftigtenzahlen, auch in Bezug auf Vollzeit, Teilzeit und geringfügige Beschäftigung, seit 2008 nicht verändert haben?

Außerdem: Sind eigentlich auch die realen Arbeitslosigkeitsphasen der Hochschulabsolventen und -absolventinnen einberechnet? Im Jahr 2009 beispielsweise gingen ein Jahr nach dem Universitätsabschluss nur 78 Prozent der Absolventen und Absolventinnen einer regulären Beschäftigung nach – inklusive Selbstständigkeit bzw. Referendariat.[12] Es scheint, als ob diese über 20 Prozent der Absolventen und Absolventinnen in der Wertschöpfungsberechnung über die Bruttolöhne nicht abgezogen worden sind. Auch dies kann allerdings mangels wissenschaftlich korrekter Offenlegung der Berechnungsweisen leider nicht abschließend geprüft werden.

Sowohl im Bildungsmonitor 2010 als auch im Bildungsmonitor 2012 bezeichnen die Autoren und Autorinnen ihre „Berechnung" der Wertschöpfungseffekte höherer Absolventenzahlen als „konservativ" und verweisen auf „noch größere Wertschöpfungseffekte" (Anger u.a. 2012: 199) sowie auf die Studie „Fachkräftemängel in Deutschland" aus dem eigenen Haus (Koppel/Plünnecke 2009). Ein Blick in diese Studie ergibt den begründeten Verdacht: Die dort berechneten Wertschöpfungsausfälle aufgrund fehlender Fachkräfte, deren Grundannahmen durch Unternehmensbefragungen im Jahr 2007 gewonnen wurden (z.B. „Konnte mindestens ein Projekt durch Rekrutierungsprobleme nicht durchgeführt

---

[12] http://www.bildungsbericht.de/zeigen.html?seite=10218, Tab.F4-13web [20.01.2013]

werden?"; Koppel/Plünnecke 2009: 27ff.), werden im Bildungsmonitor größenmäßig wahrscheinlich einfach mit Wertschöpfungsgewinnen durch zusätzliche Hochschulabsolventen und -absolventinnen gleichgesetzt. Zumindest wird in Bezug auf das „Konservative" der Schätzung im Bildungsmonitor so argumentiert. Eine solche Argumentation ist natürlich falsch, denn diese Gleichsetzung intendiert, dass jedem neuen Absolventen und jeder Absolventin automatisch ein Unternehmen mit schon eingeworbenen Aufträgen (also wie in der Situation der Befragung von 2007) gegenübersteht.[13] Eine solche, von den realen wirtschaftlichen Nachfrageentwicklungen zwischen 2000 und 2010 (z.B. Krise, eventuelle Konjunktureinbrüche, Preiswettbewerb mit der Konkurrenz) unabhängige Annahme ist unökonomisch. Soweit die Grundannahmen der Berechnungen überhaupt geprüft werden können, deutet sehr viel darauf hin, dass es sich wiederum um unrealistische Projektionsrechnungen mit falschen Grundannahmen handelt. Auf keinen Fall hat man es hier mit einer zutreffenden, empirischen Ermittlung von Wachstumseffekten durch Bildung zu tun.

3.3 Diskussion der behaupteten Kausalkette „mehr Bildung = mehr Beschäftigung = mehr Wirtschaftswachstum"

Das deutsche Erwerbspersonenpersonal hat durch die Zunahme der Frauenerwerbsarbeit entgegen vieler Panikszenarien („Fachkräftemangel", „demografischer Wandel") seit 1991 um knapp 2,2 Millionen Menschen zugenommen.[14] Immer mehr Erwerbspersonen sind nachweislich besser

---

[13] Aber selbst wenn das eine Unternehmen aufgrund eines Fachkräfteengpasses einen Auftrag nicht erfüllen kann, wird das Projekt wahrscheinlich mit einer anderen Firma realisiert, und die Wertschöpfung kann die gleiche bleiben.

[14] Das Institut für Arbeitsmarkt und Berufsforschung (IAB) hatte beispielsweise zunächst in einem ersten Papier eine Projektionsrechnung veröffentlicht, nach der im Jahr 2025, 6,5 Millionen Arbeitskräfte in Deutschland fehlen würden. Die Grundannahmen dieser Rechnung wurden vor allem von Gerd Bosbach (Hochschule Koblenz) plausibel kritisiert. Das IAB hat dann in einem zweiten Papier seine Zahl von 6,5 Millionen fehlenden Arbeitskräften im Jahr 2025 auf 3,5 Millionen heruntergeschraubt und entgegen dem bisher Behaupteten erklärt, dieser Arbeitskräfterückgang müsse auch nicht unbedingt zu einem Fachkräftemangel führen (Fuchs/Söhnlein/Weber 2011). In diese neue Projektionsrechnung wurden

gebildet als die Generationen vor ihnen. In der gleichen Zeit produzieren die heute besser gebildeten Erwerbstätigen mit besseren technischen Möglichkeiten etwa ein Viertel mehr als 1995. Diese Entwicklung sowohl der Produktivität (auch befördert durch bessere Bildung) als auch von Nachfragewirkungen wird in den Szenarien des Bildungsmonitors meistens völlig ignoriert. Dabei hat sie einen deutlichen – auch empirisch feststellbaren – Einfluss auf Beschäftigung und Arbeitsvolumen:

> „Der langfristige Trend des realen wirtschaftlichen Wachstums (Bruttoinlandsprodukt, BIP) lag in der EU zwischen 1975 und heute bei nur jahresdurchschnittlich gut 2 v.H. Dieses Wachstum führte lediglich zu mehr Beschäftigung von knapp 0,3 v.H. […]. Auf Grund einer gegenüber dem Wirtschaftswachstum wesentlich höher gestiegenen Produktivität (Produktions-Produktivitätsschere) waren insgesamt weitaus weniger Arbeitskräfte notwendig, um das nur verhaltene reale Wirtschaftswachstum zu erzielen. Dadurch ging das Arbeitsvolumen (Erwerbstätige x Jahresarbeitszeit je Erwerbstätigen) zurück […]" (Bontrup 2011: 100).

Zwischen 1991 und 2005 ist das Arbeitsvolumen gesunken; es befindet sich heute (bzw. 2012) in etwa auf dem Niveau von 2000 – bei knapp 1,8 Milliarden Arbeitsstunden weniger als 1991 (vgl. Arbeitsgruppe Alternative Wirtschaftspolitik 2013: Tabelle A1). Es gibt also weniger Arbeit für mehr Erwerbspersonen, die durch den Ausbau des Niedriglohnsektors und die „Hartz-Reformen" in den Arbeitsmarkt gepresst werden, dort aber immer größere Schwierigkeiten haben, auskömmliche Jobs zu finden. Die offizielle Arbeitslosenstatistik allein kann dieses Dilemma nicht mehr klar darstellen: Die Arbeitsgruppe Alternative Wirtschaftspolitik weist darauf hin, dass sich die offiziellen Zahlen noch einmal um mindestens ein Viertel erhöhen, wenn man die (statistisch verdeckte) gesamte Beschäftigungslücke inklusive der „stillen Reserve" mit einbezieht (Arbeitsgruppe Alternative Wirtschaftspolitik 2012: 82ff.). Dies macht deutlich: Mehr Bildung führt eben nicht automatisch zu mehr Beschäftigung, sondern auch zu Rationalisierungen und Beschäftigungsabbau. Die Prekarisierung der Arbeit als verdeckte Auswirkung einer zunehmenden Produktivität ohne Arbeitszeitverkürzung (plus strenges „Hartz IV-

zwei der Kritikpunkte von Bosbach einbezogen und somit bestätigt (steigende Frauenerwerbsarbeit und verlängerte Lebensarbeitszeit).

Regime" am Arbeitsmarkt) kann also – über eine Umverteilung nach oben und eine verringerte Nachfrage – für eine Wachstumsminderung sorgen. Und das trotz zunehmendem Bildungsniveau.

Bildung ist aber wiederum sehr wohl für jeden Einzelnen und jede Einzelne ein Selektionsmerkmal dafür, ob man sich im härter werdenden Rennen um Jobs, Löhne und Reproduktionsmöglichkeiten besser oder schlechter durchsetzt. In dieser kalten ökonomischen Mechanik bleiben die am wenigsten „verwertbaren" – also die in der momentanen Arbeitskräftekonkurrenz am schlechtesten ausgebildeten – Menschen am häufigsten zurück. Diese von den Menschen subjektiv im Alltag als direkte „Wirkung" von Bildung erlebte Auswirkung macht die im Bildungsmonitor konstruierte Kausalkette (mehr Bildung = mehr Beschäftigung = mehr Wachstum) für viele Menschen so anschlussfähig und einsichtig. Die Größe der Gruppe der Arbeitslosen, Prekarisierten und Unterbeschäftigten kann ohne makroökonomische Veränderungen (z.B. mehr Wachstum, geringere Arbeitszeiten, mehr Binnennachfrage, nochmals zulegender Export usw.) annähernd gleich groß bleiben – auch wenn sich die Arbeitnehmer und Arbeitnehmerinnen noch so gut ausbilden lassen. Wer in dieser Situation den Menschen Bildung als ausschließliches Mittel für mehr „Teilhabe" und „Gerechtigkeit" nahebringen möchte, meint damit nur eine individuelle Erhöhung der Fitness des bzw. der Einzelnen im Kampf ums gesellschaftliche Überleben. Die so verstandene individuelle Bildung des einen richtet sich im Wettbewerb um Arbeit zwangsläufig unsolidarisch gegen den anderen. Für die betroffenen Menschen in den prekarisierten Arbeitsbereichen kann sich das Verhältnis zwischen Absturz und Bildung wie ein nicht zu gewinnendes Rennen zwischen Hase und Igel darstellen: Wo sich ein Job mit sichernder Perspektive bietet, sind die Anforderungen wieder gestiegen, oder ein noch besser Ausgebildeter bzw. eine noch besser Ausgebildete reüssiert. Die Arbeitsgruppe Alternative Wirtschaftspolitik schrieb schon 2006 gegen diesen Irrglauben aus der interessenorientierten Interpretation der so genannten „neuen" oder „endogenen" Wachstumstheorien an, nach denen Bildung allein „Wachstum", „Teilhabe" und „soziale Gerechtigkeit" mit sich bringen könne:

> „Ökonomischer Wohlstand wird sich daher nie nur durch Bildung erreichen lassen – Bildung kann hier nur ein Baustein, wenn gleich kein unwichtiger sein. [...] Fortschrittliche Bildungspolitik und progressive

Wirtschaftspolitik, bei der Reichtum, Macht und Arbeitszeit gerecht umverteilt werden, stehen also in einem sich bedingenden Ergänzungsverhältnis" (Arbeitsgruppe Alternative Wirtschaftspolitik 2012: 112f.).

Auch verschiedene empirische Studien zeigen zum einen, dass Deutschland trotz eines geringeren Ausbaus der Bildungssysteme beim Wirtschaftswachstum vorne mitspielt. Zum anderen zeigen sie, dass sich schon für die Zeit vor der großen Krise das Phänomen der „Überqualifizierung" junger Arbeitnehmer und Arbeitnehmerinnen innerhalb der Europäischen Union feststellen lässt. Darüber hinaus hatte die bisher am besten ausgebildete junge Generation schon vor der großen Krise in allen Industriestaaten große Probleme aufgrund einer hohen Jugendarbeitslosigkeit zu bewältigen (Martin/Quintini 2006). In manchen Regionen wie Ostdeutschland gibt es hohe Anteile an gut ausgebildeten Personen und gleichzeitig hohe Arbeitslosenraten (Lott 2010, Erber/Wittenberg 2008).

„Ein hohes Ausbildungsniveau muss deshalb nicht automatisch zu einer hohen Wachstums- und Einkommensdynamik in diesen Regionen führen. Nur wenn die hoch qualifizierten Arbeitskräfte auch attraktive Beschäftigung in den Regionen finden, schließt sich der Kreis" (Erber/Wittenberg 2008: 403).

Das Wirtschaftswachstum in den ostdeutschen Bildungsmonitor-Gewinnerländern ist im Bundesländervergleich zumeist im letzten Drittel angesiedelt. Da können Sachsen und Thüringen noch so viele Akademiker und Akademikerinnen ausbilden: Viele werden mangels Zukunftsperspektive und geringerer Löhne abwandern. Die Arbeitsgruppe Alternative Wirtschaftspolitik verwies schon 2008 auf diesen „Trittbrettfahrer-Effekt" durch wirtschaftsstarke Bundesländer: „Einzelne Bundesländer nutzen die Situation jedoch aus, in dem sie ihre Ausbildungskosten faktisch auf den Osten abschieben." (Arbeitsgruppe Alternative Wirtschaftspolitik 2008: 241)

4 Fazit und Ausblick: Wohin führt die vom Bildungsmonitor postulierte Bildungspolitik?

Die empirische Prüfung der mit mathematischer Hilfe konstruierten Aussagen des Bildungsmonitors ergibt: Das Bildungsmonitor-Ranking der Bildungspolitik in den Bundesländern ergibt keinen Sinn. Es kann keine wachstums- und – damit automatisch – teilhabe- und gerechtigkeitsfördernde Bildungspolitik messen. Die Bundesländer, die sich in ihrer Bildungspolitik am Bildungsmonitor orientieren, laufen sogar Gefahr, ihre Wachstumsperspektiven zu verschlechtern (siehe oben). Der Bildungsforscher Klaus Klemm bezeichnete den Bildungsmonitor gegenüber den Medien sogar unverblümt als wissenschaftlichen Unfug und „dummes Zeug" (was dem „Reiz des Rankings" in den Medien allerdings keinerlei Abbruch tut). Auch die wissenschaftliche und methodische Korrektheit des Bildungsmonitors ist aus guten Gründen in Zweifel zu ziehen (siehe ausführlich Kaphegyi 2012: 120-129).

Eine umfassende Analyse der Auswirkungen einer Wirtschafts- und Bildungspolitik, wie sie von den Autoren und Autorinnen des Bildungsmonitors vertreten wird und die schon jetzt mehrheitsfähig ist, kann aus Platzgründen leider nicht mehr ausgeführt werden. Die Auswirkungen zeigen sich aber jetzt schon in verschiedensten Bereichen. Es soll zum Abschluss aber noch kurz auf drei wichtige Auswirkungen der Bildungspolitik à la Bildungsmonitor verwiesen werden. Die im letzten Teil dieses Kapitels vorgestellten Hypothesen zur Interpretation empirisch beobachtbarer Mentalitäten junger Arbeitnehmer und Arbeitnehmerinnen wurden vom Autor hinzugenommen, weil es sich um Überlegungen handelt, die in wirtschafts- und politikwissenschaftlichen Abhandlungen seltener Erwähnung finden, aber trotzdem volkswirtschaftliche Relevanz entwickeln können bzw. schon entwickelt haben (man denke an die Entwicklung des gewerkschaftlichen Organisationsgrades unter jungen Arbeitnehmern und Arbeitnehmerinnen).

4.1 Die Löhne des akademischen Humankapitals sollen möglichst klein gehalten werden

Als Hauptbegründung für die Argumentationsweise des Bildungsmonitors wird ein scheinbar bestehender und zukünftig angeblich heftig anwachsender „Fachkräftemangel" ins Feld geführt: „Ein zunehmender

Engpass an MINT-Akademikern [würde] die Wachstumsperspektiven des Geschäftsmodells Deutschland beeinträchtigen" (Anger u.a. 2012: 5). Nicht nur durch den Bildungsmonitor ist der so genannte Fachkräftemangel inzwischen in allen Köpfen, ohne dass eine Abnahme der internationalen Konkurrenzfähigkeit Deutschlands irgendwo feststellbar wäre. Eine nicht interessengesteuerte, empirische Betrachtung der Fachkräfteproblematik ergibt dann auch ein völlig anderes Bild (vgl. Brenke 2010, Brenke 2012, Bosbach 2011), nach dem es mittelfristig in Teilen des Arbeitsmarktes der MINT-Akademiker und -Akademikerinnen sogar eher zu einer Fachkräfteschwemme kommen kann. Der Ökonom Heinz-J. Bontrup kommentiert das Engagement der arbeitgebernahen Forschung zur Popularisierung eines vermeintlichen Fachkräftemangels mit den Worten:

„Die Verbände machen Lobbyarbeit für ihre Mitgliedsunternehmen und die haben Angst davor, dass die Gehälter steigen. Das können die Firmen vermeiden, indem das Angebot an Ingenieuren groß genug ist" (Ilg 2011).

Erste Ergebnisse dieser Kampagne lassen sich auch feststellen: Bemüht man die Lohnentwicklung als Indikator für den Erfolg einer eventuellen Fachkräftemangel-Kampagne der Arbeitgeberverbände in den letzten Jahren, dann kann festgestellt werden, dass beispielsweise die Einkommen von Ingenieuren und Ingenieurinnen trotz postuliertem Mangel zwischen 2008 und 2011 nur um durchschnittlich 2,4 Prozent angestiegen sind (Ilg 2011). Auch die Leiharbeit hat sich in den Ingenieursbereich ausgedehnt.

4.2 Bildungsfinanzierung à la Bildungsmonitor:
Bessere Geschäftsmöglichkeiten durch Privatisierung, PPP und Co. bei weiteren Entlastungen für die Wirtschaft

Da der Bildungsmonitor mehr Bildungsinvestitionen fordert, dafür aber die so genannte demografische Rendite in Höhe von 8,8 Milliarden Euro bis 2020 für ausreichend hält, würde unter diesen Voraussetzungen der Bildungsbereich unterfinanziert bleiben. Die Steuersenkungen der jüngeren Vergangenheit in Verbindung mit der Schuldenbremse haben den

Ausgabenspielraum der öffentlichen Hand deutlich eingeschränkt.[15] Dieses „Diktat der leeren Kassen" ist die Grundlage für weitere Privatisierungen von öffentlichen Leistungen. Gerade im Bildungsbereich blüht beispielsweise immer noch das staatlich garantierte Geschäft mit Private-Public-Partnerships (PPP) (Kaphegyi/Quaißer 2010; Arbeitsgruppe Alternative Wirtschaftspolitik 2013). Da PPPs den Staat am Ende mehr kosten und die Qualität der Dienstleistungen verschlechtern, gibt es inzwischen verstärkte Proteste, die Hoffnung machen. Die massive soziale Selektivität des deutschen Bildungssystems und seine mittelmäßige Qualität können aber unter diesen staatlichen Finanzierungsbedingungen keine Verbesserungen erfahren.

4.3 Die Subjektivierung des Mythos von der ökonomischen Wirkmächtigkeit von Bildung: Es droht vermehrte irrationale Eigenverantwortung statt solidarischer Organisierung

Bildungsmonitor und Co. haben eine eindeutige „Message", die sich offenbar über die Popularisierung durch Politik und Medien in den Köpfen verankert hat: Wer im Leben scheitert und arbeitslos oder arm trotz Arbeit ist, der ist mit zu wenig Bildung in den beruflichen Werdegang gestartet. Das heißt, im Endeffekt ist man durch die Betonung des „lebenslangen Lernens" in großem Maße selbst verantwortlich für sein ökonomisches Fortkommen.

Im Betrieb wie auch in der Gesellschaft sorgt Bildung im Sinne des „kulturellen Kapitals" (Bourdieu) gleichzeitig für die individuell erlebbare Hierarchisierung des sozialen Raumes. Die gruppenbezogene Analyse volkswirtschaftlicher und politökonomischer Prozesse spielt im Alltagshandeln und Denken junger Arbeitnehmer und Arbeitnehmerinnen – gefördert durch diese individuellen, hierarchisierenden Erfahrungen mit Bildung – eine scheinbar immer geringere Rolle. Als immer bedeutender erscheint für sie dagegen – aufgrund des alltäglichen, gesellschaftlichen und medialen Sprechens über Bildung – das „lebenslange Lernen", die „Wissensgesellschaft" oder der scheinbare „Fachkräftemangel". Durch diese die individuelle Kompetenzbildung überbetonende Bildungsmythologisierung entsteht eine Art Mangel an politökonomi-

---

[15] Vgl. dazu den Beitrag von Eicker-Wolf/Truger in diesem Band.

scher Bildung. Kaum noch thematisiert werden im gesellschaftlichen Diskurs ökonomische Nachfragewirkungen, der Widerspruch zwischen Kapital und Arbeit, die Auseinandersetzung um den Mehrwert, der nur durch Arbeit geschaffen werden kann, und der Versuch, über Solidarität unter Beschäftigten und durch gewerkschaftliche Organisierung eine gerechtere Aufteilung des Profits zu befördern. Dieser gesellschaftskritische Blick scheint in den Köpfen der jüngeren Generation, die mit dem Lobgesang auf die individuellen Bildungskompetenzen groß geworden ist, wenig verankert zu sein (Kaphegyi 2013).

Verschiedene Studien zu Werten, Einstellungen und Perspektiven Jugendlicher und junger Beschäftigter scheinen diese Hypothese zu belegen (Shell Deutschland 2010, Huber/Wetzel 2011). Mehr junge Mitarbeiter und Mitarbeiterinnen in Betrieben haben ein höheres Bildungsniveau als früher. Gleichzeitig sind sie aber von einer immer größeren Unsicherheit, Beobachtung und Kontrolle durch die Unternehmen betroffen (z.B. Ausweitung der Leiharbeit auch in den Ingenieursbereich hinein). An den Befragungen dieser jungen Generation bzw. junger Arbeitskräfte fällt auf, wie sie standardmäßig auf die Verunsicherung in ihren Arbeits- und Existenzbedingungen reagieren:

„Insgesamt zeigen unsere Ergebnisse, dass sich die untersuchten jungen Arbeitnehmergruppen auf die veränderten Unternehmensstrategien und auf die unsicherer gewordenen Arbeitsverhältnisse dadurch einstellen, dass sie in höhere Bildungsabschlüsse und bessere Qualifikationen investieren" (Vester/Teiwes-Kügler/Lange-Vester 2011: 73).

Gesellschaftlich-solidarische Möglichkeiten (z.B. die kollektive Organisierung in Gewerkschaften oder Interessengruppen), gegen die zunehmende Prekarisierung vorzugehen, werden nicht in Betracht gezogen. 92 Prozent der befragten Jugendlichen geben beispielsweise in einer Studie der TNS Infratest im Auftrag der IG Metall an, „Bildung spiele für die Verwirklichung der eigenen beruflichen und privaten Ziele eine sehr große Rolle" (Niemann-Findeisen 2011: 196). Es ist interessant, dass in einer von der IG Metall in Auftrag gegebenen Studie gar nicht gefragt wurde, welche Rolle wohl Solidarität, Politik und Kooperation für die Verwirklichung der eigenen Ziele spielen könnten. Bei den Forderungen an die Politik gibt es im Durchschnitt zwar klare Mehrheiten von über 50 Prozent für die Forderung, Arbeitsplätze zu schaffen. Aber auch hier gilt: „[J]e höher der Bildungsgrad, berufliche Stellung und Einkommen, desto mehr verliert diese Forderung an Gewicht [...]" (Niemann-Findeisen 2011: 202).

„In der Bildung sehen die Jungen einen wichtigen Schlüssel für ihre Zukunft. Die junge Generation will etwas lernen und sie will etwas bewegen, sich produktiv einbringen [...]. Noch glaubt sie mehrheitlich daran, dass jeder mit Leistung vorankommen kann und nicht die Herkunft ausschlaggebend für berufliches Fortkommen und Karriere ist" (Niemann-Findeisen 2011: 195).

Besonders interessant ist jedoch, dass „Arbeitslose, Befragte mit Brüchen in der Erwerbsbiographie und Befragte mit einem geringen persönlichen Sicherheitsgefühl" (Niemann-Findeisen 2011: 196) nicht mehr an die Möglichkeiten von Bildung glauben. Sie haben volkswirtschaftliche Prozesse, die das Individuum manchmal regelrecht handlungsunfähig machen können, am eigenen Leib erfahren. Bei den prekär Beschäftigten gibt es zwei Gruppen: die einen, die noch die Hoffnung haben, ihre Lage über Engagement und Bildung verbessern zu können, und die Resignierten, die das nicht mehr glauben. Hier wird deutlich: Die vorherrschenden Vorstellungen von Bildung als Humankapital – als Fähigkeiten und Kompetenzen – sind etwas, das den Erfolgreichen die Möglichkeit gibt, ihren ökonomischen Erfolg und das Erringen eines Arbeitsplatzes ausschließlich als individuelle Leistung zu interpretieren und ökonomische sowie gesellschaftlich-politische Zusammenhänge als in merkwürdiger Weise vom eigenen Schicksal abgespalten zu betrachten. Damit ist der- oder diejenige, der/die eventuell kraft seiner/ihrer eigenen Bildung (bzw. seiner/ihrer sozioökonomischen Herkunft) die ökonomischen Krisen überstanden hat, die solidarische Verantwortung für die Verlierer und Verliererinnen los. Gleichzeitig drängt sich die These auf: Der bzw. die Erfolgreiche bannt mit dem Glauben an die eigene Bildung die Angst vor der ökonomischen – und eventuell nicht immer steuerbaren – Nichtverwertbarkeit und damit vor dem eigenen Überflüssig- und Ausgeschlossenwerden im Kapitalismus. Vielleicht erleichtert es der Glaube an eine bessere Zukunft durch eigene Bildung auch, die Zumutungen einer prekarisierten, realen Arbeitswelt im Heute länger zu ertragen.

In der hier erläuterten Interpretation aktueller Entwicklungen und Datenlagen verwandelt sich Bildung von einer klassischerweise emanzipatorischen, menschlichen Bestrebung in eine Ideologie der schleichenden Entsolidarisierung – mitten in der krisenhaften Entwicklung des finanzmarktgetriebenen Kapitalismus. Dabei ist klar: Das Problem ist vor allem der verkürzte, individualisierte Blick auf Bildung als Humankapital – ohne die gleichzeitige Reflexion makroökonomischer und gesellschaftlicher Prozesse. Diese Sichtweise behindert die solidarische Organisierung der Arbeitnehmer und Arbeitnehmerinnen, die sich eher weniger (über Bildungsgrenzen hinweg) zu sozialen Kämpfen und Arbeitskämpfen zusammenschließen. Diese Prozesse können für die Arbeitgeber angesichts immer weniger stark organisierter Beschäftigter natürlich zu Vorteilen führen, und diese Vorteile können über geringere Löhne realisiert werden. Auch hier scheint es Bildungsmonitor und Co. schon gelungen zu sein, Bildung nach ihren Interessen und Vorstellungen zu kolonialisieren und eine Bildungsmythologisierung zu popularisieren, die sich eines gesellschaftlichen und volkswirtschaftlichen Denkens zugunsten eines humankapitaltheoretisch-betriebswirtschaftlichen entledigt hat.

Literatur

Anger, Christina/Esselmann, Ina/Fischer, Mira/Plünnecke, Axel (2012): Bildungsmonitor 2012. Infrastruktur verbessern – Teilhabe sichern – Wachstumskräfte stärken. Forschungsbericht, Köln. http://www.insm-bildungsmonitor.de/pdf/Forschungsbericht_BM_Langfassung.pdf [15.11.12].

Arbeitsgruppe Alternative Wirtschaftspolitik (2013): Memorandum 2013. Umverteilung – Alternativen der Wirtschaftspolitik, Köln.

Arbeitsgruppe Alternative Wirtschaftspolitik (2012): Memorandum 2012. Europa am Scheideweg – Solidarische Integration oder deutsches Spardiktat, Köln.

Arbeitsgruppe Alternative Wirtschaftspolitik (2008): Memorandum 2008. Neuverteilung von Einkommen, Arbeit und Macht. Alternativen zur Bedienung der Oberschicht, Köln.

Arbeitsgruppe Alternative Wirtschaftspolitik (2007): Memorandum 2007. Mehr und bessere Beschäftigung, ökologischer Umbau und soziale Gerechtigkeit – Demokratische Wirtschaftspolitik statt Aufschwungstaumel, Köln.

Arbeitsgruppe Alternative Wirtschaftspolitik (2006): Memorandum 2006. Mehr Beschäftigung braucht eine andere Verteilung, Köln.

Bontrup, Heinz-J. (2011): Arbeit, Kapital und Staat. Plädoyer für eine demokratische Wirtschaft. 4. Aufl., Köln.

Bosbach, Gerd (2011): 6,7 Millionen fehlende Fachkräfte?, in: Neue Rheinische Zeitung, Online-Flyer Nr. 315 vom 17.08.2011. http://www.nrhz.de/flyer/beitrag.php?id=16845&css=print [10.02.13].

Brenke, Karl (2012): Ingenieure in Deutschland: Keine Knappheit abzusehen, in: DIW-Wochenbericht Nr. 11/2012.

Brenke, Karl (2010): Fachkräftemangel kurzfristig noch nicht in Sicht, in: DIW-Wochenbericht Nr.46/2010.

Bultmann, Torsten (2013): Bildung als Sozialinvestition, in: Forum Wissenschaft, Heft 1/2013: 9-12.

Erber, Georg/Wittenberg, Erich (2008): Fünf Fragen an Georg Erber. Regionale Innovationsdynamik in der Europäischen Union, In: DIW-Wochenbericht Nr. 29/2008: 403. http://www.diw.de/documents/publikationen/73/87463/08-29-1.pdf [28.05.2011].

Erdmann, Vera/Plünnecke, Axel/Riesen, Ilona/Stettes, Oliver (2010): Bildungsmonitor 2010. Bessere Bildung trotz Haushaltskonsolidierung – Die Chancen des demografischen Wandels nutzen. Forschungsbericht, Köln. http://www.insm-bildungsmonitor.de/files/downloads/bildungsmonitor_2010.pdf [10.09.2010].

Erdmann, Vera/Plünnecke, Axel/Riesen, Ilona/Stettes, Oliver (2011): Bildungsmonitor 2011 – Fortschritte auf dem Weg zu mehr Wachstum und Gerechtigkeit. Forschungsbericht, Köln.

Fuchs, Johann/Söhnlein, Doris/Weber, Brigitte (2011): Rückgang und Alterung sind nicht mehr aufzuhalten. Projektion des Arbeitskräfteangebots bis 2050, in: IAB-Kurzbericht 16/2011.

Huber, Berthold/Wetzel, Detlef (2011): Junge Generation. Studien und Befunde zur Lebenslage und den Perspektiven der bis 35-Jährigen, Marburg.

Ilg, Peter (2011): Zweifel an Ingenieurslücke, in: Schwäbisches Tagblatt vom 30.09.2011.

Kaphegyi, Tobias (2013): Bildung in der Krise – Krise der Solidarität? Skizze des angespannten Verhältnisses zwischen Solidarität und Bildung, in: Billmann, Lucie/Held, Josef (Hg.): Solidarität in der Krise, Hamburg.

Kaphegyi, Tobias (2012): Black Box Bildungsmonitor. Ein Blick hinter den Reiz des Rankings. Analyse und Kritik des Bildungsmonitors 2010 der Initiative Neue Soziale Marktwirtschaft (INSM). Gefördert durch die Max-Traeger-Stiftung, Frankfurt/Main.

Kaphegyi, Tobias (2011): Kurzfassung. Black Box Bildungsmonitor. Ein Blick hinter den Reiz des Rankings. Tübingen, 09.08.2011. http://www.gew.de/Binaries/Binary80605/Kurzfassung++Black+Box+Bildungsmonitor+%282%29.pdf [10.10.12].

Kaphegyi, Tobias/Quaißer, Gunter (2010): Privatisierung von Bildung – Ursprung, Besonderheiten und Erscheinungsformen, in: Eicker-Wolf, Kai/ Thöne, Ulrich (Hg.): An den Grundpfeilern unserer Zukunft sägen. Bildungsausgaben, Öffentliche Haushalte und Schuldenbremse, Marburg.

Koppel, Oliver/Plünnecke, Axel (2009): Fachkräftemangel in Deutschland. Bildungsökonomische Analyse, politische Handlungsempfehlungen, Wachstums- und Fiskaleffekte, IW Analysen Nr. 46, Köln.

Koppel, Oliver (2008): Ingenieurarbeitsmarkt in Deutschland – gesamtwirtschaftliches Stellenangebot und regionale Fachkräftelücken, in: IW-Trends, 35. Jg., Nr. 2: 81-95. http://www.dgfp.de/wissen/personalwissendirekt/dokument/80500/herunterladen [30.03.2011].

Lott, Margit (2010): Soziodemografische Muster der Qualifikationsstruktur von Erwerbstätigkeit und Unterbeschäftigung. IAB-Forschungsbericht 2/ 2010, Nürnberg. http://talentregion-owl.de/wp-content/uploads/2009/02/ IAB_Qualifikationsstruktur-und-Erwerbst%C3%A4tigkeit1.pdf [03.02.2011].

Martin, Sébastien/Quintini, Glenda (2006): Starting Well or Losing their Way? The Position of Youth in the Labour Market in OECD Countries. OECD Social, Employment and Migration Working Papers, Paris. http://www. oecd.org/dataoecd/0/30/37805131.pdf [02.02.2011].

Meyer, Wolfgang (2004): Indikatorenentwicklung. Eine praxisorientierte Einführung, Ceval-Arbeitspapiere, Nr. 10, 2. Aufl., Saarbrücken. http:// www.ceval.de/typo3/fileadmin/user_upload/PDFs/workpaper10.pdf [10.12.2010].

Niemann-Findeisen, Sören (2011): „Motiviert – aber ausgebremst". Ergebnisinterpretation der Studie: Persönliche Lage und Zukunftserwartungen der Jungen Generation, TNS Infratest Politikforschung im Auftrag der IG Metall, April 2009, in: Huber, Berthold/Wetzel, Detlef (2011): Junge Generation. Studien und Befunde zur Lebenslage und den Perspektiven der bis 35-Jährigen, Marburg, 178-204.

Pellengahr, Hubertus (2010): Bildungsmonitor 2010: Bessere Bildung trotz Haushaltskonsolidierung – Die Chance des demografischen Wandels nutzen, Statement des Geschäftsführers der INSM. Pressekonferenz am 19.08.2010. http://www.insm.de/insm/Presse/Pressemeldungen/Bildungs monitor-2010.html [10.09.2010].

Shell Deutschland (Hrsg.) (2010): Jugend 2010. 16. Shell Jugendstudie. Koordination M. Albert, K. Hurrelmann, G. Quenzel u.a., Frankfurt.

Vester, Michael/Teiwes-Kügler, Christel/Lange-Vester, Andrea (2011): „Und diese Mitbestimmung fehlt mir total..." Mentalitäten und interessenpolitische Haltungen junger Arbeitnehmermilieus im Wandel. Ergebnisse einer empirischen Exploration. In: Huber, Berthold/Wetzel, Detlef (2011): Junge Generation. Studien und Befunde zur Lebenslage und den Perspektiven der bis 35-Jährigen, Marburg, 45-125.

Wößmann, Ludger/Piopiunik, Marc (2009): Was unzureichende Bildung kostet. Eine Berechnung der Folgekosten durch entgangenes Wirtschaftswachstum. Studie im Auftrag der Bertelsmann Stiftung, Gütersloh.

Bildungsausgaben und (quantitative) Anforderungen an die Bildungspolitik in Deutschland

Henrik Piltz/Gunter Quaißer

1. Problemzone Bildungssystem

Das deutsche Bildungssystem ist bereits seit Jahrzehnten eine Dauerbaustelle mit einer nach wie vor hohen sozialen Selektivität. Dieses fast schon „ständische" Bildungssystem[1] ist durch einen hohen Anteil an privaten sowie einen geringen Anteil an öffentlichen Bildungsausgaben gekennzeichnet. Dies gilt uneingeschränkt für alle fünf Bereiche des deutschen Bildungssystems (Elementarbereich, allgemeinbildende Schulen, berufliche Bildung, Hochschulen und Weiterbildung).

In keinem dieser fünf Bildungsbereiche ist in den vergangenen Jahren eine signifikant positive Entwicklung festzustellen, ganz im Gegenteil: Der vorschulische Bildungsbereich ist immer noch viel zu schwach ausgebaut, die Mehrgliedrigkeit des Schulsystems wird weiterhin kaum angetastet, und die Wirtschaft zieht sich schleichend aus der Finanzierung

---

[1] In aktuellen Arbeiten des Deutschen Instituts für Wirtschaftsforschung (DIW) wird untersucht, wie sich Geschwister in Bezug auf Einkommen und Bildungsabschluss entwickeln und wie stark sie in ihrem Erfolg von ihrem Familienhintergrund determiniert werden („Geschwisterkorrelation"). Für Deutschland lässt sich daraus ein stärkerer Zusammenhang zwischen dem familiären Hintergrund und dem Bildungsergebnis nachweisen als beispielsweise zwischen dem familiären Hintergrund und der (stark genetisch bedingten) Körpergröße (vgl. Schnitzlein 2013). Diese Ergebnisse lassen Parallelen zur im Mittelalter vorherrschenden Ständeordnung erkennen, in der jeder Mensch durch die Stellung seiner Eltern seinem Platz in der Gesellschaft zugeordnet wurde – einem Platz, der für einige (Klerus und Adel) mit Privilegien versehen war.

des dualen Ausbildungssystems zurück. Außerdem bleibt durch die strikte Begrenzung des Zugangs zu Masterstudiengängen und durch deren unzureichende Kapazität ein hoher Anteil der Studierenden von einer echten wissenschaftlichen Qualifikation ausgeschlossen. Erwerbslosen mit geringen oder ohne berufliche Qualifikationen wird zudem durch die Kürzungen der hierfür vorgesehen Fördermittel der Zugang zu qualitativ geeigneten Eingliederungs- und Qualifizierungsmaßnahmen verwehrt.

Diese Entwicklungen im deutschen Bildungssystem sind nicht zufällig entstanden oder eine Verkettung von einzelnen Problemlagen, auf die bisher nicht reagiert worden ist. Es handelt sich vielmehr um einen idealtypischen Entwicklungspfad, der sich aus den Ergebnissen der Forschung des dänischen Soziologen Esping-Andersen zu Wohlfahrtsstaatssystemen erklären lässt. Die Entwicklungspfade sind nach Esping-Andersen durch die unterschiedliche Verteilung von Machtressourcen in einer Gesellschaft geprägt. Typische Merkmale sind z.B. dominante Gruppen oder Parteien in Gesellschaft und Politik.

Für Deutschland lässt sich eine eindeutige konservative Prägung feststellen. Als typische Kennzeichen eines konservativen Wohlfahrtsstaatstyps gelten u.a. ein sehr schwach ausgebauter vorschulischer Bildungsbereich mit einem großen Anteil an nichtstaatlichen Trägern (z.B. Kirchen), das mehrgliedrige Schulsystem, das duale Ausbildungssystem sowie geringe öffentliche und hohe private Bildungsausgaben. Hinzu kommt eine gewisse Frauenerwerbsunfreundlichkeit des Sozial- und Bildungssystems.[2] Genauere Ausführungen und Erklärungen zur konservativen Bildungsstaatlichkeit finden sich in den letzten beiden Memoranden der Arbeitsgruppe Alternative Wirtschaftspolitik (siehe Arbeitsgruppe Alternative Wirtschaftspolitik 2012: 214ff. sowie 2013: 169ff.).

Gleichzeitig kann beobachtet werden, dass sich diese konservative Bildungsstaatlichkeit zunehmend mit einer neoliberalen Entstaatlichungspolitik verbindet, die seit den 1970er Jahren der dominante Entwicklungspfad in der Ökonomie ist. Seit mehr als einem Jahrzehnt hat sich diese ausschließlich an ökonomischen Kriterien orientierte Betrachtungsweise von Problemen auch in anderen Gesellschafts- und Wissenschafts-

---

[2] Diese findet ihren Ausdruck nicht nur in mangelnder Kinderbetreuung oder in der deutschen Halbtagsbeschulung, sondern beispielsweise auch in der Lohndiskriminierung sozialer (so genannter Frauen-) Berufe, dem Ehegattensplitting usw.

bereichen ausgebreitet – hier wird häufig von einer *Ökonomisierung der Bildung* gesprochen.
Der neoliberale Entwicklungspfad hat zu einem massiven Anstieg der öffentlichen Verschuldung geführt. Mehr als zwei Drittel der Staatsverschuldung in Deutschland sind nach dem Jahr 1990 entstanden. Rund die Hälfte dieser Verschuldung resultierte direkt aus den Steuermindereinnahmen infolge der Steuerrechtsänderungen seit 1998 zugunsten von Unternehmen und Vermögenden sowie aus der Stützung des Bankensektors und der Konjunktur im Rahmen der seit 2009 in Europa andauernden Finanz- und Wirtschaftskrise (vgl. Troost 2013: 5).

Tabelle 1: Öffentliche Bildungsausgaben als Anteil am Bruttoinlandsprodukt in Prozent

	1995	2000	2003	2004	2005	2006	2007	2008	2009
Belgien	-	5,9	6,1	6,0	6,0	6,0	6,0	6,5	6,6
Dänemark	7,3	8,3	8,3	8,4	8,3	8,0	7,8	7,7	8,7
Deutschland*	4,6	4,4	4,7	4,6	4,5	4,4	4,5	4,6	5,1
Finnland	6,8	6,0	6,5	6,4	6,3	6,1	5,9	6,1	6,8
Frankreich	6,3	6,0	5,9	5,8	5,7	5,6	5,6	5,6	5,9
Italien	4,7	4,5	4,9	4,6	4,4	4,7	4,3	4,6	4,7
Niederlande	5,1	5,0	5,1	5,2	5,2	5,5	5,3	5,5	5,9
Norwegen	7,9	5,9	7,6	7,6	7,0	6,6	6,7	9,0	7,3
Österreich	6,0	5,6	5,5	5,4	5,4	5,4	5,4	5,5	6,0
Portugal	5,1	5,4	5,9	5,3	5,4	5,3	5,3	4,9	5,8
Schweden	7,1	7,2	7,5	7,4	7,0	6,8	6,7	6,8	7,3
Schweiz	5,7	5,4	6,0	6,0	5,7	5,5	5,2	5,4	5,5
Spanien	4,6	4,3	4,3	4,3	4,2	4,3	4,3	4,6	5,0
USA	4,7	4,9	5,7	5,3	5,1	5,5	5,3	5,4	5,5
Vereinigtes Königreich	5,1	4,3	5,4	5,3	5,4	5,5	5,4	5,4	5,6

* Der Anstieg der Bildungsausgaben in Relation zum BIP in den Jahren 2008 und 2009 in Deutschland ist ausschließlich auf Sonderprogramme (Ausbau der Krippenplätze, Ganztagsschulausbau, Hochschulpakt und Konjunkturprogramme) sowie den Rückgang des BIP 2009 um 5,9 Prozent zurückzuführen.
Quelle: OECD (2012).

Diese Krise der Staatsfinanzen übt bereits heute einen enormen Druck auf die öffentlichen Bildungsausgaben aus. Beispielhaft hierfür ist der Bildungsgipfel des Jahres 2008 in Dresden, auf dem alle Ministerpräsidenten und -präsidentinnen gemeinsam mit der Bundeskanzlerin zugesagt hatten, mehr Geld für die Bildung bereitzustellen. Betrachtet man die öffentlichen Bildungsausgaben in Deutschland im Verhältnis zum Bruttoinlandsprodukt (BIP), so zeigt sich, dass bis heute keine wesentliche Veränderung auszumachen ist (vgl. Tabelle 1) – insbesondere im Verhältnis zu den anderen Industriestaaten. Dort liegen die öffentlichen Bildungsausgaben um mehr als 20 Prozent über dem Niveau Deutschlands, im Verhältnis zu den Spitzenreitern in Skandinavien sogar teilweise um mehr als 50 Prozent.

Diese Entwicklung wird zudem auch in den kommenden Jahren weiter anhalten: Mit der Umsetzung der so genannten Schuldenbremse verfügen weder der Bund noch die Länder über ausreichende Finanzmittel, um hier signifikante Verbesserungen herbeizuführen (vgl. Arbeitsgruppe Alternative Wirtschaftspolitik 2013: 135ff.).

Grundsätzlich führt der neoliberale Entwicklungspfad zu negativen Entwicklungen innerhalb des Bildungssystems:

- So steigen die Kosten innerhalb des Bildungssystems infolge der Umsetzung der neoliberalen Umstrukturierung. Die von Wirtschaftsunternehmen übernommenen Methoden zur Steuerung von Bildungseinrichtungen – häufig als „leistungsorientierte Mittelvergabe" bezeichnet – haben eine ausgedehnte Kontroll- und Überwachungsbürokratie entstehen lassen (vgl. Münch 2011: 109ff.). Zudem hat die Privatisierung von Bildungseinrichtungen bzw. von einzelnen Elementen wie der Bewirtschaftung von Schulgebäuden (Public-Private-Partnership- bzw. Sale-and-Lease-back-Modelle) zu steigenden Kosten geführt – oder zu einer Reduzierung der Qualität (vgl. z.B. Bundesrechnungshof 2009, Rechnungshöfe 2011 und Broß/Engartner 2013).

- Ebenso leidet die Qualität des Bildungsangebots bereits jetzt dramatisch unter der angebotsorientierten Umformung des Bildungssystems (vgl. Arbeitsgruppe Alternative Wirtschaftspolitik 2011: 229ff.). Bildung wird dabei einer humankapitaltheoretischen Sichtweise untergeordnet und soll der Generierung von zusätzlichem Wirtschaftswachstum dienen. Die Inhalte des Lernprozesses werden dabei eng an den ökonomischen Verwertungsprozess gekoppelt.

– Die Umformung des Bildungssystems wird zudem als Begründung dafür herangezogen, Gebühren oder Beiträge für die Teilnahme am Bildungssystem zu erheben. Der den Teilnehmern und Teilnehmerinnen entstehende monetäre Nutzen soll so zur Finanzierung der Bildungsangebote beitragen. Diese Art der Finanzierung hat sich in der Vergangenheit immer wieder als sozial selektiv erwiesen, was das bereits in der konservativen Bildungsstaatlichkeit verankerte Selektivitätsproblem noch weiter verstärkt.

2. Wege aus der Bildungskrise

Wie dargestellt, befindet sich das deutsche Bildungssystem in einer tiefen Krise. Es bedarf daher grundlegender Änderungen innerhalb dieses Systems, um die Krise zu überwinden. Es genügt nicht, nur an einzelnen kleinen Stellschrauben zu drehen. Das gesamte System ist eingedenk der dargestellten Grundlagen nicht in der Lage – und auch nicht dafür konzipiert –, den Bedürfnissen der Bevölkerung gerecht zu werden. Erforderlich ist eine grundsätzliche Neujustierung des Bildungssystems (Neuausrichtung der Beziehung von Lehrenden und Lernenden, der Organisation von Bildungseinrichtungen und -angeboten, der Inhalte und Ziele von Bildung u.a.m.).

Da Bildung immer in einem gesellschaftlichen Kontext betrachtet werden muss, ist sie als Fundament für eine demokratische und solidarische Gesellschaftsordnung zu begreifen. Dies beinhaltet vor allem, dass Bildung zum ersten als emanzipatorischer Prozess des Individuums hin zu einer größeren Unabhängigkeit von Herrschaft ausgestaltet werden sollte. Denn damit Individuen in demokratischen Prozessen unabhängige Entscheidungen treffen können, benötigen sie umfangreiche Kenntnisse über die den Entscheidungen zugrunde liegenden Probleme und darüber, welche Auswirkungen die verschiedenen Lösungsansätze mit sich bringen. Es darf keinen Herrscher, keine Eliten und keine Regierung geben, die durch ein Informationsmonopol die Entscheidungen innerhalb demokratischer Prozesse zu ihren Gunsten verschieben können. Aus diesem Grund muss der Zugang zu diesen Kenntnissen so frei wie möglich gestaltet und als Bürgerrecht verankert werden.

Außerdem ist es notwendig, dass Bildungseinrichtungen und die dort stattfindenden Bildungsprozesse nicht durch Dritte (Wirtschaft, Politik etc.) bevormundet werden. Die Organisation der Einrichtung bzw. der

Lehre darf nicht so strukturiert sein, dass die zu vermittelnde Methodik und das zu vermittelnde Wissen ausschließlich einzelnen Interessen dienen, z.b. wie derzeit einer möglichst schnellen ökonomischen Verwertung. Die Bildungsteilnehmer und -teilnehmerinnen sollten gemeinsam über Inhalte und Methodik entscheiden dürfen. Insofern ist auch eine finanzielle Unabhängigkeit der Bildungseinrichtungen sicherzustellen.

Die Grundlage eines alternativen Bildungssystems muss daher folgende Elemente enthalten:

„1. Verschiedene Bildungsangebote müssen in allen biografischen Phasen grundsätzlich zugänglich, gegenseitig durchlässig und miteinander kombinierbar sein. Dies ist gleichbedeutend mit dem Abbau finanzieller, sozialer, alters- oder geschlechtsspezifischer Ausschlussgründe.

2. Eine Bildungsreform muss sich besonders auf jene Bildungsstufen konzentrieren, bei denen solche sozialen Ausschlüsse besonders stark ins Gewicht fallen: Zu fordern wären beispielsweise die Erweiterung des Zugangs zur vorschulischen Erziehung (u.a. durch Abschaffung des privaten Gebührenanteils), die Überführung des dreigliedrigen Schulsystems in einen durchgängigen integrierten Unterricht (mindestens bis zur 10. Jahrgangsstufe), der eine Kooperation in Vielfalt mit dem Gedanken der individuellen Förderung verbindet: schließlich eine deutliche soziale Öffnung der Hochschulen, sowohl durch Bildungsfördermaßnahmen als auch durch eine Ausweitung der Möglichkeiten zum Hochschulzugang, sowie das Verbot von Studiengebühren jeder Art.

3. Eine entscheidende soziale Schlüsselqualifikation ist die selbstständige wissenschaftliche Urteilsfähigkeit. Die soziale Öffnung zu wissenschaftlichen Aneignungsmöglichkeiten muss daher ein integrierender Leitgedanke der Bildungsreform sein. Dies ist nicht auf eine Vermehrung der Zahl der Abiturientinnen und Abiturienten zu beschränken: sondern kann ebenso eine wissenschaftliche Niveauanhebung der – traditionell nicht-akademischen – beruflichen Bildung bedeuten und/oder deren Anerkennung als Zugang zu Hochschulangeboten." (Arbeitsgruppe Alternative Wirtschaftspolitik 2006: 127f.)

Mit diesen Grundlagen kann eine horizontal gegliederte Struktur gleichwertiger und gegenseitig durchlässiger Bildungsangebote entstehen – unabhängig davon, ob sie allgemeinbildend, berufspraktisch oder wissenschaftlich sind. In Kombination mit einer sozialen Komponente, der öffentlichen Finanzierung über ein progressives Steuersystem, sowie einem Rechtsanspruch für jedes Individuum kann ein System des „lebensbegleitenden Lernens" aufgebaut werden.

Zur Umsetzung dieses alternativen Bildungssystems ist die Beendigung der seit Jahrzehnten existierenden chronischen Unterfinanzierung der Bildung in Deutschland unerlässlich. Im Folgenden werden daher für jeden der fünf Bereiche des deutschen Bildungssystems konkrete Maßnahmen dargestellt, die Voraussetzungen für die Überwindung der konservativen und neoliberalen Bildungsstaatlichkeit sind und als Grundlage für eine Neuausrichtung des Bildungssystems dienen können. Dabei erfolgt eine Konzentration vor allem auf solche Maßnahmen, die mittelbar oder unmittelbar zu zusätzlichen Kosten im Bildungssystem führen werden. Anhand der Berechnungen aus der Studie „Bildungsfinanzierung für das 21. Jahrhundert. Finanzierungsbedarf der Bundesländer zur Umsetzung eines zukünftigen Bildungssystems" (vgl. Piltz 2011) werden die Kosten der einzelnen Maßnahmen für die 16 Bundesländer dargestellt. Die der Studie zugrunde liegenden Daten spiegeln den Berechnungsstand von 2011 wider. Die folgenden Berechnungen werden darstellen, dass es umfangreicher Finanzmittel bedarf, um einzelne Elemente bzw. das gesamte Konzept zur Reform des Bildungssystems umzusetzen.

3. Quantitative und qualitative Anforderungen an die einzelnen Bildungsbereiche und ihre Kosten

3.1 Anforderungen an den Elementarbereich

Der Elementarbereich ist der derzeit am stärksten im öffentlichen Fokus stehende Bildungsbereich. Die Ankündigung im Dezember 2008, dass im Jahr 2013 für 35 Prozent aller Kinder unter drei Jahren ein Betreuungsplatz in einer Kindertageseinrichtung oder in einer Tagespflege bereitgestellt werden soll und Eltern ab 2014 sogar einen Rechtsanspruch auf einen solchen Platz erhalten sollen, wurde begeistert gefeiert. Mittlerweile überwiegt jedoch wieder die Skepsis, weil dieses Versprechen nicht eingehalten werden wird. Insgesamt stellt der bislang erfolgte Ausbau von Kindertageseinrichtungen einen großen Fortschritt dar, weil er zu einer Abkehr vom Entwicklungspfad der konservativen Bildungsstaatlichkeit beiträgt.

So kann beispielsweise die Frauenerwerbsunfreundlichkeit hierdurch verringert werden, und es können Abhängigkeiten innerhalb von Beziehungen vermieden werden. Ebenso trägt ein flächendeckender Zugang zu Bildungseinrichtungen für Kinder im vorschulischen Alter dazu bei, dass die Geschwindigkeit und Qualität ihrer Entwicklung nicht nur von ihrer Familie und deren Umfeld abhängt und damit die soziale Selektivität im Bildungssystem abgebaut werden kann.

Damit dies aber tatsächlich gelingt, dürfen nicht nur quantitative, sondern es müssen auch qualitative Anforderungen beachtet werden. Um die Frauenerwerbsunfreundlichkeit zurückzudrängen, müssen im vorschulischen Bereich flächendeckend Ganztagsangebote vorhanden sein. Ebenso dürfen Gebühren, Beiträge und Ähnliches Eltern nicht davon abhalten, ihr Kind in eine Kindertageseinrichtung zu geben. Und schließlich muss eine ausreichende Personalausstattung in den vorschulischen Einrichtungen dafür sorgen, dass ein Lehr- und Lernprozess tatsächlich stattfinden kann.

Auf der Grundlage dieser Ausführungen ergeben sich folgende quantitativen Anforderungen im Elementarbereich:

- Zum Ersten müsste die Zahl der Betreuungsplätze für Kinder unter drei Jahren in allen Bundesländern auf mindestens 35 Prozent erhöht werden. Auf dieses Ziel hat sich die Bundesregierung mit den Ländern und Kommunen bereits verständigt. Leider sind die hierfür bereitgestellten Mittel nicht ausreichend, um die bisherige Qualität der Kindertageseinrichtungen zu erhalten. Um diese auf konstantem Niveau zu halten, wären jährlich 757,2 Millionen Euro zusätzlich notwendig.

- Zum Zweiten ist für Kinder im Alter von drei Jahren bis zum Schuleintritt keine ausreichende Zahl von Ganztagsplätzen vorhanden. Würden für 60 Prozent der Kinder in diesem Alter Ganztagsplätze bereitgestellt, so würde dies 976 Millionen Euro jährlich kosten.

- Drittens muss für eine angemessene Betreuung der Kinder in Tageseinrichtungen und Kindergärten ausreichend Personal vorhanden sein. Folgt man den EU-Empfehlungen zum Personalschlüssel für Kinder im Alter zwischen Geburt und Schuleintritt, würde dies rund 2,4 Milliarden Euro pro Jahr kosten.[3]

---

[3] Für Kinder unter drei Jahren wird eine Betreuungsquote von 1:4, für Kinder von drei Jahren bis zum Schuleintritt eine von 1:8 angesetzt.

- Zum Vierten bedarf es eines Mindestmaßes an pädagogischer und organisatorischer Unterstützung für das in Kindertageseinrichtungen beschäftigte Personal. In den vergangenen zehn Jahren wurde immer mehr Leitungspersonal, das 2002 für diese Aufgaben vollständig freigestellt wurde, für pädagogische Tätigkeiten herangezogen. Um wieder über in Vollzeit freigestelltes Leitungspersonal im Umfang des Jahres 2002 zu verfügen, wären jährlich 255 Millionen notwendig.

- Fünftens muss der Zugang zu Kindertageseinrichtungen für alle Kinder kostenlos angeboten werden, damit insbesondere Eltern mit niedrigen Einkommen diese Einrichtungen in Anspruch nehmen können. Eine reine Staffelung der Beiträge nach dem Einkommen bzw. Regelungen, die für niedrige Einkommen eine Freistellung vorsehen, sind nicht ausreichend. Die Entscheidung der Eltern, ihr Kind in eine entsprechende Einrichtung zu geben, darf in keinem Fall unter finanziellen Erwägungen getroffen werden – dies gilt auch für die Mittelschicht. Daher sind Kindertageseinrichtungen in vollem Umfang mit öffentlichen Mitteln zu finanzieren. Dies würde – unter Berücksichtigung der oben genannten Forderungen – pro Jahr 3,5 Milliarden Euro kosten.

- In den bisherigen Berechnungen wurde nicht berücksichtigt, dass das Betreuungspersonal infolge von Krankheit, Fortbildungen oder anderen privaten oder beruflichen Gründen zeitweise seiner Tätigkeit nicht nachkommen kann. Für diese Fälle muss mit einer Vertretungsreserve (Personalpuffer) eine ausreichende Zahl von zusätzlichen Stellen geschaffen werden, um eine planmäßige Betreuung zu gewährleisten. Bei einem Personalpuffer von zehn Prozent der vorhandenen Stellen – und bei Berücksichtigung der obigen Forderungen – würde dieser rund 1,5 Milliarden Euro jährlich kosten.

Die folgende Tabelle zeigt, wie sich die Kosten auf die einzelnen Bundesländer verteilen.

Tabelle 2: Gesamtkosten der Qualitätsverbesserung der Bildung im Elementarbereichs

Bundesland	Jährliche Kosten des Kita-Ausbaus und der Ausweitung des Ganztagsangebots in Kindergärten	Jährliche Kosten der Absenkung der Betreuungsquote in Kitas und Kindergärten	Laufende Kosten des zusätzlichen Leitungspersonals	Jährliche Kosten des Ersatzes der Elternbeiträge durch öffentliche Mittel	Jährliche Kosten des Personalpuffers in Kitas und Kindergärten	Gesamtkosten
Baden-Württemberg	236.940.000	221.070.000	83.310.000	436.320.000	182.280.000	1.159.920.000
Bayern	286.820.000	403.420.000	107.620.000	530.500.000	214.320.000	1.542.680.000
Berlin	3.800.000	131.400.000	3.830.000	186.080.000	80.040.000	405.150.000
Brandenburg	5.520.000	228.990.000	12.630.000	136.990.000	47.790.000	431.920.000
Bremen	18.170.000	0	0	29.800.000	11.580.000	59.550.000
Hamburg	22.470.000	100.300.000	0	113.190.000	42.630.000	278.590.000
Hessen	128.130.000	135.590.000	0	248.570.000	131.610.000	643.900.000
Mecklenburg-Vorpommern	1.500.000	75.430.000	870.000	59.100.000	21.250.000	158.150.000
Niedersachsen	326.490.000	137.890.000	0	311.150.000	129.320.000	904.850.000
Nordrhein-Westfalen	474.470.000	160.120.000	0	717.860.000	305.060.000	1.657.510.000
Rheinland-Pfalz	100.650.000	0	15.050.000	161.260.000	67.010.000	343.970.000
Saarland	27.120.000	18.240.000	2.640.000	43.310.000	17.910.000	109.220.000
Sachsen	0	312.300.000	0	221.210.000	75.910.000	609.420.000
Sachsen-Anhalt	1.140.000	160.950.000	17.100.000	106.130.000	38.590.000	323.910.000
Schleswig-Holstein	99.830.000	118.130.000	0	119.970.000	53.330.000	391.260.000
Thüringen	0	188.830.000	12.310.000	102.900.000	43.310.000	347.350.000
Gesamt	1.733.040.000	2.392.660.000	255.360.000	3.524.340.000	1.461.940.000	9.367.350.000

Quelle: Piltz (2011: 38f.)

3.2 Anforderungen an die allgemeinbildenden Schulen

Die allgemeinbildenden Schulen – von der Grundschule (Jahrgangsstufen 1 bis 4) über die Sekundarstufe I (Jahrgangsstufen 5 bis 10) bis zur Sekundarstufe II (Jahrgangsstufen 11 bis 13) – sind mit Ausgaben von 51,9 Milliarden Euro im Jahr 2007 der mit Abstand größte Bildungsbereich (vgl. Statistisches Bundesamt 2010a: 18). Die Organisationsstruktur der Sekundarstufe I in Haupt- und Realschule sowie Gymnasium – und die hierzu verwendeten Selektionsprozesse – haben zu massiven Fehlentwicklungen geführt.

Kinder aus Elternhäusern mit hohem sozioökonomischen Status erhalten deutlich häufiger eine Empfehlung für das Gymnasium. Gleichzeitig hat dieser Selektionsprozess beim Übergang in die Sekundarstufe I negative Auswirkungen auf die Schüler und Schülerinnen, die keine Empfehlung für das Gymnasium erhalten (vgl. Valtin 2005: 245f.).

Zur Verbesserungen der Qualität des Systems der allgemeinbildenden Schulen sollten daher neben der Abschaffung des mehrgliedrigen Schulsystems folgende Probleme angegangen werden (vgl. ebd., S. 247f.):

1. Verbesserung der Humanverträglichkeit des Schulsystems: Es fehlen objektive Kriterien zur Leistungsmessung, da diese jedem Lehrer und jeder Lehrerin selbst überlassen sind. Zudem ist eine Verbesserung der Rahmenbedingungen an Schulen notwendig, damit Schüler und Schülerinnen bei Problemen nicht alleine gelassen werden.

2. Entschärfung der Notenproblematik: Noten vereinfachen die Leistungsbewertung so stark, das ein Rückschluss auf die tatsächliche Leistung eines Schülers bzw. einer Schülerin nicht möglich ist.

3. Mentalitätswechsel: Lernen ist ein „konstruktiver" Prozess, in dem sich die Lernenden aktiv mit dem Lerngegenstand auseinandersetzen müssen, um ihn selbstständig zu konstruieren. Die bisherige Theorie, nach der Lernen das Ergebnis angeborener Anlagen oder von Begabung ist, wurde bereits mehrfach widerlegt.

Auf der Basis dieser Forderungen lassen sich folgende Maßnahmen zur Reform der allgemeinbildenden Schulen ableiten:

1. *Verbesserung der Rahmenbedingungen*: Gute Bildung braucht Zeit; vor allem brauchen Lernende und Lehrende Zeit, um sich mit dem Lerngegenstand zu beschäftigen. Daher sollten die Klassengrößen auf durchschnittlich 18 Schüler und Schülerinnen reduziert und die Pflichtstunden

einer Lehrkraft auf maximal 25 Unterrichtsstunden pro Woche begrenzt werden. Gleichzeitig sollten für 60 Prozent der Schüler und Schülerinnen Ganztagsplätze in gebundener Form geschaffen werden. Eine solche Verbesserung der Rahmenbedingungen würde jährlich rund 15 Milliarden Euro kosten.

2. Flächendeckende Versorgung mit Sozialpädagogen und -pädagoginnen, Schulpsychologen und -psychologinnen sowie Sonderpädagogen und -pädagoginnen: Damit Schüler und Schülerinnen bei Problemen nicht alleine dastehen, wird eine entsprechend große Zahl an Personal benötigt, das sie sowohl bei innerschulischen wie auch bei außerschulischen Problem unterstützen kann. Sozialpädagogen und -pädagoginnen sowie Schulpsychologen und -psychologinnen sind hier häufig bessere Anlaufstellen, da Lehrer und Lehrerinnen stärker auf die Vermittlung von Wissen als auf die Lösung von Konflikten spezialisiert sind.

Parallel hierzu werden zudem Sonderpädagogen und -pädagoginnen benötigt, die die Integration von Schülern und Schülerinnen mit Behinderung, Lernschwäche usw. in den regulären Schulbetrieb ermöglichen. Dieses häufig als Inklusion bezeichnete Konzept sieht die Auflösung der Sonder- und Förderschulen vor, die weder als erfolgreich bezeichnet werden können noch die Integration von Menschen mit Behinderung in die Gesellschaft allgemein gefördert haben. Eine solche flächendeckende Versorgung mit Sozialpädagogen und -pädagoginnen, Schulpsychologen und -psychologinnen sowie Sonderpädagogen und -pädagoginnen würde sechs Milliarden Euro kosten.

3. *Lernmittelfreiheit*: In den vergangenen Jahren wurden immer wieder Kürzungen im Bildungssystem auf die Eltern abgewälzt. Ein Indiz hierfür sind die stark ansteigenden Ausgaben für die privat bezahlte Nachhilfe. Leider gibt es kaum Datenreihen, die diese Entwicklung abbilden. Eine klarere Aussage kann jedoch in Bezug auf die Beteiligung der Eltern an den Lernmitteln ihrer Kinder getroffen werden. Um die Eltern von diesen Kosten zu befreien, wären jährlich rund 200 Millionen Euro notwendig.

4. *Personalpuffer für die Vertretung bei Krankheit, Fortbildung usw.*: Bei den bisherigen Berechnungen für den Bedarf an Lehrkräften wurde nicht berücksichtigt, dass durch Krankheit, Fortbildung usw. Fehlzeiten entstehen. Damit in diesen Fällen entsprechendes Fachpersonal verfügbar ist, sollte eine Vertretungsreserve (Personalpuffer) im Umfang von fünf

Prozent des Bedarfs an Vollzeitstellen aufgebaut werden. Dieser kostet jährlich ca. 2,2 Milliarden Euro.

5. *Verbesserung der Ausstattung der Schulen*: Im Schulalltag fehlen in der Regel nicht nur Lehrkräfte, sondern oft auch einfachste Hilfsmittel – seien es Computerräume und eine entsprechende Ausstattung oder Schulbibliotheken, deren Bestand schon lange nicht mehr auf der Höhe der Zeit ist. Um dieses Problem anzugehen, sollten die bisherigen Sachausgaben pro Schüler bzw. Schülerin um 30 Prozent erhöht werden.

Parallel ist für den Ganztagsschulausbau die Versorgung der Schüler und Schülerinnen mit einem kostenlosen Schulmittagessen sicherzustellen. Zusammen mit der Steigerung der Sachmittel würde dies jährlich etwa vier Milliarden Euro kosten.

Tabelle 3 zeigt, wie sich diese Kosten auf die einzelnen Bundesländer verteilen.

3.3 Anforderungen an die berufliche Bildung

Die berufliche Bildung befindet sich seit vielen Jahren in einer Krise. Zwar wird in jüngster Zeit immer wieder über einen Mangel an Bewerbern und Bewerberinnen und über unbesetzte Lehrstellen berichtet, dies täuscht jedoch über den tatsächlichen Zustand des Systems der Dualen Ausbildung hinweg.

Die Zahl der Altbewerber und -bewerberinnen ist weiterhin sehr hoch, nur knapp 50 Prozent der in den Jahren 2009/2010 bei der Bundesagentur für Arbeit (BA) gemeldeten Bewerber und Bewerberinnen fanden einen Ausbildungsplatz. Viele dieser nicht versorgten Personen scheiden schließlich doch aus der Statistik aus, weil sie beispielsweise zurück an die Schulen gehen, ein Studium aufnehmen, direkt ins Erwerbsleben eintreten oder Praktika absolvieren.

Vor allem Bewerber und Bewerberinnen ohne Schulabschluss oder mit Hauptschulabschluss werden zunehmend in das repressive, relativ perspektivlose und für seine hohen Kosten zu ineffektive „Übergangssystem" abgeschoben, um sie so aus den Statistiken des Bildungs- und Ausbildungssystems verschwinden zu lassen (vgl. Klemm 2012) – trotz einer abnehmenden Zahl von Bewerbern und Bewerberinnen. Sie werden einfach als nicht ausbildungsfähig abgestempelt. Insofern wäre eine Ausbildungsabgabe der sinnvollste Weg, diese Probleme zu beheben. Leider

206　　　　Bildungsausgaben und Anforderungen an die Bildungspolitik

Tabelle 3: Gesamtkosten der Qualitätsverbesserung an allgemeinbildenden Schulen

Bundesland	Laufende Kosten der Verbesserung der Unterrichtsqualität	Laufende Kosten der flächendeckenden Versorgung mit SozialpädagogInnen, SchulpsychologInnen und SonderpädagogInnen	Kosten des fünfprozentigen Personalpuffers	Kosten der Lernmittelfreiheit	Kosten der dreißigprozentige Steigerung der laufenden Sachmittel und des kostenlosen Schulmittagessens	Gesamtkosten
Baden-Württemberg	2.068.410.000	724.130.000	303.610.000	9.390.000	539.480.000	3.645.020.000
Bayern	2.655.650.000	1.055.060.000	363.070.000	21.610.000	620.460.000	4.715.850.000
Berlin	384.360.000	211.390.000	75.070.000	14.640.000	149.430.000	834.890.000
Brandenburg	273.210.000	128.780.000	52.810.000	4.520.000	88.560.000	547.880.000
Bremen	111.150.000	40.190.000	16.860.000	520.000	27.870.000	196.590.000
Hamburg	281.360.000	119.790.000	43.480.000	2.580.000	88.860.000	536.070.000
Hessen	1.111.110.000	423.600.000	167.040.000	11.690.000	287.700.000	2.001.140.000
Mecklenburg-Vorpom.	154.270.000	86.040.000	33.390.000	2.040.000	58.550.000	334.290.000
Niedersachsen	1.665.350.000	662.730.000	238.350.000	38.260.000	439.340.000	3.044.030.000
Nordrhein-Westfalen	4.029.960.000	1.499.140.000	541.330.000	41.900.000	1.012.940.000	7.125.270.000
Rheinland-Pfalz	788.810.000	356.800.000	121.300.000	21.200.000	189.410.000	1.477.520.000
Saarland	182.070.000	71.000.000	26.570.000	4.780.000	39.680.000	324.100.000
Sachsen	317.200.000	189.380.000	76.610.000	7.660.000	132.000.000	722.850.000
Sachsen-Anhalt	184.190.000	98.850.000	46.150.000	4.100.000	73.210.000	406.500.000
Schleswig-Holstein	573.880.000	241.790.000	81.950.000	0	132.770.000	1.030.390.000
Thüringen	170.820.000	106.610.000	43.750.000	6.570.000	75.490.000	403.240.000
Gesamt	14.951.800.000	6.015.280.000	2.231.340.000	191.460.000	3.955.750.000	27.345.630.000

Quelle: Piltz (2011: 56f.)

gibt es keine systematischen Untersuchungen, wie hoch eine solche Abgabe ausfallen müsste. Daher kann hier keine Schätzung über die diesbezüglichen Kosten für die öffentliche Hand angestellt werden.

Als zweitbeste Lösungsvariante bietet sich die öffentliche Finanzierung von Ausbildungsplätzen an. Die benötigte Zahl sollte ausreichend sein, um alle Bewerber und Bewerberinnen im System der BA, deren Verbleib ungeklärt ist, die eine Erwerbstätigkeit aufgenommen oder die sich für gemeinnützige und soziale Dienste gemeldet haben, mit einem Ausbildungsplatz zu versorgen. Dies entspricht knapp 145.600 Ausbildungsplätzen (vgl. BIBB 2011: 52). Die jährlichen Kosten für diese Ausbildungsplätze würden 802 Millionen Euro betragen.

Tabelle 4: Gesamtkosten der Qualitätsverbesserung der beruflichen Bildung

Bundesland	Kosten der BAföG-Erhöhung	Laufende Kosten der zusätzlichen Ausbildungsplätze	Laufende Kosten der Verbesserung der Unterrichtsqualität	Gesamtkosten
Baden-Württemberg	5.320.000	52.860.000	317.260.000	375.440.000
Bayern	9.520.000	94.640.000	273.410.000	377.570.000
Berlin	5.160.000	51.280.000	57.370.000	113.810.000
Brandenburg	4.820.000	47.930.000	52.540.000	105.290.000
Bremen	640.000	6.340.000	9.370.000	16.350.000
Hamburg	1.650.000	16.390.000	42.900.000	60.940.000
Hessen	3.470.000	34.510.000	49.210.000	87.190.000
Mecklenburg-Vorpommern	3.160.000	31.390.000	35.590.000	70.140.000
Niedersachsen	7.090.000	70.470.000	166.430.000	243.990.000
Nordrhein-Westfalen	16.340.000	162.380.000	340.290.000	519.010.000
Rheinland-Pfalz	2.710.000	26.950.000	62.530.000	92.190.000
Saarland	390.000	3.920.000	32.900.000	37.210.000
Sachsen	8.720.000	86.700.000	69.600.000	165.020.000
Sachsen-Anhalt	4.430.000	44.020.000	28.720.000	77.170.000
Schleswig-Holstein	2.410.000	23.950.000	56.590.000	82.950.000
Thüringen	4.690.000	46.660.000	18.080.000	69.430.000
Gesamt	80.520.000	800.390.000	1.612.790.000	2.493.700.000

Quelle: Piltz (2011: 67.)

Um die Qualität der beruflichen Ausbildung zu erhöhen, ist zudem eine Verbesserung der Rahmenbedingungen an den beruflichen Schulen notwendig. Analog zu den allgemeinbildenden Schulen wäre eine Verkleinerung der Klassen auf durchschnittlich 18 Schüler und Schülerinnen, eine Reduzierung der Pflichtstunden des Lehrpersonals auf 25 sowie ein Personalpuffer sinnvoll. Dies würde pro Jahr rund 1,6 Milliarden Euro kosten.

Abschließend ist bei der Förderung des Lebensunterhalts für junge Menschen in der Ausbildung eine Anpassung der Freibeträge und Höchstsätze notwendig (vgl. hierzu den Absatz zum BAföG im Abschnitt zum Hochschulbereich). Eine entsprechende Anpassung kostet rund 81 Millionen Euro pro Jahr.

Tabelle 4 zeigt, wie sich die Kosten der verschiedenen Maßnahmen auf die einzelnen Bundesländer verteilen.

3.4 Anforderung an die Hochschulen

Der Hochschulpakt – und die damit verbundene Erhöhung der Zahl der Studienplätze – war ein wichtiger Impuls im Hochschulbereich. Bereits jetzt deutet sich jedoch an, dass damit die dringendsten Probleme in diesem Bereich nicht gelöst werden konnten: die unzureichende Finanzierung und die soziale Selektivität.

Die unzureichende Finanzierung der Hochschulen wird deutlich, wenn man den Zuwachs der Grundmittel der Hochschulen mit der Entwicklung der Studierendenzahlen vergleicht. Die Grundmittel pro Student bzw. Studentin sind zwischen 2005 und 2008 um lediglich 25 Euro angestiegen – von 7.281 auf 7.306 Euro. Dieser Anstieg genügt nicht annähernd, um die in diesem Zeitraum angefallene Inflationsrate auszugleichen (vgl. Statistisches Bundesamt 2010b: 46). Das heißt, zwischen 2005 und 2008 sind die Grundmittel pro Student bzw. Studentin, die die Hochschulen erhalten, *real* gesunken.

Gleichzeitig ist der Anteil eines Jahrgangs, der in Deutschland einen Hochschulabschluss erwirbt, mit lediglich 25,5 Prozent im internationalen Vergleich unterdurchschnittlich (vgl. OECD 2010: 69). Bedeutend schlimmer ist allerdings, dass das Erreichen eines Hochschulabschlusses stark an den Bildungsabschluss der Eltern gebunden ist. Während von 100 Kindern, von denen mindestens ein Elternteil über einen Hochschulabschluss verfügt, 71 ebenfalls einen Hochschulabschluss erlangen, sind es bei Kindern aus Elternhäusern, in denen beide Elternteile über keinen Hochschulabschluss verfügen, lediglich 24 (vgl. BMBF 2010: 71ff.). Dieses fast schon ständische Bildungssystem ist nicht mit den Ansprüchen vereinbar, die in Abschnitt 2 dargestellt worden sind.

Um an der unzureichenden Finanzierung der Hochschulen etwas zu ändern, müssen die Hochschulen zusätzliches Personal und Sachmittel erhalten. Die Personalausstattung der Hochschulen lag im Jahr 2009 bei durchschnittlich 15,1 Studierenden pro wissenschaftlichem und künstlerischem Mitarbeiter bzw. pro wissenschaftlicher und künstlerischer Mitarbeiterin. Würde man diese Relation – wie Klemm vorschlägt (vgl. Klemm 2005: 38) – auf das Niveau des Jahres 1980 reduzieren (13,0 Studierende pro Mitarbeiter bzw. Mitarbeiterin), so würde dies rund 1,8 Milliarden Euro kosten. Eine Erhöhung der Sachmittel, um die zusätzlichen Beschäftigten mit den gleichen Mitteln auszustatten wie ihre bereits an den Hochschulen arbeitenden Kolleginnen und Kollegen, sowie eine pauschale Erhöhung der Sachmittel um 20 Prozent würde fast zwei Milliarden Euro an zusätzlichen Mitteln erfordern.

Zur Reduzierung der sozialen Selektivität innerhalb des Bildungssystems wurden bereits im Abschnitt zu den allgemeinbildenden Schulen verschiedene Maßnahmen vorgeschlagen – Verbesserung der Unterrichtsqualität durch kleinere Klassen, mehr Ganztagsschulen usw. Damit sich diese Maßnahmen in einer erhöhten Akademikerquote von Kindern widerspiegelt, deren Eltern über keinen Hochschulabschluss verfügen, muss erstens die Zahl der Studienplätze erhöht werden. Da die Studierendenquote in Deutschland im Vergleich zu den anderen OECD-Staaten deutlich unterdurchschnittlich ausfällt, würde eine „Umverteilung" der vorhandenen Studienplätze nicht ausreichen. Eine Erhöhung der Zahl der Studienplätze um 500.000 würde rund 3,9 Milliarden Euro kosten.[4]

Zweitens muss für Studierende aus Elternhäusern mit geringem Einkommen und Vermögen der Zugang zu einem Studium durch eine bessere Förderung ihres Lebensunterhalts erleichtert werden. Diese Förderung beinhaltet eine Anhebung des BAföG-Höchstsatzes und der Freibeträge, die um zwölf bzw. 13 Prozent angehoben werden müssen. Diese

---

[4] In dieser Berechnung wurden bereits die vorgeschlagenen Qualitätsverbesserungen bei den bestehenden Studienplätzen berücksichtigt: Reduzierung der Betreuungsquote auf 1:13 und Erhöhung der Sachmittel.

Erhöhung ergibt sich zum einen aus den zwischen 2002 und 2007 nicht erfolgten Anpassungen des BAföG an die allgemeine Preisentwicklung. Die Inflation, die Waren und Dienstleistungen jedes Jahr verteuert, muss bei der Berechnung des BAföG-Höchstsatzes und der Freibeträge berücksichtigt werden. Zum anderen muss die für das Jahr 2010 von Bundestag und Bundesrat beschlossene Erhöhung um zwei Prozent beim BAföG-Höchstsatz und um drei Prozent bei den Freibeträgen berücksichtigt werden.

Des Weiteren umfasst eine bessere Förderung des Lebensunterhalts die Abschaffung des Darlehensanteils beim BAföG. Dieser Darlehensanteil ist ein gewichtiger Grund, warum Kinder aus Elternhäusern mit geringen Einkommen und Vermögen von einer Studienentscheidung abgehalten werden (vgl. Heine et al. 2008: 19). Daher ist er zu streichen.

Gleiches gilt, drittens, für die vorhandenen Studien- und Verwaltungsgebühren bzw. Studienbeiträge. Auch sie schrecken Kinder aus Elternhäusern mit geringen finanziellen Mitteln von der Aufnahme eines Studiums ab (vgl. Heine et al. 2008: 15). Daher müssen auch sie abgeschafft werden. Diese drei Maßnahmen würden zu jährlichen Mehrkosten von 2,4 Milliarden Euro führen.

Die folgende Tabelle zeigt, wie sich diese Kosten auf die einzelnen Bundesländer verteilen.

Tabelle 5: Gesamtkosten der Qualitätsverbesserung des Hochschulbereichs

Bundesland	Kosten der Absenkung der Betreuungsquote auf 13,0 und der Erhöhung der Sachmittel	Laufender zusätzlicher Mehraufwand für die Erhöhung der Studierendenquote (inkl. Absenkung der Betreuungsquote und Erhöhung der Sachmittel)	Bessere Förderung des Lebensunterhalts der Studierenden (Erhöhung des BAföG sowie Abschaffung von Verwaltungs- und Studienbeiträge bzw. Studiengebühren)	Gesamt
Baden-Württemberg	494.660.000	701.140.000	316.531.000	1.512.331.000
Bayern	159.960.000	865.730.000	437.366.000	1.463.056.000
Berlin	74.970.000	195.750.000	158.219.000	428.939.000
Brandenburg	153.880.000	225.880.000	86.643.000	466.403.000
Bremen	131.880.000	0	28.901.000	160.781.000
Hamburg	102.970.000	84.050.000	119.635.000	306.655.000
Hessen	435.030.000	11.680.000	119.953.000	566.663.000
Mecklenburg-Vorpommern	24.660.000	91.820.000	44.156.000	160.636.000
Niedersachsen	101.560.000	858.360.000	412.082.000	1.372.002.000
Nordrhein-Westfalen	1.442.650.000	93.620.000	313.919.000	1.850.189.000
Rheinland-Pfalz	372.880.000	28.420.000	60.469.000	461.769.000
Saarland	8.430.000	70.470.000	21.965.000	100.865.000
Sachsen	198.930.000	137.720.000	88.018.000	424.668.000
Sachsen-Anhalt	28.920.000	141.860.000	60.587.000	231.367.000
Schleswig-Holstein	29.720.000	273.410.000	95.489.000	398.619.000
Thüringen	29.480.000	130.030.000	67.647.000	227.157.000
Gesamt	3.790.580.000	3.909.940.000	2.431.580.000	10.132.100.000

Quelle: Piltz (2011: 88f.)

3.5 Anforderungen an die Weiterbildung

In kaum einem anderen Bildungsbereich hat die neoliberale Entstaatlichungsideologie einen so großen Flurschaden hinterlassen wie im Bereich der Weiterbildung. Der überwiegende Teil dieser Leistungen wird heute durch private, gewinnorientierte Organisationen erbracht.

Vor allem im wertschöpfungsnahen Weiterbildungsbereich der betrieblichen Weiterbildung ist ebenso wie in den anderen Bildungsbereichen eine starke soziale Selektion vorhanden: Es sind vor allem Beschäftigte mit einem hohen Bildungsabschluss und hohen Einkommen, die an Weiterbildungsmaßnahmen teilnehmen.

Die öffentliche Hand hat parallel dazu einen doppelten Rückzug aus diesem Bereich angetreten. Zum einen tritt sie hier weder in großem Umfang als Akteur auf noch unterwirft sie die Anbieter solcher Dienstleistungen einer angemessenen Regulierung – insbesondere, wenn sie selbst als Auftraggeberin fungiert. Zum anderen zieht sich die öffentliche Hand aus der Finanzierung der Weiterbildung immer mehr zurück, sowohl bei den eigenen Beschäftigten als auch bei den Erwerbslosen.

Würden Weiterbildungsfonds eingeführt, in die – wie beispielsweise in Frankreich – alle Unternehmen einer Branche einen Betrag einzahlen müssten, der sich an der ausgezahlten Lohnsumme bemisst, dann könnte die betriebliche Weiterbildung ausgebaut und auf Beschäftigte mit geringen Einkommen ausgeweitet werden. Für die öffentliche Hand würde dies jährliche Mehrausgaben von zwei Milliarden Euro zur Folge haben, wenn die Beiträge an die Weiterbildungsfonds – wiederum wie in Frankreich – auf 1,6 Prozent der Lohnsumme der Beschäftigten festgesetzt würden.

Um Menschen, die sich beruflich neu orientieren wollen, besser zu unterstützen, sollte ein Erwachsenenbildungsförderungsgesetz (EBifG) eingeführt werden. Es soll das bestehende Aufstiegsbildungsförderungsgesetz (AFBG) erweitern und auf Maßnahmen wie Alphabetisierungskurse, Studium für Nicht-BAföG-Berechtigte etc. ausweiten. Zudem sind die Freibeträge und die Höchstsätze des geltenden AFBG anzuheben (vgl. den Absatz zum BAföG im Abschnitt zu den Hochschulen). Diese Maßnahmen verursachen jährliche Kosten in Höhe von 617 Millionen (EBifG) bzw. 44 Millionen Euro (AFBG).

Seit der Verabschiedung und Umsetzung der Hartz-Gesetzgebung sind die Finanzmittel für die Weiterbildung von Erwerbslosen von 6,8 Milliarden Euro (1999) auf zwei Milliarden Euro (2010) abgesenkt worden. Diese Kürzungen sind rückgängig zu machen, damit eine qualitativ und quantitativ ausreichende Förderung von Erwerbslosen erfolgen kann. Dies würde 4,7 Milliarden Euro pro Jahr kosten.

Tabelle 6: Gesamtkosten der Qualitätsverbesserung der Weiterbildung

Bundesland	Mehrausgaben für die betriebliche Weiterbildung	Kosten des EBiFG	Kosten der Anpassung des bestehenden AFBG	Laufender Finanzierungsbedarf der Weiterbildung von Erwerbslosen	Laufender Finanzierungsbedarf der Beratungsstellen	Gesamtkosten
Baden-Württemberg	220.500.000	80.900.000	5.900.000	392.760.000	15.575.000	715.635.000
Bayern	252.990.000	94.220.000	14.190.000	440.490.000	18.480.000	820.370.000
Berlin	70.830.000	25.830.000	760.000	326.820.000	5.016.000	429.256.000
Brandenburg	36.850.000	18.989.000	670.000	227.920.000	3.168.000	287.597.000
Bremen	18.580.000	4.980.000	300.000	52.740.000	1.056.000	77.656.000
Hamburg	41.320.000	13.340.000	750.000	108.260.000	3.168.000	166.838.000
Hessen	139.690.000	45.640.000	2.220.000	291.140.000	8.712.000	487.402.000
Mecklenburg-Vorp.	23.990.000	12.520.000	410.000	162.930.000	2.112.000	201.962.000
Niedersachsen	160.190.000	59.800.000	3.910.000	425.390.000	10.560.000	659.850.000
Nordrhein-Westfalen	371.120.000	134.950.000	7.360.000	1.106.370.000	25.080.000	1.644.880.000
Rheinland-Pfalz	82.180.000	30.310.000	1.690.000	175.660.000	5.280.000	295.120.000
Saarland	22.440.000	7.750.000	380.000	53.850.000	1.320.000	85.740.000
Sachsen	60.850.000	31.550.000	2.060.000	383.570.000	5.808.000	483.838.000
Sachsen-Anhalt	36.250.000	17.930.000	790.000	231.800.000	4.752.000	291.522.000
Schleswig-Holstein	53.920.000	21.330.000	1.230.000	152.440.000	3.696.000	232.616.000
Thüringen	38.050.000	17.070.000	900.000	187.860.000	3.168.000	247.048.000
Gesamt*	1.629.750.000	617.109.000	43.520.000	4.720.000.000	116.951.000	7.127.330.000
Gesamt**	366.880.000					7.494.210.000

* ohne zusätzliche Ausgaben
** mit zusätzlichen Ausgaben für die Weiterbildung der Beschäftigten des Bundes
Quelle: (Piltz 2011: 100.)

Schließlich sollten Beratungsstellen eingerichtet werden, die Erwerbstätige über das umfangreiche Angebot auf dem derzeitigen Weiterbildungsmarkt informieren und beraten. Die Beratungsstellen sollten die Erwerbstätigen darüber hinaus bei einer langfristigen Planung ihrer Weiterbildungsaktivität unterstützen. Eine solche Beratungsinfrastruktur würde rund 117 Millionen Euro kosten.

Tabelle 6 gibt eine Übersicht über die Gesamtkosten der Qualitätsverbesserung in der Weiterbildung nach Bundesländern.

3.6 Fazit Qualitätsverbesserung der Bildung

Die Qualitätsverbesserung der Bildung kostet rund 56,83 Milliarden Euro. Davon entfallen 9,37 Milliarden Euro auf den Elementarbereich, 27,35 Milliarden Euro auf die allgemeinbildenden Schulen, 2,49 Milliarden Euro auf die berufliche Bildung, 10,13 Milliarden Euro auf die Hochschulen und 7,49 Milliarden auf die Weiterbildung.

3.7 Anforderungen für die Auflösung des Investitionsstaus

Die Anforderungen an die investiven Maßnahmen im Bildungsbereich leiten sich zum einen direkt aus den oben aufgezeigten Qualitätsverbesserungen im Bildungssystem ab. Zum anderen sind sie aber auch im Gefolge der mangelnden Investitionstätigkeit der verschiedenen föderalen Ebenen entstanden. So sind beispielsweise Schulgebäude zwar vorhanden, aufgrund von defekten Toiletten, beschädigten Fenstern etc. jedoch nicht nutzbar. Für die fünf Bildungsbereiche ergeben sich daraus folgende Investitionsstaus:

Im Elementarbereich sind zwei Investitionslücken vorhanden. Zum einen fehlen Plätze für die Betreuung von Kindern unter drei Jahren; im Jahr 2009 belief sich diese Lücke noch auf rund 383.000 Plätze, wobei Bund, Länder und Kommunen bereits Finanzierungszusagen von 7,66 Milliarden Euro in ihren Haushalten eingeplant hatten. Anfang 2013 rechnete der Deutsche Städte-und Gemeindebund jedoch immer noch mit rund 150.000 fehlenden Plätzen.[5] Zum anderen wird die Umwand-

---

[5] Vgl. http://m.faz.net/aktuell/wirtschaft/150-000-plaetze-fehlen-kommunen-regen-kita-platz-sharing-an-12014302.html.

Tabelle 7: Gesamtkosten der Qualitätsverbesserung der Bildung

Bundesland	Elementarbereich	Allgemeinbildende Schulen	Berufliche Bildung	Hochschulen	Weiterbildung	Gesamtkosten
Baden-Württemberg	1.159.920.000	3.645.020.000	375.440.000	1.512.331.000	715.635.000	7.408.346.000
Bayern	1.542.680.000	4.715.850.000	377.570.000	1.463.056.000	820.370.000	8.919.526.000
Berlin	405.150.000	834.890.000	113.810.000	428.939.000	429.256.000	2.212.045.000
Brandenburg	431.920.000	547.880.000	105.290.000	466.403.000	287.597.000	1.839.090.000
Bremen	59.550.000	196.590.000	16.350.000	160.781.000	77.656.000	510.927.000
Hamburg	278.590.000	536.070.000	60.940.000	306.655.000	166.838.000	1.349.093.000
Hessen	643.900.000	2.001.140.000	87.190.000	566.663.000	487.402.000	3.786.295.000
Mecklenburg-Vorpommern	158.150.000	334.290.000	70.140.000	160.636.000	201.962.000	925.178.000
Niedersachsen	904.850.000	3.044.030.000	243.990.000	1.372.002.000	659.850.000	6.224.722.000
Nordrhein-Westfalen	1.657.510.000	7.125.270.000	519.010.000	1.850.189.000	1.644.880.000	12.796.859.000
Rheinland-Pfalz	343.970.000	1.477.520.000	92.190.000	461.769.000	295.120.000	2.670.569.000
Saarland	109.220.000	324.100.000	37.210.000	100.865.000	85.740.000	657.135.000
Sachsen	609.420.000	722.850.000	165.020.000	424.668.000	483.838.000	2.405.796.000
Sachsen-Anhalt	323.910.000	406.500.000	77.170.000	231.367.000	291.522.000	1.330.469.000
Schleswig-Holstein	391.260.000	1.030.390.000	82.950.000	398.619.000	232.616.000	2.135.835.000
Thüringen	347.350.000	403.240.000	69.430.000	227.157.000	247.048.000	1.294.225.000
Gesamt	9.367.350.000	27.345.630.000	2.493.700.000	10.132.100.000	7.127.330.000	56.466.110.000
Gesamt (mit zusätzliche Ausgaben für die Weiterbildung der Beschäftigten des Bundes)					7.494.210.000	56.832.990.000

Quelle: Piltz (2011: 101).

lung von der Teilzeit- in die Ganztagsbetreuung für Kinder ab drei Jahren bis zum Schuleintritt zusätzliche Räumlichkeiten benötigen. Geht man davon aus, dass für jeden dritten umgewandelten Platz bauliche Veränderungen notwendig sind, so entsteht ein zusätzlicher Bedarf an 731.000 Plätzen.

Werden pro Platz Investitionskosten von 40.400 Euro veranschlagt (vgl. Dohmen 2007: 17), so ergibt sich ein Investitionsstau im Elementarbereich von 17,65 Milliarden Euro.

Für die allgemeinbildenden Schulen stellen die bestehende Schulinfrastruktur sowie der Ganztagsschulausbau die Grundlagen für die Bestimmung des Investitionsstaus dar.[6] Bei der bestehenden Schulinfrastruktur hat sich in den Jahren 2006 bis 2008 ein Investitionsstau von mindestens 2,5 Milliarden Euro gebildet. Die von Ländern und Kommunen aufgewendeten Finanzmittel zum Erhalt der bestehenden Schulinfrastruktur liegen in jedem Jahr deutlich unter dem notwendigen Bedarf.

Für den Ganztagsschulausbau ergibt sich der Investitionsstau aus den fehlenden Büros für Lehrkräfte, Schulpsychologen und -psychologinnen sowie Sozialpädagogen und -pädagoginnen und aus dem notwendigen Ausbau der für einen Ganztagsbetrieb noch nicht geeigneten Schulen. Zusammen besteht hier ein Investitionsstau von 10,6 Milliarden Euro, für den gesamten Schulbereich beläuft er sich auf 13,1 Milliarden Euro.

Im Hochschulbereich sind Investitionen in drei Bereichen notwendig: Abbau des Investitionsstaus beim vorhandenen Gebäudebestand, Investitionen zur Erweiterung der Hochschulen sowie Investitionen zur Absenkung der Betreuungsquote. Der Investitionsstau beim vorhandenen Gebäudebestand kann derzeit nicht geschätzt werden. Zum einen liegen aufgrund der Übertragung der Gemeinschaftsaufgabe Hochschulbau auf die Bundesländer keine bundeseinheitlichen Daten für diesen Bereich vor. Zum anderen gibt es ebenso keine bundeseinheitlichen Schätzungen in Bezug auf bestehende Rückstände bzw. den jährlichen Bedarf für den Unterhalt des Gebäudebestandes.

Für die Erweiterung der Hochschulen sowie die Absenkung der Betreuungsquote kann durch die Ermittlung des Flächenbedarfs pro Student und Studentin bzw. pro Beschäftigten und Beschäftigter eine Schätzung für die notwendige Erweiterung des Gebäudebestandes errechnet werden.

---

[6] Ein Ausbau der bestehenden Schulinfrastruktur aufgrund der Verkleinerung der Klassenfrequenzen ist nicht notwendig, da aufgrund einer rückläufigen Zahl von Schülern und Schülerinnen sowie einer bereits geplanten Stilllegung von bestehender Schulinfrastruktur ausreichend Räumlichkeiten vorhanden sind.

Zusammen ergibt sich daraus ein Investitionsstau von 14,5 Milliarden Euro.

Als einmalige Kosten für die Einrichtung einer Weiterbildungsberatung wurden von Jaich (2008: 95) 5.000 Euro pro Arbeitsplatz bzw. 25.000 Euro je Beratungsstelle angenommen. Daraus ergeben sich bei 443 Beratungsstellen – eine pro 250.000 Beschäftigte – einmalige Investitionskosten in Höhe von elf Millionen Euro.

Tabelle 8 zeigt, wie sich diese Kosten auf die einzelnen Bundesländer verteilen.

Tabelle 8: Gesamtkosten der Auflösung des Investitionsstaus

Bundesland	Investitionskosten zum Ausbau des Elementarbereichs	Investitionsstau im Schulbereich	Gesamtinvestitionskosten für den Hochschulbereich	Investitionen für Weiterbildungsberatung	Gesamtkosten
Baden-Württemberg	3.391.510.000	3.035.490.000	2.363.710.000	1.475.000	8.792.185.000
Bayern	3.201.880.000	2.321.900.000	2.889.580.000	1.750.000	8.415.110.000
Berlin	25.900.000	308.720.000	616.970.000	475.000	952.065.000
Brandenburg	68.810.000	354.090.000	649.570.000	300.000	1.072.770.000
Bremen	132.680.000	149.410.000	63.000.000	100.000	345.190.000
Hamburg	101.110.000	234.600.000	278.740.000	300.000	614.750.000
Hessen	1.153.260.000	1.014.820.000	313.870.000	825.000	2.482.775.000
Mecklenburg-Vorpommern	24.540.000	315.930.000	292.890.000	200.000	633.560.000
Niedersachsen	2.802.490.000	1.625.820.000	2.401.810.000	1.000.000	6.831.120.000
Nordrhein-Westfalen	4.637.700.000	1.885.270.000	1.617.780.000	2.375.000	8.143.125.000
Rheinland-Pfalz	974.690.000	553.600.000	422.170.000	500.000	1.950.960.000
Saarland	222.700.000	83.880.000	326.480.000	125.000	633.185.000
Sachsen	0	128.530.000	463.220.000	550.000	592.300.000
Sachsen-Anhalt	13.180.000	518.740.000	463.460.000	450.000	995.830.000
Schleswig-Holstein	897.180.000	404.110.000	944.640.000	350.000	2.246.280.000
Thüringen	0	149.400.000	399.850.000	300.000	549.550.000
Gesamt	17.647.630.000	13.084.310.000	14.507.740.000	11.075.000	45.250.755.000

Quelle: Piltz (2011: 110).

4. Fazit

Das Bildungssystem leidet unter einer chronischen Unterfinanzierung. Dass diese durch eine stärkere Beteiligung der Bildungsteilnehmer und -teilnehmerinnen – z.b. mithilfe von Gebühren – beseitigt werden kann, hat sich als Trugschluss erwiesen. Eine signifikante Verbesserung im Bildungsbereich ist nur durch eine Verbesserung der Einnahmesituation der öffentlichen Hand möglich – beispielsweise durch eine Erhöhung der Steuern auf Reichtum und Vermögen. Denn sowohl in den Länderhaushalten als auch bei Bund und Gemeinden besteht ein starker Druck zur Reduzierung der Ausgaben. Eine angemessene Aufstockung der Bildungsausgaben scheint unter den aktuell gegebenen politischen Mehrheitsverhältnissen jedoch so gut wie ausgeschlossen.

Dies kann sich bei näherer Betrachtung als eine sehr gefährliche Situation erweisen. Denn die Schaukämpfe, die insbesondere in der Bildungspolitik toben, sind langfristig betrachtet höchst kontraproduktiv. Zum einen verliert die Politik insgesamt an Glaubwürdigkeit, wenn immer weitergehende Versprechungen gemacht, aber nicht gehalten werden. Es besteht die reale Gefahr, die Politikverdrossenheit dadurch aktiv zu befördern. Zum anderen können wichtige Reformansätze durch unzureichende Finanzmittel nachhaltig diskreditiert werden. Aktuelle Beispiele sind die Integration von Kindern mit Behinderung in die Regelschule (häufig auch als Inklusion bezeichnet) und auch die Abwicklung des sozial ungerechten, mehrgliedrigen Schulsystems hin zu „einer Schule für alle", die in die Lage gebracht werden muss, ihre heterogene Klientel individuell zu betreuen. Viele skandinavische Länder sind hier weit fortgeschritten und bieten sich als Ideengeber an. In den Bundesländern, in denen neue Landesregierungen die Umsetzung solcher Vorhaben versprochen haben, sind diese Reformen mit sehr wenigen oder gar keinen zusätzlichen Mitteln für die Schulen verbunden. Manchmal sollen sie sogar trotz weiterer Kürzungen realisiert werden. In der Folge kann der Unterricht in den betroffenen Klassen schwieriger werden. Die vielfältigen neuen Erfahrungen und Aufgaben können zumindest nicht adäquat unterstützt werden. Daher stellen viele Eltern sowie Lehrer und Lehrerinnen diese Reformen zunehmend in Frage. Die dringend nötige Reform der „konservativen Bildungsstaatlichkeit" ist auf diese Weise zum Scheitern verurteilt und zerstört die momentan günstigen Reformbedingungen auf Jahre hinaus.

Literatur

Arbeitsgruppe Alternative Wirtschaftspolitik (2013): Memorandum 2013. Umverteilen – Alternativen der Wirtschaftspolitik, Köln.

Arbeitsgruppe Alternative Wirtschaftspolitik (2012): Memorandum 2012. Europa am Scheideweg – Integration oder Spardiktat, Köln.

Arbeitsgruppe Alternative Wirtschaftspolitik (2011): Memorandum 2011. Strategien gegen Schuldenbremse, Exportwahn und Eurochaos, Köln.

Arbeitsgruppe Alternative Wirtschaftspolitik (2006): Memorandum 2006. Mehr Beschäftigung, Köln.

BIBB [Bundesinstitut für Berufsbildung] (2011): Datenreport zum Berufsbildungsbericht 2011. Informationen und Analysen zur Entwicklung der beruflichen Bildung – Vorversion vom 04. April 2011, Bonn.

BMBF [Bundesministerium für Bildung und Forschung] (2010): Die wirtschaftliche und soziale Lage der Studierenden in der Bundesrepublik Deutschland 2009 – 19. Sozialerhebung des Deutschen Studentenwerkes, durchgeführt durch HIS Hochschul-Informations-System, Bonn/Berlin.

Broß, Siegfried/Engartner, Tim (2013): Vom Wasser bis zur Müllabfuhr: Die Renaissance der Kommune, in: Blätter für deutsche und internationale Politik 1/2013, Bonn.

Bundesrechnungshof (2009): Gutachten des Bundesbeauftragten für Wirtschaftlichkeit in der Verwaltung zu Öffentlich Privaten Partnerschaften (ÖPP) im Bundesfernstraßenbau, Bonn.

Dohmen, Dieter (2007): Bedarf, Kosten und Finanzierung des Kita-Ausbaus für die unter 3-Jährigen, FIBS-Forum Nr. 38, Berlin.

Heine, C.,/Quast, H./Spangenberg, H. (2008): Studiengebühren aus der Sicht von Studienberechtigten – Finanzierung und Auswirkungen auf Studienpläne und -strategien; HIS Forum Hochschule 15/2008, Hannover, http://www.his.de/pdf/pub_fh/fh-200815.pdf.

Jaich, Roman (2008): Gesellschaftliche Kosten eines zukunftsfähigen Bildungssystems – Abschlussbericht, Gutachten im Auftrag der Hans-Böckler-Stiftung, Düsseldorf.

Klemm, Klaus (2012): Was kostet eine Ausbildungsgarantie in Deutschland?, Studie im Auftrag der Bertelsmannstiftung, Gütersloh.

Klemm, Klaus (2005): Bildungsausgaben in Deutschland: Status Quo und Perspektiven, Gutachten im Auftrag der Friedrich-Ebert-Stiftung, Netzwerk Bildung, Bonn.

Münch, Richard (2011): Akademischer Kapitalismus – Über die politische Ökonomie der Hochschulreform, Berlin.

Organisation für wirtschaftliche Zusammenarbeit und Entwicklung (OECD) (2012): Education at a Glance 2012 – OECD Indicators, Paris.

Organisation für wirtschaftliche Zusammenarbeit und Entwicklung (OECD) (2010): Education at a Glance 2010 – OECD Indicators, Paris.

Piltz, Henrik (2011): Bildungsfinanzierung für das 21. Jahrhundert – Finanzierungsbedarf der Bundesländer zur Umsetzung eines zukunftsfähigen Bildungssystems, Studie im Auftrag der Max-Traeger-Stiftung, Frankfurt/Main.

Rechnungshöfe (2011): Gemeinsamer Erfahrungsbericht zur Wirtschaftlichkeit von ÖPP-Projekten, Wiesbaden.

Schnitzlein, Daniel D. (2013): Wenig Chancengleichheit in Deutschland: Familienhintergrund prägt eigenen ökonomischen Erfolg, in: DIW-Wochenbericht, Nr. 4/2013.

Statistisches Bundesamt (2010a): Bildungsfinanzbericht 2010, Wiesbaden.

Statistisches Bundesamt (2010b): Bildung und Kultur: Monetäre hochschulstatistische Kennzahlen 2010; Fachserie 11 Reihe 4.3.2, Wiesbaden.

Troost, Axel (2013): Hintergrund: Staatsverschuldung in Deutschland. 2. Aktualisierte Fassung, Berlin. http://www.axel-troost.de/article/7024.hintergrund-staatsverschuldung-in-deutschland-2-aktualisierte-fassung.html?sstr=Staatsverschuldung.

Valtin, Renate (2005): Länger gemeinsam lernen – eine notwendige, aber nicht hinreichende bildungspolitische Forderung, in: Reinert, Gerd-Bodo (Hg.): Bildungsreform als Lebensreform, Frankfurt/Main: 243-251.

Autorinnen und Autoren

Wilfried Altzinger, Dr., ao. Univ. Prof., stellvertretender Leiter des Institut für Geld- und Finanzpolitik an der Wirtschaftsuniversität, Wien.

Kai Eicker-Wolf, Dr., Abteilung Wirtschaftspolitik beim DGB-Bezirk Hessen-Thüringen.

Cornelia Heintze, Dr., Stadtkämmerin a.D., Politologin und Coach, Leipzig.

Tobias Kaphegyi, Politikwissenschaftler, Lehrbeauftragter an der Dualen Hochschule Baden-Württemberg in Villingen-Schweningen, Mitarbeiter der Arbeitsgruppe Alternative Wirtschaftspolitik.

Henrik Piltz, Ökonom, wissenschaftlicher Mitarbeiter des Bundestagsabgeordneten Axel Troost.

Gunter Quaißer, Ökonom, wissenschaftlicher Mitarbeiter der Arbeitsgruppe Alternative Wirtschaftspolitik und Dozent an der Europäischen Akademie der Arbeit in Frankfurt.

Stephan Schulmeister, Mag. Dr., Österreichisches Institut für Wirtschaftsforschung (WIFO), Lehrtätigkeit an der Universität Wien und der Wirtschaftsuniversität Wien.

Ulrich Thöne, bis Juni 2013 Vorsitzender der Gewerkschaft Erziehung und Wissenschaft (GEW), Frankfurt am Main. Mitinitiator und seit 20 Jahren im Führungskreis der AG Bildungsfinanzierung der GEW.

Achim Truger, Dr., Professor für Volkswirtschaftslehre an der Hochschule für Wirtschaft und Recht, Berlin.